作者近影

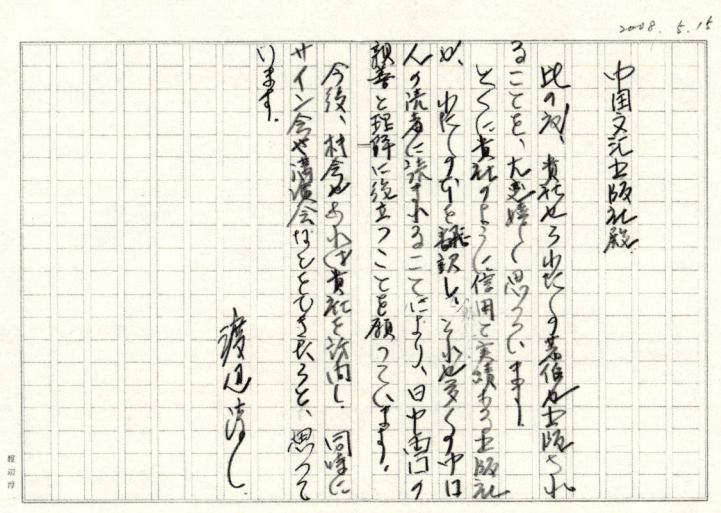

作者致文汇出版社

文汇出版社：

　　此次我的著作得由贵社出版，我感到由衷的喜悦。

　　我期待着，有贵社这样诚信且拥有不俗业绩的出版社，组织翻译和出版，让更多的中国读者进一步接触和了解我的作品，从而为增进两国人民相互理解，促进日中友好起到不容忽视的作用。

　　我憧憬着今后能有机会亲访贵社，并且举行签名会和演讲等，我将感到不胜荣幸。

渡边淳一

流冰之旅

[日] 渡边淳一 著
Watanabe Junichi
陆求实 译

文汇出版社

目录

流冰 1

月明 73

风信 111

雪晴 161

树影 237

苍海 273

风花 295

冰湖 317

冬野 345

新生 367

流冰

一

　　一月的鄂霍次克海①上空，被一片低垂的灰色笼罩着。

　　不知是将要下雪或是别的什么缘故，天水相接之处，隐隐现出一条白色的线，宛若曙光初露。虽然寒气逼人，但却朔风不起。灰蒙蒙的天空、铅灰色的海、还有纯白色的冰原，都静止在了这无风的空间中。

　　竹内美砂站在望得见纯白而寂静的大海的山丘上，轻轻吐了一口气。

　　早上九点从札幌②出发，来到这个面向鄂霍次克海的纹别③街市，已是将近下午三点钟。先到事先预约好的火车站前的旅馆，办好入住手续，喝上几口热茶，然后便让服务员叫来一辆出租车，沿着与海岸线平行的国道，朝南一路驶来。

　　虽然称为市，其实纹别只不过是个人口不足四万的小城镇。车行五分钟，居屋家宅就变得稀稀拉拉了，从房屋与房屋的隙缝间，可以一览冰封的大海和矗支着一株株光秃秃的树干的雪原。远离市中心处，道路靠海岸越来越近，左手边隆起一座小山丘。出租车向左拐下国道，一直朝山丘那儿驶去。经过一处低洼地，随后又爬上一段坡道，便看见一座

---

　　① 鄂霍次克海（Okhotsk Sea）：太平洋西北部边缘海，在千岛群岛与亚洲大陆之间，经宗谷海峡（俄罗斯称拉彼鲁兹海峡）通日本海，经千岛群岛各海峡连接太平洋。面积约158.3万平方公里，平均水深777米，最深处3521米，人部分海面每年10月至次年6月结冰。——译注

　　② 札幌市：北海道首府所在地，地处石狩平原西南部。现为日本第五大城市，因受白令海峡南下寒流影响，一年中有半年降雪期。——译注

　　③ 纹别市：位于北海道东北部，北面临鄂霍次克海，冬季时会有流冰漂流至岸边。是日木北洋渔业的基抪，盛产鳕、蟹等。——译注

小巧玲珑的灰色建筑。

一路上见多了木屋的美砂，竟感觉这座混凝土的二层建筑显得那样的厚实、泰然；不过，它孤零零地耸立在无遮无挡的山丘上，又略略让人觉得有点清冷凄寂。

从大路至那幢建筑大约有两百来米的距离。出租车爬上坡道高处，驶到一个能眺望大海的地方，美砂叫车子停下。

"那里就是流冰①研究所吧？"

"是啊。我把车子再往前开过去点吧？"

"啊，不用了。我想在这儿稍微走几步。"

美砂付了车费，将兔毛衣领拉拉紧，下了车。

山丘到前面好像是处断崖，再往前便是白茫茫一片的冰原。大路至研究所的便径上的雪被铲过了，空出了五米来宽的小道，上面泛着雪光。

美砂穿着在札幌买的有防滑功能的长筒靴子，小心翼翼地迈开步子，踏着雪道走向那幢灰色建筑。

正面门外栽着几棵鱼鳞云杉②，从厚厚的雪中探出身子。在它们左面有一对混凝土制的门柱，雪将门柱埋没了一大半，上半部的花岗石上，露出刻的几个字："北海道大学低温科学研究所附属流冰研究所"。

美砂对着大门端详了一会儿，然后走上前，推开正面玄关的玻璃门。

---

① 流冰：又称"淌凌"，冰块在水面上漂浮、流动的现象，在河流或海洋封冻过程和解冻过程中均有出现。往往上游水面开始春季淌凌时，下游水面仍处于封冻状态，此时极易壅成冰坝，造成灾害。——译注

② 鱼鳞云杉：又称针枞，生长于寒冷地区，其木材是制作钢琴共鸣板和小提琴的优质材料，也可用于建筑和造船。——译注

研究所内开着暖气，暖洋洋的。玄关左首有一扇小窗，里面大概是门卫室吧，不过窗户紧闭，窗帘也拉得严严实实的。正面是一个面积约五坪①左右的门厅，往右面看过去可以看见楼梯，那儿也是一个人影也没有。玄关左首是换鞋处，只见随意地丢放着两双拖鞋，却是两两错搭的；旁边的鞋箱上，还放着一双大大的防寒靴子。

"有人吗？"

美砂四下张望了一遭，然后招呼道，但是无人应答。

人都出去了？可是，这样一幢建筑里面，不至于全都走光一个人也不留呀。美砂提高声音又招呼道。

寂静的门厅里只有自己的声音回响着，依然没有任何应答。

即便是研究所，如此毫无声息也实在有点悠闲过分了吧，万一小偷之类闯入如何是好？美砂暗暗叹了口气，刚抬起一只脚想迈上门口的台阶坎儿，就觉得身后冷飕飕的有股寒风吹来，门开了。

美砂慌忙回头，只见面前站着一个男人。

男人近一米八的个头，结实的上身裹在一件缀有海豹毛皮的蓝色茄克衫里，脸孔用连在衣领上的风帽罩住，下身穿一条茶褐色工作裤，脚蹬一双厚厚的防寒靴子。看样子是从外面工作回来，右肩挎着一只便携式收录机似的黑色器具，右手上还提着一样带有白色羽毛的东西。

"啊……"

美砂情不自禁地叫出声来，将脸侧向旁边。原来男人手里提着的是一只天鹅，胸口被鲜血染得红红的。

被美砂的惨叫声提醒，那男人这才意识到自己手上拿的东西，赶忙

---

① 坪：日本的面积单位，1坪大约相当于3.3平方米。——译注

将它移到身后。

"对不起……"

"嗯?"

看不出他可以满不在乎地手提血淋淋的天鹅,不过说起话来声音倒是不紧不慢,一派悠闲的样子。

"我叫竹内美砂,"美砂慌忙点头施礼,"我带着北海道大学低温科学研究所明峰教授的介绍信。请问,有个叫纸谷诚吾的先生在吗?"

"我就是。"

"你就是纸谷先生?"

美砂朝天鹅看了一眼,随后又看了看眼前这个男人。

"不好意思,突然前来打扰。我大概半小时前到的纹别车站,然后就直接到这儿来了。"

纸谷点点头,将死去的天鹅搁在鞋箱旁边的地上,换上拖鞋。

"请!"

纸谷将换鞋处串了个儿的拖鞋换回来,然后递到美砂面前。

"谢谢!"

纸谷等美砂换好鞋,才迈步朝里面走去。

"那个,天鹅……"

"别管它。"纸谷只挎着肩上的器具走上楼梯。

研究所虽不大,却颇有雪国建筑的特色,房子建造得敦实而坚固。美砂跟在纸谷后面,来到二楼左首的一间房间,门口挂着块牌子:"第一研究室"。

研究室靠门口是一个简单的会客区,里面并排放着两张桌子,桌子上方的墙上张贴着一张像是北极圈的地图。对面靠墙是一排橱柜,橱柜边上悬挂着一张动物毛皮，好像是海豹皮。

纸谷将肩上挎着的器具放在桌子上，脱下防寒茄克，然后正式地自我介绍道："我叫纸谷。"

美砂也重新做了一番自我介绍，然后从手提包里取出一张名片："我带了这个来。"

名片是从札幌出发时，北海道大学低温科学研究所的明峰教授给她的。背面写着："这位是我朋友的千金竹内美砂小姐。住在东京，想看看流冰，所以来这里。百忙中打扰你了，请你领她参观一下流冰还有研究所等。"

美砂来这里之前，听父亲的好朋友明峰教授介绍说，纸谷诚吾是位自北海道大学理学部毕业后，一直埋头从事流冰研究的年轻人。

最初在玄关出其不意照面的时候，纸谷的脸被防寒茄克的风帽包得严严实实的，加上手里提着只血淋淋的死鸟，那样子看上去着实有点可怕。不过现在面对面一打量，从他那张精干的脸上射出的目光却出乎意料的清澈。

纸谷拿着美砂递过去的名片看了一会儿，慢慢地装入口袋里，同时从口袋里掏出香烟，点上火。

"当真要看流冰？"

"啊？"

"当真"是什么意思？当然是想看流冰才来的呀，名片背面写得清清楚楚嘛。

"您很忙吗？"

"不，忙倒不忙。"纸谷说着，右手夹烟，抬起左手腕看了看表。

"时间有点晚了是吧？"

"还不算晚。"

那么到底什么意思呢？是心里有什么不痛快不愿意领自己参观吗？美砂心里生出一丝不安，于是试着问："给您添麻烦了吧？"

"嗯……要说麻烦嘛，是有些麻烦。"

纸谷吐着烟圈答道，脸上一副若无其事的表情。

美砂对眼前这个男人实在想不明白。既不忙，又非时间来不及，那么究竟什么理由让他感觉领自己参观是件麻烦事情呢？也许对纸谷来说，这并不是他分内的工作，可自己毕竟大老远地从东京来到这里，就是为了一睹流冰呀，况且还带着他的上司明峰教授的介绍信哩。

"那么，我不能麻烦您带我参观了是吗？"

美砂有点泄气了。

"你为什么要来看流冰？"

"为什么……"美砂一时语塞。被他这样一问，还真说不清楚为什么了。"听人说流冰很壮观，很美，所以纯粹是为了观光……"

"明白了。"纸谷张开指节粗粗的手，在桌子上拍了一下说道。

"出于观光的目的来这里看流冰不可以吗？"

"没有说不可以。只不过，我不太喜欢这种事情。"

"那我应该怎么办呢？"

"行了。不管怎么样，我领你去参观一下吧！"

纸谷说着站起身，拿起放在桌子上的手套。

"现在到天黑大概还有一个小时，先去看冰原吧。"

"要是不方便的话就不烦劳您了，我自己一个人去看好了。"

"一个人去冰原太危险了。"

"可是……"

在札幌时，明峰教授就向美砂竭力推荐过，最好到突出于鄂霍次克海中的冰原最前沿去感受一下，因为假如只从岸边而不是踏上冰原去感受，是无法真正认识流冰的。一面听着纸谷诚吾关于冰的结晶之类的介绍，一面欣赏夕阳映照在冰原上的美景，一定会令人心生无限感慨的。

现在就是为了感受一下流冰的美景，特意来到这里的，可眼前这个向导却似乎非常冷淡，真让人心里感觉没底。

换做是平时的美砂，受这般的简慢，早就兴致索然，打消参观的念头了。可是，就这样返回去，又实在太遗憾了。再怎么说，为了在冻冰上行走，她还在札幌特意买了双橡胶底的高筒防滑靴子呢。

"说什么我也要看一眼流冰。"

"那就走吧！"

就在纸谷戴上手套的同时，门敲响了，一个年轻男人闪身进来。身上穿着件暖暖的绒线毛衣，头戴一顶绒线编织帽，看上去也就二十二三岁。

青年注意到美砂在场，好像稍显困惑，但立即便转向纸谷，看着他问道："玄关那只天鹅是怎么回事情啊？"

"哦，是我在路上拾到的。"

"又是被散弹击中的？"

"好像是吧。"

"今天晚上打扫了它吧？"

"也只好这样了。"

"那用它做暖锅吧。"

青年说罢笑了笑，朝美砂轻轻点点头，退了出去。

看来这伙人要将刚才那只可怜的天鹅下肚了。美砂吃惊地望着纸谷，只见他满不在乎地将防寒茄克的风帽一直拉到眼前，对美砂说道："走吧!你穿这些不冷吗?"

"不!"

美砂使劲地摇摇头,似乎要借此表示出反抗。

走下楼梯,来到玄关,那只天鹅不见了,大概是青年已经将它拿去料理去了。

真是一伙野蛮的男人。

美砂狠狠地瞪着走在前面的纸谷的背影,跟随他走出门外。

二

出了研究所向右,沿着一条雪中小路向前走去,正面便可以看到一片冰封的鄂霍次克海。

由于大量流冰漂流而来的缘故,不要说港口,就连外海都被冰雪覆盖了,由近而远,整个海面一片铅灰色。港口里的渔船全都紧靠岸边,港口封冻成了白茫茫的一片。

向导纸谷头也不回,默默地踏着雪路向前走着,那态度似乎是觉得美砂在后面随从着自己是理所当然的。

真是个冷漠不通人情的家伙。美砂心里暗暗来气,可是眼下也只有乖乖地跟着他走而已。

往研究所来时看到的远处好像下雪似的地平线,依然呈现一线白色,距离也仍然是那样遥远,毫无变化。蓦地,从港口边腾起一群乌鸦,向寂静的天空飞去。

鄂霍次克海的上空,虽然眼看一场风雪就要来临,但此刻仿佛就像静止住了一般。

一会儿，脚下的雪路变成稍稍拱起的陡坡，越过陡坡，便是陆地与海洋的分界线。纸谷在这里停下脚步，朝美砂转过头来。

"这下面就是冰原了，小心点。"

说小心，可到底该如何是好呢？美砂左脚踏上冻冰，然后带着股怨气，慢慢将右脚也移到冰原上。冰原表面积着薄薄一层雪，看上去就跟雪原差不多，可是下面却非常坚硬，而且很滑。

见美砂踏上了冰原，纸谷又开始闷闷地迈开步子，慢慢地，脚下使着劲，一步一步地。

原来在冰上行走应该这样走才行啊，美砂学着纸谷的样子，跟在后面向前面走去。

从港口那边腾起的乌鸦，在空中大幅度右旋，然后消失在城市上空。在它们身后，只剩下空旷无垠的铅灰色的天空和白色的冰原，那灰蒙蒙的天空，说不清楚是晴朗无云还是阴霾密布。

不过，脚下冻结的冰原着实令美砂震撼：使劲踩它也纹丝不动，不摇不晃地，走在上面，没有一点点踏在冰原上的不安。

纸谷依旧不声不响，以不变的步伐默默地走着。既不是躬身而行，也不是昂首挺胸，就是那样落落寞寞地行走着。

四周一个人影也没有，空旷的冰原上只有纸谷与美砂两人，城市的噪音也传不到这里来。

"大概在什么时候才会结冰结成像现在这样子呢？"

"这就每年不一样了。"

纸谷头也不回地答道。

"每年不一样，可总归有个大概的时间吧？"

"今年是一月七号，去年是一月二十二号，前年的话是十二月十九号。"

原来如此，果然每年相差甚远，所以才说不一样啊。不过尽管如此，简单地回答说从十二月到一月不就行了吗？或许这种模棱不清的回答方式，对他来说很困难吧。

美砂忽然生出一种冲动，想更多问他些各种各样的问题，让这个缄默少言的人不得不张口说话。向导嘛，同参观者说说话、介绍介绍情况，也是入情入理的呀。

"那，什么时候才有流冰呢？"

"你说的'有'是什么意思？"

"那个……这里……"

"'有'到底是指现在这种状态，还是指冰碎裂的状态，还是指冰流动的状态？"

"现在这种状态……"

"去年，流冰离岸是在三月十八号。"

"离岸？"

"就是冰层离开岸边。"

"那就是说，在这之前，都可以在冰上面行走了？"

"有时候可以行走，有时候就不能行走。"

"这是怎么说呢？"

"有时候表面看上去都一样，但是有的地方被水冲刷薄了，或者出现了裂缝，要是不知道的话，走在上面就可能掉下海去。"

那倒是。美砂不由地好奇起来："掉下去的话会很冷吗？"

"……"

"会不会冻死？"

纸谷没有回答。

大概觉得自己的问题实在太愚蠢了，根本不屑回答吧。美砂在对方的脸上探询着，可是纸谷的脸几乎全被风帽遮住了，表情看不清楚。

两人沉默下来继续走着。已经来到距离岸边大约四五百米的地方，港口停靠的渔船，看过去缩成了一个个小黑点。

美砂身上渐渐地渗出汗来。

起初还觉得走得很慢，可是以不变的节奏这样一路走过来，还真是不小的运动呢。加上又是第一次在冰原上行走，神经绷紧着，不累才怪哩。

"要走到哪里啊？"

"走到靠海近点的地方，怎么样？"

当然好啦。美砂继续踏着冰前行。

"刚才您说到冰流动，那是……"

"那是指冰原融化开来，变成冰块，顺水漂流的状态。"

"是漂浮在大海上的吗？"

"是的。"

"那是在什么时候？"

"去年……"

又来了。美砂悄悄吐了吐舌头。

"去年，冰块最后消失在四月七号。"

"那，在那之前稍稍提早一点来的话，就可以看到流冰漂浮在海面上了吧？"

"那可说不定。刮海风的时候，会漂浮到离岸边很近的地方，如果从陆上刮风的话，流冰就漂到很远的海上去了。"

"那么厉害呀？"

"冰的位置每天都不一样的。"

"那么,假如早上从东京打电话过来,这边说流冰漂近了,立即乘飞机飞过来就可以看到了?"

"……"

"不行吗?"

"那是你的自由。"纸谷以断然回绝的语气答道。

又有什么地方得罪他了?真是个难弄的向导。明峰教授为什么介绍这么个乖僻而顽固的男人给自己当向导呢?美砂不由地暗自叹气。

距离港口已将近一公里了。冰原不像在岸边所看到的那样平坦光滑,而是起伏不平的,有的地方冻冰还像小山丘似地隆起着。纸谷灵巧地避开这些隆起的冻冰,美砂觉得跟在后面像他那样走应该没错。

几只海鸟从山丘般的巨大冰块后面惊掠起来,朝大海方向飞去。无声无息地,只能看见白色的羽毛,就好像被灰蒙蒙的天空吸进去似的。

左边有一道防波堤蜿蜒向前,就像要将冰原切开一样,在它的前方是一座灯塔。被流冰塞满的大海上,根本没有船只通过,因而灯塔也在冰原中静静地沉睡着。

大海越来越近,海的颜色也变得越来越深,一眼望过去,好像雪原中的一个蔚蓝色的湖泊。

"在这里休息一会儿吧!"

距离大海约百米的地方,纸谷停住了,在一块突起的冰块上坐下来。

美砂没有一起坐下,她站在原地,大大吸入一口气。

空气澄澈清新,感觉真是沁人肺腑。

回头看去,在冰原远处,拥围着港口的纹别的街市依稀可辨;再远处,雪山绵延不绝向远方延伸。天地之间,没有一点儿声息,亘目所见,只有灰色的天空、白色的冰原,还有从龟裂开的冰原隙缝中露出的蔚蓝的大海。

美砂是第一次领略到无声的世界。整个世界被这毫无声息的静寂统治着,令人情不自禁地毛骨悚然。

"稍稍休息一下吧,冰上并不怎么冷的。"

纸谷说着,用手将自己身旁边的雪划拉掉。

"不好意思,谢谢啦。"

美砂在纸谷旁边坐下,心里想:这个男人心里倒似乎不像他的嘴巴那样讨人厌呢。

纸谷从防寒茄克的口袋里掏出香烟,点上火,满满吸了一口,然后慢慢吐出。清澄的空气中,立即散发出一股烟味。

"天就快要暗下来了。"

左前方隐隐约约绵延远去的雪山处,显出一抹淡淡的红色。没错,左边是西,前方面向大海的方向是北。

"您经常一直走到这一带来吗?"

"……"

纸谷没有回答,只是望着冰原。看来这毫无声息的世界,像纸谷这样少言寡语的人与之倒是挺适合的。

"如果一辈子在这种地方生活也不错啊。"

美砂想起了自己生活的东京。相比东京的人满为患,还有成天不绝于耳的噪音,这里简直就像是另一片天地。

"能来这里亲眼看到冰原,真是太好了!"

自己不远千里前来,尽管遇到一个冷淡的男人,但终究还是不虚此行。

"以前还真的不知道,大冬天的鄂霍次克海竟这样安静啊。"

"不要光看它安静。"纸谷语气低沉、但却一字一句清清楚楚地接道。

"这是当然的。不过,我想东京人看到这样壮美的景色,都会忍不住感慨一番的。"

"可是真的麻烦哩。"

"这样不可以吗?"

"倒没什么可以不可以的。只不过,像这样看看,就以为已经了解流冰还有鄂霍次克海了,那可就麻烦了。"

"我可并没有那样说啊……"

"反正你也一样是观光的客人嘛。"

美砂扭头看看纸谷,风帽下面纸谷的眼睛依旧盯着冰原前方的鄂霍次克海。

"借观光过来玩的人,是不会懂得冰的美丽的。我可不太喜欢给这样的人当向导。"

美砂似乎渐渐有点明白纸谷态度冷淡的理由了。也许他是想说,对于从东京远道而来的美砂,流冰只不过是一道她憧憬的美丽风景而已;而对于纸谷,却是一生相伴的工作对象,也是他生活的一部分。

"对不起,我本以为到了这里,只需您简单介绍一下就可以了。"

"我这个人是个直筒子,有什么说什么,你不要见怪。"

"我才没有见怪呢。"

西边的天空红色愈加浓重,冰原也被它辉照得渐渐染成了一片暗红色。坐在冰块上的两个人的身影,在浅浅的雪上面拖出了两条尾巴。

"您到这里多少年了?"

"有七年了吧。"

"您不回大学里去吗？明峰教授说您是个去了纹别就一去不复返的怪人呢。"

"是吗？"

纸谷好像并不在乎。吸完最后一口，他就手将烟屁股丢在脚下，火的残星立即陷入了薄薄的雪地。

"也没想过回札幌吗？"

"不是没想过。"

"那，为什么一直待在这里……"

"鄂霍次克对我来说更加适合。"

的确，比起城市来，这个男人显然更加适合生活在乡下，而且不是那种有着风光明媚的湖泊和田园的乡下，眼前这荒凉凄清的鄂霍次克海最适合不过了。

"我看您很喜欢冰对吧？"

"因为我只了解冰。"

美砂又偷偷觑视一眼纸谷，只见他的侧脸上不知为什么，似乎隐藏着一丝暗影。

"再往前面走走吧？"

纸谷用脚碾碎丢弃的烟屁股，站起身来说道。敦实的上身在雪地上投下一道长长的影子。

"再往前面去，不要紧吗？"

"大概不要紧吧……"

纸谷一面回答，一面照样往前走。

大概……大概可靠不住呀。万一冻冰碎裂开，人掉下去怎么办？要是死在这冰天雪地的鄂霍次克海里，实在是太凄惨了。不过，如果可以往前去的话，倒真想走到冰的断崖处看一看呢，那里就可以将鄂霍次克海的冬景饱览在眼里了。

不安和想一睹那种惊险的景观的好奇，交互在心里。反正如果冻冰碎裂，先掉下去的是纸谷。自己只要走在他后面，应该问题不大。

美砂自说自话地打着小算盘，跟在纸谷后面。

虽说已来到冰原的最前沿，可是这里几乎没有什么风。

美砂只穿了中长的大衣，可是脚上穿着长及膝盖的防寒靴子，脸孔也有风帽裹着，所以几乎感觉不到寒意。前面的纸谷依旧迈着有节奏的步子。

一片白茫茫之中，冻冰上开裂的裂缝像一条条青色的带子一样，左右伸展开去，裂幅越来越宽。

也许是心理作用，美砂只觉得两腿有点打晃。

"还要往前面走吗？"

"再走过去一点。"

"我怕……"

刚想说，美砂立即缄口忍住了。不能在这个男人面前显露出恐惧，要是露出一丝恐惧，不被当成傻瓜耍才怪呢。

又走了大约五十米，纸谷停下了脚步。眼前冰原的青色裂缝看得清清楚楚。

"到这边来吧。"纸谷用脚在冰上使劲踩了两三次，确认了冰的坚固之后，向右边拐去。向右边横着走了二十来米，又向裂缝方向折回去。美砂在后面老老实实踩着浅浅的雪地上留下的足迹前行，同纸谷保持着四五米的距离。

万一这个人掉下去……

要是这个身躯高大的纸谷掉到冻冰下面去的话，自己该怎么办？自己能跳下去拽住他的身体往上拖吗？不不，不要说拽他了，也许只要贸贸然地伸出手去，自己就会跟他一起落入海中。

事实上，如果出现那种场面的话，自己只有惨叫几声，呆呆地看着他随海水漂走，根本毫无施救之策。

突然，纸谷停住了。

"就到这里吧！"

前面几米开外便是大海。

美砂脚下战战兢兢地站稳了，然后抬起头朝海面望去，只见靠近冻冰裂缝的地方是淡淡的青色，而中央则是蔚蓝蔚蓝的，深不可测，看上去像一个大洞。或许是四周都被冰原包围住的缘故，海面显得很平静，只有在海水与冻冰的交接处稍有些晃动的感觉。

"很深吧？"美砂双手将衣领拉拉紧，问道。

"已经来到离海岸差不多一公里的地方了，水深大概有两百米吧。"

"感觉很冷啊。"

"这里气温很低，所以感觉很冷，可是海水的温度其实不太冷，至少还没有冻起来，说明还没到海水的冰点零下两度。"

嗯，要是硬钻起牛角尖来恐怕的确是这样的，但是被冻冰包围着的大海，总是让人觉得冰冷冰冷的。

"大海像这样平静，我还是第一次看到呢。"

"表面看起来很平静，可是海底一直在不停地运动着哩。"

"这冰下面的海水也在运动吗？"

"当然。"

美砂蓦地害怕起来,眼睛直盯着脚下的冰看。可是,怎么看也感觉不出什么异样,就跟踩在大地一样,纹丝不动。不光是脚下的冰,眼前所能看到的一切,全都纹丝不动。

"哇——真美啊!"

夕阳斜刺着照射在冰原上,左边的海岸线被落日染成了红色,远处的外海则被笼罩在一片阴影中。纹别的街市躲在雪的尽头,再往远处,静静地耸立着渐渐暗下来的雪山。

"太壮观了。"

天地之间只有美砂和纸谷两人。天空、大海、冰原,这里的整个世界此刻全都静止不动,平静地等待着夜的降临。

"真是不虚此行。"美砂兴奋地自言自语道。不管纸谷说些什么,眼前的风景实在太美了,不由人不感慨万千。

纸谷又从口袋里掏出一支烟,点燃,一面吐着烟圈一面遥望着冰原远处的地平线。被斜阳照射的半边脸染得红红的,身体在冰原上投射出一条长长的影子。

一直在这里,这个人到底在想些什么呢?

纸谷将烟叼在嘴上,随着嘴唇一动一动的,烟雾从嘴里缓缓飘出,先是往前飘去,立刻被风吹得倒向右边。

"您不时到这里来吗?"

"嗯……"

纸谷双手插在口袋里,点头答道。

"一个人到这里来,会想到些什么呢?"

"什么也不想。"

"可是……"

"回去吧！"纸谷扭过头说道，好像要故意打断美砂的提问。他那张被冰雪反射而变得黑黝黝的精悍有神的脸上，闪烁着落日的光辉。

"就这样回去实在太可惜了。"美砂不情愿地说，可是纸谷并不理会，迈开步往回走去。冰原上两个人的身影并排前行着。两个人都身体稍稍前倾，双手插在外衣口袋里。

"你为什么要来这里？"纸谷好像突然想起来似地问。

"这很奇怪吗？"

"……"

"一个女人孤身到这种地方来，或许是有些奇怪哪。"

"嗯……"纸谷坦率地点头。

"其实没有什么特别的理由呀。"

的确，美砂想来看流冰真的是一时的心血来潮，契机只不过是因为恰好看到《旅行》杂志上刊登的鄂霍次克海流冰的照片，正在家待得百无聊赖的美砂即刻便心动了。照片中，从山丘越过街市可以看到一望无际的漂流的流冰，下面还有一段说明："每年一月至三月，鄂霍次克海为冰所封冻，这期间，整个港口都进入了'冬眠'。"

不知为什么，美砂当时就被那个被白色的冰雪所包围的小城市吸引了。虽然那不过是一个普通的、白色的、静寂冷清的地方，但美砂却觉得，它似乎能够给自己带来某种安宁。

于是，她立即买来列车运行时刻表，制订日程，做起了出发的准备。父亲母亲被这突如其来的北海道之行惊呆了，困惑地嘀咕道："这样大冷天的，到北海道去，而且还是去鄂霍次克旅行，真不知道是怎么想的。"

事实上，美砂自己也说不清楚，为什么会这样匆促地非去冬季的鄂霍次克夫旅行不可。

然而稍稍冷静下来想想，或许又不仅仅是美砂的一时冲动。

几个月前，美砂就开始希望能逃离这个家。大学毕业后，一直在家学习茶道啦插花啦，这种生活美砂已经厌烦了。名为学习做家务，但其实还是为了结婚嫁人做准备，可美砂却讨厌。自己好歹大学英文科毕业，不发挥所长做些自己喜欢的事情，总觉得太可惜了。

说到就业，美砂一直没找到心仪的工作，不过总得先找份工作做起来。大学的同学们，不少人当了教师，或者进贸易公司当了朝九晚五的白领，跟她们聚会聊天的时候，总有自己被冷落在一边的感觉，这让美砂心里非常不安。

父亲是一家大型钢铁生产企业的部长，家里自然不缺钱用。但美砂明白这样一直无所事事下去绝对不行，她甚至觉得有点对不起家里人，于是更加希望通过自己的努力，找到一份工作。可说起来容易，也许是因为优裕的家庭环境使她自小就顺顺利利，从没遇到过大的困难，真要做决断时却怎么也下不了决心，挑挑拣拣地，最终还是一无所成。

不过有一件事情，就是一个月前相亲那件事，美砂倒是毫不犹豫地自己做出了决断。

住在目白的伯母给美砂介绍了一个相亲对象，名叫村井，二十八岁，大学毕业后进贸易公司工作，据说是个很有前途的青年。见过本人面，确实给人待人接物很有礼貌、思路清晰、爽快干练的印象。

父亲的态度像一般人家的父亲那样：如果你自己觉得合适就嫁吧。不过母亲却显得热心异常，不断地对美砂鼓劲道："本人很不错，他父亲还是个大学教授呢。像这样条件的人可是打着灯笼也难找啊！"

美砂年届二十四岁，正是世人所谓的"适龄期"，这一两年中如果错过什么机会的话，或许将来就良缘难觅了。村井个子高高大大，形象也不错，说起话也不轻狂，举止温文尔雅，对现在这种处境中的美砂来说，也许真的是难觅的良缘。可说不清为什么，美砂对他就是不来电。

相亲之后两人又见过两次面，在一起聊聊天气氛也算愉快，不过美砂还是没有跟他结婚的想法。并非对他有什么不满意，只不过……没有强烈吸引美砂的地方。

"一开始谁都是这样的呀，结了婚之后慢慢就会和谐了。"

母亲怪美砂身在福中不知福，可美砂觉得结婚是一生中只有一次的大事，一定得跟一个为了他可以不惜舍弃自己性命的人结婚才行。而仅仅因为父母之意，因为世间所谓的良缘，就要跟这个人结婚，未免太视若儿戏了。

也许美砂之所以最终回绝了这门亲事，其实是出于她内心对什么"适龄期"、什么"打着灯笼也难找的良缘"之类尽善尽美的人生的一种反抗吧。大学毕业，像个良家女子一样学习怎样做家务、怎样做妻子，然后嫁一个学历、家庭条件、职业都堪称一流的男人——她从一开始就讨厌这种过于呆板无趣的生活，那样的话，人生也太简单了吧。她需要的是由自己来决定自己的人生道路。

说来好笑，回绝亲事还似乎让美砂觉得，自己可以堂堂正正地面对已经就业的以前的同学了：瞧，我可不只是父母的乖乖女，不是一个可以任由别人操纵的木偶！

可是自那以后，母亲便一直对她不满，老是在耳旁唠叨："你到底在想什么啊？我真是一点儿也弄不懂！"

美砂几次想向母亲解释自己回绝的理由，可转念一想，无论自己怎样说明，母亲是不会理解的，于是也懒得解释了。

看到鄂霍次克海流冰的照片，正是在那个时候。

三

夕阳辉照的冰原上,两人的身影就像拖着的两条长长的尾巴。

又一群乌鸦从前面的雪山一角飞起,在空中画了一个大大的圆弧,消失在西边。乌鸦消失后,夜晚也从背后急速地笼罩过来。

美砂稍稍感到有点害怕,赶忙追上几步,与纸谷并肩而行。现在是返回岸边,已经不担心冻冰会碎裂了。

"晚上海水也是那个样子吗?"美砂回头望了望渐渐昏暗下来的冰原和远处的海水,问道。

"会一点点起变化的。"

"那么说,那片蓝色的海水到明天说不定会消失掉对吧?"

"天越来越冷了,明天差不多那一带应该结冰了吧。"

正如纸谷所说,随着暮色来临,寒气陡增。表面上看起来平静的鄂霍次克海,其实一刻也不停在运动着哩。

"今天晚上要在纹别住一夜吗?"快走到一半的时候,纸谷突然问道。

"嗯,在火车站前面的小山旅馆住一晚上。"

纸谷好像咕哝了一句,可是嘴巴被宽大的风帽遮着,听不真切。

"今天在这里住一晚,明天我想到网走①去。"

"还是为了看流冰吗?"

"看流冰么这里已经足够了,到网走只想看看街景,然后乘夜行列车

---

① 网走:位于北海道东北部,面向鄂霍次克海,境内多丘陵,市区位于网走川出海口附近,并延伸到周边海岸。是日本鲑鱼、明太鱼的重要产区。——译注

返回。"

"……"

"网走那边也有流冰吗?"

"现在这时候,应该从网走到知床①一带都结冰了。"

看来鄂霍次克海沿岸从稚内②一直到知床全部被冰包围了,究竟一共有多少冰?还有,这些冰从哪里过来的?美砂觉得这白色一望无垠的冰原,竟像是一只可怕的巨型怪物。

"北方的海到底是寒冷啊。"

"冰不一定是从北方开始结起的。"

"是吗?"

"稚内到小樽③一带西海岸是不结冰的对吧?"

这样说来倒也是,只听说过鄂霍次克海的流冰,还没听说过日本海的流冰呢。至少从地图上看,北海道北部像个三角形,以稚内为三角形的顶点,只有右侧的鄂霍次克海冻冰,而左侧的日本海却不冻冰。

"从纬度来讲,北海还有波罗的海更加北,可是那里从来不出现流冰。"

北海和波罗的海在哪儿?在美砂脑子里的模糊地图中,北海应该是荷兰北部的海,而波罗的海好像位于瑞典旁边。

"为什么那么北面的海倒不结冰呢?"

"这个嘛,我们也很想知道。"

---

① 知床半岛:位于北海道东北部,突出于鄂霍次克海,长约65公里,是全球有流冰现象的海域中纬度最低的地区。人迹罕至,半岛上依旧保持着原始面貌,因而被称为"日本最后的秘境"。——译注

② 稚内:北海道宗谷支厅的支厅所在地,也是日本实际支配领土的最北端,年平均温度只有7℃。是日本北洋渔业的中心地,以水产加工业为主。——译注

③ 小樽:位于北海道西部,濒临石狩湾。日本海一侧的重要港口。——译注

"你们也不知道?"

"有一点是很清楚的,那就是暖流的影响。因为北海道的日本海一侧,有从对马海峡①北上的暖流一直沿着日本海海岸向北边去,而鄂霍次克海一侧却只有从白令海向南的寒流。"

美砂刚想说明明是知道的嘛,纸谷接着说道:"可是,单单这么讲还不能完全说明问题。波罗的海几乎只有寒流经过,纬度也比这里高,可是却不结冰;符拉迪沃斯托克②和朝鲜的沿岸也只有从间宫海峡③北上的寒流,可是也不结冰。"

真是不可思议呀。

"在全世界有流冰漂流的海域中,这里是最南边的。"

美砂又一次回身望了一眼昏暗的冰原。

"是因为这一带的海水特别冷的原因吗?"

"海水冷是一方面的原因,可是同样水温的海也有不结冰的。现在正在调查研究其中的各种原因,可能是因为洋流缓慢造成的吧。"

"洋流缓慢就容易结冰吗?"

"一直剧烈运动着的水是不会结冰的,对吧?比方说瀑布之类。"

抬杠谁不会呀。

---

① 对马海峡:位于日本九州北岸和朝鲜半岛间,壹岐岛与对马岛间称为东水道,对马岛与朝鲜半岛间称为西水道(或朝鲜海峡)。为竹荚鱼、青花鱼及墨鱼的理想渔场。——译注

② 符拉迪沃斯托克(Vladivostok):中国传统名称为海参崴,位于现俄罗斯远东滨海边疆区南端,濒临日本海,俄罗斯太平洋一侧最大的海港城市,是重要的海军基地及电力、渔业基地。——译注

③ 间宫海峡:通称鞑靼海峡(Tatarskiy Proliv),位于俄罗斯远东萨哈林岛(库页岛)与西伯利亚东岸之间,连接鄂霍次克海和日本海。1808年由日本探险家间宫林藏探明,故日本称之为"间宫海峡"。——译注

"不光是洋流缓慢,而且海水底下可能还有漩涡。"

"那是怎么知道的?"

"人乘坐在冰块上,把洋流测定仪放下去就知道了。"

"人乘坐在冰块上吗?"

"初春的时候,冰开始融化碎裂、漂流,人就乘坐在上面,把测定仪垂到海水里就可以了。"

"那样不会有危险吗?"

"小块的冰当然有危险,不过我们乘坐的是十几米见方的大冰块。"

"乘坐在上面就可以漂流了是吗?"

"根本不需要帆啦橹啦什么的。"

乘坐在冰块上,垂下洋流测定仪,这是一幅多么惬意而有趣的情景啊。

"可万一一直被漂流到很远的地方会怎么样呢?"

"大概会一直漂到知床甚至千岛群岛①,然后进入太平洋吧。不过在这之前,冰块早就融化掉了。"

"那乘在上面的人呢?"

"当然是在到知床之前就换乘船了。"

纸谷黝黑的脸上第一次露出了笑容。受他的影响,美砂的心情也随之平和愉悦起来。

"测定的时候很忙吗?"

"不忙,只需偶尔从海中把测定仪拉起来,看看仪器是不是工作正常就是了。"

---

① 千岛群岛(Kurilskie Ostrova):俄罗斯岛群,位于堪察加半岛以南,太平洋与鄂霍次克海之间,由五十多个岛屿组成,长1300公里。——译注

"漂流时一直就坐在冰上吗？"

"要是站着的话，被风吹着就更冷了。"

"可是……坐的话下面……"

"屁股下面用海豹的皮垫着就不怕了。"

冰上垫着海豹皮，坐在上面，悠然地随海水漂流，那时候他脑子里会想什么呢？美砂觉得身旁这个男人给人一种无法捉摸的感觉。

"今年还会乘着冰块漂流吗？"

"大概在冰块离岸的三月份左右还会的吧。"

"我也想乘乘看呢。"乘着冰块随洋流漂流——这样的旅行是不是很放松、很闲适呢。"假如春天我再来的时候，可不可以让我跟你们一起乘坐啊？"

"光乘的话当然没问题……"

纸谷的脸上掠过一丝困惑不解的表情，"可乘一次就至少四五个小时下不来喔。"纸谷轻轻咳了一声，接着说道："而且上面可没有厕所。"

美砂脸一红，点了点头。

走过了冰原一半路程，回到距离岸边大约四五百米的地方。

西边红红的天空，没入地平线，辉光一下子消失了，取而代之的，是黑夜迫不及待地从海上倾覆过来。停靠在岸边的渔船像一个个小黑点，在它们后面，纹别街市上的灯火开始亮起来了。

"假如你想看的话，接下去我带你参观一下研究所吧。"从冰原踏上岸边的时候，纸谷主动提议道。

"还可以继续麻烦您吗？"

"我没关系。"

"那就有劳您了。"

美砂心想，现在回旅馆房间一个人打发时间可就惨了。

"那回研究所吧!"

纸谷顺着来时的路,朝山丘往回走去。

从冰原至山丘,在两人走过之后看样子一个人影也不曾出现过,雪地上依旧清晰地留着两人踩出的足迹。

登上小山丘,行两百来米,便走到研究所侧面了。走过灰色的围墙来到正面,门口的灯将四周的雪照得亮晃晃的。

"请进。"

纸谷推开门,等美砂进去后再关上。

"真暖和!"

在日夕中走了一圈的身体,进入到开着暖气的屋子里,顿时感觉通体舒服。美砂待身上缓过劲来后,才取下风帽。

纸谷在前登上楼梯,来到刚才的研究室,打开门,点亮电灯。屋子里同刚才离开时一模一样,桌子旁边搁着便携式的工作器具,墙上挂着动物的毛皮。

"先休息一下吧。我给你泡茶。"

"您不必客气。"

美砂忙婉谢道。可纸谷不理会,还是往电热水壶里添上水,插上插头。

"走累了吧?"

"哎,稍稍有点累。"

今天早上九点半从札幌出发,经过五个多小时的列车颠簸,然后又一公里半的冰原走了个来回,不累才怪呢。

"只有速溶咖啡,怎么样?"

"谢谢!"

纸谷用粗糙的手往两只杯子里放入咖啡和糖,没有牛奶。杯了没有杯垫，小调匙上面也脏兮兮的，可是纸谷好像一点儿也不在意。他点燃香烟，望着黑乎乎的窗外。

窗户很昏暗，屋里的样子映在窗玻璃上。

电热水壶沸了，纸谷拔掉插头，往两只杯子里冲水。

"请吧。"

美砂接过递过来的杯子，让热气朝脸颊上蒸腾，同时用调匙搅动着。兴许是疲惫了的缘故，感觉咖啡的味道特别香。

"经常在这里工作到很晚吗？"

"因为回到家里，就必须自己烧火炉取暖啊。"

"您家在哪里？"

"就在这个坡道下面。"纸谷用手指了指窗外。美砂刚想看出去，外面有人敲门。

"进来！"

开门进来的，是刚才出门前见到过的那个青年。

"暖锅好了。"青年说着，朝美砂点头行了个礼。

"肚子饿了吧？"

"哦不，我……"

"我们用刚才那只天鹅做了一锅暖锅，你如果不嫌弃的话，一起吃吧！"青年接过纸谷的话头说道。

美砂想到进门时纸谷手里提着的天鹅，不知是被谁射死的，胸口鲜血淋漓。

"其他还有三文鱼、土豆、洋葱，等等，各种各样都放在一起煮的，所以我们叫它什锦暖锅。真的很鲜喔，冬天可少不了这个哩。"

青年说完，纸谷再次邀请道："怎么样？"

"好吧。"

美砂一面点头答应,一面自己对自己说:只要不碰那只天鹅就行了。

四

食堂在下了楼梯转过走廊的尽头。

食堂面积大约有十张榻榻米①大小,正中央一张长桌,四周排放着折叠式椅子。桌子顶端前面的墙上挂着块黑板,上面画有像是鄂霍次克海沿岸的地图,还有箭头以及写着些诸如85、60之类的数字。

看来这里说是食堂,但有时也用来作为研究人员们碰头讨论的场所。桌子中间的煤气炉上面,架着一口直径足足有五六十厘米的大锅,不停地往外冒着热气。锅子四周围坐着五六个小伙子,一面"呼呼"地吹散着热气,一面啜着盛在大碗里的暖锅汤汁。

看到纸谷进来,小伙子们一齐转过脸来:"哟!"算是同他打招呼,可视线却分明投向站立在门口的美砂。

纸谷一时间似乎有点不好意思,用手搓了一把下巴,然后给大家介绍道:"这位是竹内美砂小姐,是经明峰教授介绍,特意从东京到这里来看流冰的。"

小伙子们点着头,那神情好像在说:噢,是这样啊?

"他们都是这里的研究员或者技师,都是些不拘小节的家伙,不必理会他们,你管你吃好了。"

---

① 榻榻米:日本传统的和式住宅以榻榻米为单位表示居室面积,标准榻榻米长180厘米、宽90厘米,一张榻榻米的面积约为1.62平方米,十张榻榻米约为16平方米。——译注

纸谷说罢，小伙子们立即把锅子面前的座位让了出来。

"哎，碗没有啊？"

"这个是干净的。"

坐在旁边的青年赶紧拿来一只碗和一只杯子。纸谷从筷子筒里取出一双红色漆筷，放在美砂面前，对她说道："别客气，放开肚子吃吧，客气的话一会儿就全部被他们吃光了。"

小伙子们的食欲果然旺盛得厉害，只见他们用大汤匙将锅里的东西和汤一起满满地舀到自己碗里，然后一面吹气，一面大口大口地吞咽着。

"天鹅只有一只，不过三文鱼放了很多，味道鲜极了。"

与其说是天鹅暖锅，倒更像是三文鱼暖锅。又有鱼，又有天鹅，还有许多蔬菜混在一起，所以也许称之为什锦暖锅更加贴切。不管叫什么，反正是香气扑鼻。

不过美砂却没有马上出手，一方面是因为小伙子们争先恐后地伸手捞取，另一方面则是锅子烧得"咕嘟咕嘟"地沸腾着，看着有点害怕。

"我来帮你舀吧？"纸谷说着，拿起了美砂的碗，"想吃三文鱼啊，还是想吃天鹅？"

"天鹅就免了吧……"

美砂连忙摇头。纸谷笑了笑，将三文鱼和蔬菜往碗里盛了个几乎冒尖。

"酒喝不喝？"

"不，我……"

"少喝一点吧！"

纸谷说着端起一只一升的酒瓶便往杯子里倒。

"这个暖锅里加进了各种各样的东西，所以我们叫它什锦暖锅，寒冷的冬天基本上都吃这个。"

清淡的酱汤味的底汤里,除了卷心菜、白菜、土豆、洋葱等蔬菜,美砂的碗里还有好几块手掌般大小的三文鱼片,还夹杂着扇贝、咸鲑鱼子等。料理方法虽算不上精致,不过要想在东京吃到内容如此丰富的暖锅绝对不容易。

"味道不错吧?"

纸谷非常得意地问。

美砂还没吃下半碗,小伙子们早已经添了两碗、甚至三碗,有几个因锅子的热气加上酒精的作用,已经开始满脸通红了。

"喂,把火关小一点!"

对面的小伙子将锅子下的火拧小了。

小伙子们看上去全都很年轻,黑黝黝的脸上透着精明干练的表情,纸谷在这些人中间好像是个负责的。

坐在美砂右旁和对面的两个人,因为同时要去抓大汤匙,手碰在了一起。"喂,有客人在哪,别吃得太狼狈相好不好?像你这样吃法,客人还吃什么?手下留情点吧!""哪有啦,我……"

"你放开点吃嘛,千万别客气啊,三文鱼和扇贝要多少有多少哪!"

瞧这番豪华阵势,不愧是鄂霍次克。美砂突然间对这些小伙子们生出一丝嫉妒来:每天享受着这美味的什锦海鲜暖锅,饱览着壮美的冰原风景,该是多么惬意的一群人啊!

没等吃下一半,美砂就感觉身上暖洋洋的了。

像这样众人一起围在暖锅旁,日暮时分的寒意早就像躲进另一个世界一样,无影无踪了。

狼吞虎咽的小伙子们也填满了肚子,多数人开始呷着酒、吸起烟来。

"再给你倒点吧。"

"哦不，我已经喝不下了。"

纸谷不管三七二十一，又往美砂的杯子里添满了酒。

纸谷已经消灭了两杯。

"喂，酒没了！"

刚才到房间里来叫纸谷和美砂下楼吃饭的青年接口道："好快啊！那就开始'募捐'吧！"

"你喝得最多！"

"我今天干活干得也多啊。"

小伙子们将手伸入口袋，三三两两掏出一把硬币来。

原来所谓"募捐"是指大伙儿凑份子买酒。众人一下子凑了近两千日元。

"哟，可以买一瓶特级的了！"

"别，再添一点就可以买两瓶二级的，那样不是更划算吗？"

"哦，我……"

美砂伸手去摸包里的钱包，却被纸谷止住了："你不用拿。如果钱不够的话，让他们买烧酒就行了。"

"偶尔喝瓶特级酒不好吗？对脑子也有好处啊。"刚才的青年提议道。

"是啊，对你大有好处哩。"

"因为我看你们都脑子聪明绝顶嘛。"

青年俏皮地回击道，然后走出食堂，去给居酒屋打电话。

剩下的人哈哈笑着，又胡天海地地开起杂谈会来：只听一拨人不时冒出几个白令海、北极之类的词语，好像在讨论流冰的事情；另一拨人则扯起喝酒的话题来。纸谷怕美砂一个人冷落，没有加入他们的杂谈，而是端着酒杯，跟美砂聊起来。

"怎么样，这里的海鲜什锦暖锅？"

"太好吃了！"

"锅里还有哩。"

"不了，已经吃得太饱了。"

锅底里确实还剩余一些，可美砂真的再也动不了筷了。

"你不会喝酒吗？"

"只能喝一点点，不过一喝脸就红。"

"我也一样。"

纸谷用手摸摸自己的脸。果然，眼眶周围已经泛起淡淡的红晕。

"趁还没有醉，我带你去参观参观雷达吧。"

被纸谷这么一说，美砂才想起，自己是为了参观流冰雷达而跟他回研究所的。

纸谷掐灭烟头，站起来说道："我领这位客人去参观一下雷达室。"

小伙子们立时停止了说话，望着两人。纸谷不理会，在众人的注视之下走了出去。

"你们经常那样在一起喝酒吗？"

"这里是穷乡僻壤，也没什么玩的地方，所以每个礼拜会像那样热热闹闹地喝一两次，今天晚上因为还有天鹅嘛。"

"那只天鹅，你……"

"哦，不是的。天鹅是候鸟，按规定是不可以射杀的。是有人偷偷射杀的。"

"太可怜了……"

"射杀它的家伙躲在暗处，不知道是谁干的。反正放它在那里也会被狗吃掉，所以就……"

所以就拿来做暖锅了，真会给自己找理由啊。

"前几天也碰到一只被人射下来的天鹅，不过它只伤了羽毛，还活着。"

"那也吃了?！"

"没有。我们把它身上的子弹取出来，养了一个礼拜，然后放走了。因为候鸟差不多要一直在这里待到春天，它放归后应该没事的。"

雷达室在二楼，两人边说边走上楼梯。

"这附近有天鹅过冬的地方吗？"

"东面的佐吕间湖、能取湖，还有南面的风莲湖和尾岱沼一带，全是天鹅，看上去白茫茫的一大片。远远地望过去，好像整个湖面都铺满了天鹅哩。"

北国的冬天，天鹅群聚集在澄澈清新的湖面上，是什么样一幅美景啊？美砂望着窗户外漆黑漆黑的夜空，想象着那样的风景。

"那些湖，从这里到网走的路上看得到吗？"

"当然了。"

纸谷点点头答道，同时好像又突然想到了什么似的，说："明天藤野到网走去，你坐他车一起去好了。"

"藤野？"

"就是刚才叫我们下去吃饭的那个。"

哦，美砂想起来了，就是那个去买酒的、有点诙谐有趣的小伙子。

"他到网走去有什么事情吗？"

"这里和网走、还有北面的枝幸三个地方有雷达观测点，三个地方的观测数据要汇总到这里来进行研究。"

纸谷说着，推开走廊尽头一间房间的门。

门口钉着块"雷达研究室"的牌子，一进门是间计算机室。

纸谷按下开关，屋子里闪了几闪后日光灯亮了。房间内乳白色的地板，并排放着计算机和复印机等。再向前推开另一扇门进去，眼前是遮得严严实实的黑色布帘，布帘后面就是雷达室。

只见正前方和左右两旁的墙壁上，挂着各种各样美砂看不明白的器械，房间中央有一面直径一米左右的圆形荧光屏。纸谷按下旁边的操作按钮，暗绿色的荧光屏上出现了白色的斑点，有的互相连接，聚集成一团，有的则孤零零形单影只地远离其他斑点。

"上面显示白色的地方就是冰。"

好几个同心圆划着五六重的圆圈，按照一定的速度，顺时针方向在斑点上不停地旋转着。

"现在旋转着的地方，表示雷达所探测到的范围。"

"大概能探测到多大的范围？"

"每个圆圈之间的距离是五海里，大约十公里。基本上，从这里六十公里半径范围内的冰的状态都能知道。"

先前两人一起走过的冰原，一定也变成一个白色小斑点，正显示在荧光屏上。

"在网走和枝幸也有两台跟这个一模一样的雷达，通过这三个观测点，就可以完全掌握鄂霍次克沿岸冰的状态了。"

随着雷达探测器不停地运转，荧光屏上也不时地显示出白色的冰带。

"我们刚才走过的冰原，大概在哪里？"

纸谷向前倾身，指着靠近雷达中心位置的一点答道："这里。那儿整个全是冰，所以显示出来是一片白的。"

美砂点点头，与此同时嗅到凑近自己身边这个男人身上的味道，不由屏住了呼吸。

五

和着雷达仪上雷达探测器运转的节奏，流冰的身影不时地出现在荧光屏上，转而又消失。人在暖洋洋的屋子里，却可以一清二楚地知道六十公里以外夜晚大海的状态，这对美砂来说，实在是不可思议的事情。

美砂吸口气，轻轻捋了捋额头的垂发。倒不是因为感觉头发散乱了，而是因为在这密闭的房间里，现在就她跟纸谷两个人在一起，让她觉得不自在。而纸谷似乎对此一点儿也没在意。

刚才吃了不少暖锅，又喝不少酒，可此刻却毫无醉态，依旧是一副超然物外的态度，专心致志地盯着雷达。

这就是科研工作者的真实的一面？美砂偷觑了一眼纸谷。在荧光屏的亮光反射下，纸谷的脸看上去有点苍白，脸颊因为微倾着也显出几分消瘦和憔悴。刚才吃暖锅时的放松表情一扫而光，此时盯着雷达探测器的眼睛似乎锐利无比。

"有什么发现吗？"

"哦，没什么大不了的事情。不过从傍晚到现在，冰线好像上升了很多。"

"冰线上升，是指……？"

"就是说冻冰的范围又向外海扩大了。从这里往东北方向二十公里的海面上，形成了一大片流冰带。"纸谷指着荧光屏上左侧的一片白色解释道，"到明天早上或许还会变得更大。"

看来冰原无时无刻不在运动着。究竟在这黑暗之中，冰原上能感觉到怎样的风吹，怎样的海鸣？

"现在这个时候海上特别平静，风也停了，温度也下降，这时海面最容易冻冰了。"

冻冰就在美砂无法想象的广大空间下，正逐渐地成熟着。

"刚入冬流冰漂流过来的时候，也是一时间所有的风都停息，大海就像死了一样安静哩。"

"海浪也停息了吗？"

"从研究所的屋顶上望过去，蔚蓝的海面尽头，可以看到一道白色的直线，那是冰块形成的白线，把海浪都挡住了。"

在天海交接的遥远尽头，白色的冰块形成一道线，那一瞬间，海浪停息，所有的声音都沉寂了——那种静寂是何等的深沉、又是何等的恐怖啊。美砂脑子里浮现出日暮时所看到的青色的大海和白色的冰原。

"冰随着寒气一起逼近，半夜到天亮这段时间内漂涌到岸边。"

"那时的声音……"

"整个晚上，都有种像是磨牙的声音响个不停。"

"磨牙的声音？"

"冰块在靠近海岸的时候互相不断摩擦碰撞，所以会发出声音。人们不是常常形容说大海在哭泣吗？其实那种时候说是冰在哭泣好像更加贴切哩。"

夜色下的大海中，无数的冰块碰击冲突，那是怎样的光景？美砂只觉得那是一种自己无法想象的惨烈景象。

"所以等漂到大海中的时候，冰块都变成'荷叶冰'了。"

"荷叶冰？"

"像荷花的叶子一样圆秃秃的冰。本来应该是三角形或者四方形的大冰块，在海岸边互相碰撞的过程中碎掉，棱角都磨光了，变成圆秃秃的了。"

"那样人还能乘在上面吗?"

"各种大小都有的,有的只能乘坐一个人,有的可以乘坐五六个人甚至十来个人哩。"

"那等到明天天亮,一直会延展到很远吗……"

"全是白茫茫的,被冰覆盖得满满的。"

只需一夜到天明,苍青碧绿的大海就会变身成为白色的冰海。不知为什么,美砂觉得自己的人生似乎也蕴藏着倏然变化的可能。

"真想亲眼看看流冰漂涌过来的壮景呢。"

"今年已经过了时候了。"

"明年……"

"这儿整个雪都化了,然后十二月末到一月初左右还会再来的。"

"还要等一年哪。"

一年之后的自己将会如何?是不是还像现在一样,整天待在家里无所事事,或者已经跟某个人结婚成了家?不管怎么样,明年流冰再来的时候,一定要来看一看。

"假如你喜欢流冰的照片,倒是有好多哩。"

"照片能给我看吗?"

"给你看当然没问题,不过这里的照片都是用于研究的黑白照片,没啥好看的。要想看流冰的照片,这里有个叫吉田的摄影家,是个专门拍摄流冰的行家,拍摄流冰已经有十多年的经验了,他手里的照片不是更好看吗?想看的话我明天去问他借来让你欣赏欣赏。"

"明天我很早就要走了。嗯,下次有机会再看吧。"

一开始还觉得他很冷淡无情,谁想这个男人倒出乎意料的亲切热情呢。美砂情不自禁地偷眼端详了一下不修边幅的纸谷的侧脸。

"怎么样，差不多了吧？"

纸谷走到雷达右边，按下操作按键，浮现在荧光屏上的白色冰原立即抖动着，摇曳着，变成一个个小白点，最后从视野中消失。

"你先出去吧，我来关灯。"

美砂听话地走出雷达室，在走廊里等着。

纸谷关好雷达室的门，走出房间。

"待在狭小的房间里感觉很累吧？到刚才吃饭的屋子去坐一会儿吧？"

黑乎乎的夜中，两人并肩走下楼梯，来到一楼。

刚才走出食堂时，纸谷的脸上带着些许醉酒的红色，但是此刻已经回复到平常的脸色了。

回到食堂，依旧是喧闹一片。刚才追加的第二瓶酒早已送到，并且又被干掉了差不多一半。原先还剩了一些的暖锅，也被连底子一起打扫得干干净净，只有美砂吃的那只碗还放在桌子上。

正在胡天海地聊得起劲的小伙子们，见他们回来，视线又一齐聚集到美砂身上。

"感觉怎么样，雷达？"藤野一面往纸谷的杯子里倒酒，一面问道。

"第一次参观雷达仪，真的吃了一惊呢。"

"专门用来观测流冰的雷达，全世界只有这里才有哩，我们自己也觉得鼻子翘得老高，很是自豪哪！"

"不过你的鼻子却很低啊！"

"别打岔嘛。"

藤野说着，朝身边比他略显年长的青年乜斜了一眼，然后又给美砂的杯子添满酒。

"啊，我不能再喝了。"

"倒满再说嘛。"

小伙子们个个满脸通红，右边一个最年轻的已经有点醉眼蒙眬了。

"喂，你明天去网走的时候，顺便捎上她吧。"等藤野倒完酒之后，纸谷开口对他说。

"我吗？"

"她明天要去网走，途中想看看天鹅群集的地方，你带她看看能取湖一带吧。"

"知道了。"

其余人都用羡慕的眼神看着藤野。藤野感觉到了大家的目光，他露出一副很奇妙的表情，不知是得意得想笑呢，还是感到犯难。

"给您添麻烦了。"也许从纸谷的立场来看，藤野仍让他有点不放心，然而美砂还是朝藤野低头致谢。

"不不，这是我的荣幸。"

"带着美女一起坐车，稀里糊涂出点什么岔子可不是闹着玩的喔！"其余人一起起哄道。

"明天几点钟出发？"

"我随便几点都没关系……"

"我十点钟左右出发，到时你在旅馆里等着，我开车去接你好了。"

"我住在火车站前面的小山旅馆。"

"明白了。"

"还有，等会儿想让谁送送这位小姐，不过藤野今天晚上喝醉了好像不大靠得住哪。"纸谷说着扫了大家一眼。

"啊，我自己叫辆出租车回去就可以了。"

"可是这条路上出租车很少开过来的。"

"我不要紧,可以开的。"藤野两手抚摩着红红的脸颊说道。

"可是如果被警察逮住就糟糕了。这样,让加贺送送吧!"

"知道了!"

叫加贺的小伙子立即从座位上站起身。只见他身材颀长,略有点瘦弱,但的确看不出醉态。

"那就辛苦你了!"

"真不好意思。"美砂又朝加贺低头致谢。

"我先去准备一下。"说完加贺跨着大步走出屋子。

美砂低声问纸谷:"明天还是很忙吗?"

"早上要坐六点钟的火车去稚内。"

霎时间,美砂有种与纸谷再也不能相见的感觉,不由地生出些许遗憾。

"……回到札幌,见到明峰教授请代我向他问候。"

"好的……"

美砂点点头。这时,加贺裹着防寒茄克进来了,也许因为要开车的缘故,他没有戴风帽,头上只套了顶绒线帽。

"一路上小心哟!"众人一齐起身目送美砂离去。原先还以为他们净是些粗鲁的男人呢,可接触了之后才发现个个都不坏,而且让人心情愉悦。

"给您添麻烦了,谢谢!"美砂最后向纸谷施礼,走出屋子。

"现在车子刚发动,车子里面还有点冷,你稍稍坚持一下。"加贺一面在前面走着,一面解释道。

"大家正在兴头上,让你出来开车送我,真是不好意思。"

"没有啦。再待下去也不过就是干喝酒而已啦。"

加贺推开玄关门，顿时一股寒风朝美砂的脸颊直袭而来，眼前则是一片冰雪的夜世界。

六

第二天早晨，美砂七点钟醒来了。

昨天晚上入睡时，暖气是开着的，好像天亮时被关掉了，现在屋子里有点凉意。

北海道特有的双层玻璃窗前的窗帘一角，露出明晃晃的亮光。

这里既是日本的最北端，又是日本的最东端，比起东京来要偏东不少，因此日出也应该比东京早许多吧。美砂望着明亮的窗帘，心不在焉地想着。

昨夜临睡前，还打算今天早点起床，好好欣赏一下冰原上的日出哩。朝阳升起在明亮而绚丽的冰原上，蔚蓝的大海将是怎样的绮丽？冰原上的残雪又是怎样被一点点渲染成灿烂的五彩世界的？美砂是怀着这样的无限想象入眠的。

谁想睁开眼已经七点钟了。在家时，也一直是七点钟左右起床的，不过昨晚睡得特别死。以前外出旅行总是睡不好觉，常常会半夜突然醒来，可昨晚躺下却一觉睡到了天亮。

独自一人寄宿在一个陌生的旅馆，却能如此安稳入睡，似乎已经不光是心情愉快了，这让美砂暗暗惊讶，也稍稍有点害羞：这哪里像个女孩子家呀！看来，是昨天晚上与纸谷他们在一起带来的愉悦，还有轻微的醉意才使得她如此的。

轻轻地，暖气管里发出热水通过的声音，好像是暖气开始供暖了。铁制的蒸汽暖气管如今早已不多见,可是在这儿的旅馆里大概还算得上是先进设备了吧。

门外走廊上响起了脚步声,还能听见有人说话,旅客们陆续起床和出门了。美砂在床上伸了个懒腰,然后一跃而起。

一瞬间,因为寒气而浑身缩紧了。美砂赶快脱下印着小碎花的睡衣,穿上衣服。酒店或旅馆里都备有浴袍,可是美砂不穿着自己的睡衣便无法入睡。

穿好衣服,她拉开窗帘,阳光一下子照射进来。

窗户下有一条小路,小路两旁则是屋檐交错,屋脊上新积的雪将早晨的阳光向四处反射。炫目的反射光越过一片屋脊,又越过港口附近的仓库,一直延续到白茫茫的冰原上。

昨天晚上搭车回来的时候没下雪。睡觉前,掀起窗帘朝窗外看时,还隐约看到几颗稀疏的星星呢。因此,眼前这片屋脊上浅浅积起的新雪,一定是美砂进入梦乡时下的。

美砂迎着晨光深深吸了口气,然后叠好被,从旅行箱里拿出洗漱用具,刷牙、洗脸,比平时更加仔细地梳头、化妆,做完这一切已经八点钟了。

"您睡醒了吗?我进来了啊。"

昨天告诉美砂去流冰研究所路的那个女服务员敲门走了进来。

"天气真好啊!"

"是啊,最近一直是这样的好天气,真是太好了。"

服务员将叠好的被子放入壁橱里,又将矮桌调整一下位置,给热水瓶里灌满了开水。

"流冰研究所去了怎么样?"

"很愉快呀。"

一瞬间，服务员望着美砂，觉得很不可思议，那表情像是在说：参观流冰研究所有什么好愉快的？的确，研究所给人的感觉似乎更应该是了不起、感动之类的，而不是愉快。

可是，美砂却的的确确感觉很愉快，所以她的回答只能如此。

"今天要去网走吗？"

"十点钟车子来接我去。路上积了好多雪，开车子去网走不会有问题吗？"

"天气好，走的又是国道，加上还有扫雪机每天都出动上公路扫雪，应该没问题的吧。"服务员笑着回答，"那些没铺柏油路面的地方，到了冬天，下过雪后路面收紧了，车子倒反而好走呢。"

"从这里到网走，要走多长时间？"

"嗯，我没坐车子去过，弄不太清楚，我想大概也就三四个小时吧。我帮你去问一声吧？"

"啊，不用了，我只不过随便问问。"

美砂不清楚从纹别到网走到底有多少距离，但是汽车要开三四个小时的话，应该是路程不近。她来到北海道之后方才有了感受，这里城市与城市之间的距离若是以本州那样的感觉来估算，一准要出错的。

北海道实在太辽阔了。起初以为到了札幌再转纹别也就一会儿的工夫，没想到乘坐特快还要走五个多小时呢。可不能简简单单地将这里看成是一个岛呢。

"现在可以把早餐端进来了吗？"

"好的，麻烦你了。"

屋子里慢慢暖和起来了。窗玻璃上冻结的冰纹，被阳光照射后开始融化，望出去视野更觉宽广。一队上学的学生排着队从窗下走过，每人都穿着温暖的长外套，脚蹬长靴，头上戴着绒线帽子，将耳朵严严实实地罩住。左手边的屋顶上有个晒台，再往前面可以看见堆着许多装鱼的周转箱，上面也覆盖着一层浅浅的积雪。北疆城市的早晨，就这样在雪中又开始了一天的躁动。

服务员端来了早餐。虽说三文鱼、味噌汤、煎蛋饼、紫菜、拌菠菜等算不上稀奇，但是三文鱼切片可比一般的大多了，不光是大，而且特别新鲜，鱼肉鲜红鲜红的。平时早上只喝一杯咖啡的美砂，见了这样的三文鱼不由地被勾起了食欲。昨天晚上已经吃过不少，可却感觉怎么吃也不厌倦，况且不同的做法口味也大不相同哩。

美砂在温暖的屋子里悠然地吃完了早餐。

吃罢早餐，又喝了杯茶，开始做出发的准备。毛衣和外套只带了一套，所以还是跟昨天一样，不过美砂将防寒大衣领口的围巾由昨天绿色的换成条黄色的。

九点半。阳光更加温暖了，窗棂上的冰柱也开始慢慢融化，细长的冰柱下端垂下一滴水珠，越来越大，终于承受不住重量，落了下来。

美砂望着在阳光下闪闪发光的冰柱，忽然想到了纸谷。

按他昨天晚上说的话，纸谷现在应该已经离开了纹别。说是去稚内，但是他怎样去稚内？美砂担心起来，稚内比这里还要往北，应该更加寒冷吧。也许他已经习惯了寒冷的天气，不至于受冷感冒吧。纸谷去那里，不外乎是为了流冰的工作。不过，一想到纸谷已经离开此地，美砂还是感到心里有一丝空落落的感觉。

可是转念一想，如果美砂晚一天来纹别，也就不会遇见纸谷了。明峰教授说过"他可能在吧"，可是研究所人员详细的工作日程他并不知晓。假如没有遇见纸谷，那么昨天晚上围坐在一起吃天鹅暖锅的小伙子们中，会是谁带她去看冰原呢？

第一眼让人感觉好像很冷淡，有点不近人情。可是如今回想起来，这种印象却毫不存在了，甚至感觉他是一个温厚而亲切的男人。

"幸好昨天来了。"

美砂对着镜子自言自语说道。

太阳越升越高，冰柱闪耀出斑斓的光来。为什么自己会自言自语？为什么在灿烂的阳光中，自己会想起纸谷来，为他的事情忧心？仅仅只有一天，竟会对这个带自己去看冰原的男人产生挂念，这让美砂自己都感到不可思议。

轻轻的脚步声传来，女服务员又进来了。

"有个叫藤野的先生来了。"

"请你告诉他，说我马上就去。"

美砂围上围巾，穿上大衣。然后右手提着旅行箱，走下楼梯。来到玄关，只见藤野已经站在门口等着自己，同样头戴绒线帽，穿着防寒大衣，但肩膀看上去没有纸谷宽阔。

"早！"

藤野轻轻挥了挥右手，招呼道，"好像稍微来早了点吧？"

"没有啊，刚好呀。"

美砂放下旅行箱，到前台去结账。她多付了一些，作为小费，女服务员连忙高兴地低头致谢。

"下次流冰来的时候，说不定我还会再来这里住宿的。"

"请您千万要来啊，小店恭候您的光临。"

美砂回到换鞋处，旅行箱不在，已经被藤野拿到车上了。

车子是辆轻型商务车，后座放着一些观测用的器材。美砂坐到藤野旁边的副驾驶席上。

"好，我们出发吧！"藤野说道。

美砂回头朝后望去，只见服务员还站在那里，目送着自己离开。迎着阳光，她笑容满面。

美砂低头道别，随后车子加大马力驶了出去。

白天的街道上洒满阳光，显得很是悠闲。路上不时有装载着木材和鱼箱的卡车交错驶过，但是行人却很少。因为大海冻结，街道上漂来的港口的气息，一定是海上吹来的风带来的。

"你冷吗？"

"呣，一点儿也不冷。"

大概车子老早就发动起来预热了，车内的暖气很强劲。

"今天天气好，看天鹅真是再好不过了。"藤野两眼炯炯有神地说。

"开到网走大概需要几个小时？"

"三个小时足够了。论距离大概是一百一十公里，不过路上还得看看天鹅哩对不对？"

"藤野君那边几点钟开始工作？"

"几点钟都无所谓的啦，只要到那里去把资料取回来就可以了。"

太阳高照，雪覆的路面冻得结结实实，跟行驶在普通的柏油路上没什么两样。

"这轮胎是防滑轮胎吗？"美砂问。

"不是一般的防滑轮胎，这是带钉子的防滑轮胎，在轮胎的凹槽里钉上尖头的金属钉子。只要一刹车，它们就会像爪子一样张开来，牢牢地抓住路面。"

原来如此，这样在冰面上也照样可以毫不担心地行驶了。

"开车方面完全没有问题，你就放心好了。"

七

车行大约十分钟左右,两旁的居屋家宅就渐渐看不到了,只有脚下的道路在一片白茫茫的雪原中向前延伸。

这是238号国道。路幅宽约八米,上下行各一条车道,不过路上的积雪扫得干干净净,即使双方大卡车交会也绰绰有余。

行驶在前面的车子尾部扬起一阵雪尘,等驶到跟前,雪尘像粉尘一样直扑挡风玻璃。

右手边是连绵的低矮雪山,山上的树木光秃秃的;左手边是冰原,冰原前方像一条带子似泛着白光的则是鄂霍次克海。太阳高挂头上,天空朗澈无比。

"天气真好啊。"美砂深深吸了一口气说。

"不过,天气预报说傍晚要下雪哩。"

"这么好的天气下雪?"

"有时候觉得是好天气,稍一放松,转眼不到半小时就下了一场大雪的事情也有哩。冬天的鄂霍次克天空跟女人的心一样,很难捉摸的喔。"

"是男人的心吧?"

"也许是吧。"

可能是因为昨天已经见过面的缘故,藤野毫无拘束感。

"藤野君是从什么时候开始在纹别工作的?"

"正式进研究所是两年前,不过要是从学生时代算起,已经满四年了。"

"毕业前就来了?"

"大学三年级放寒假的时候,到这附近来滑雪玩,借宿在研究所里,就是那时候被纸谷吸引,才进了这个研究所的。"

"被纸谷吸引?"

"因为闲着没事,就跟着纸谷去乘坐冰块,不知不觉产生了兴趣,于是就下决心搞海洋学了。"

"你不后悔吗?"

"后悔倒不后悔,不过在这样偏僻的地方待的时间太长,大概会受不了的。"

"大学毕业后就一直是在这里工作吗?"

"不是。我是海洋学教研室的助教,所以只有在寒假才从学校到这里来干一段时间。"

"昨天晚上那些人都跟你一样的吗?"

"昨天晚上坐在你右边的两个人是雷达技术员,所以夏天也基本上在这里。研究员就只有纸谷、昨天开车送你回旅馆的加贺,还有我,一共三个人。"

"可是,纸谷先生好像夏天也在这里的吧?"

"他是主任研究员,自从进教研室后七年多一直待在这里。"

大学毕业七年,也就是说纸谷今年应该二十九岁。美砂望着前方宽阔的雪道思忖着。

"纸谷有时候也回学校参加学术会议或研究讨论之类,除此以外,一般都不离开研究所。"

"看来对这个城市是情有独钟啊。"

"我觉得不是对这个城市,而是对冰情有独钟。有关流冰的事情,纸谷比教授还熟悉,大概在全世界也算得上是前十的优秀学者哩。"

哦,也许是因为这样才显得有点古怪吧,美砂脑海里不禁又浮现出纸谷那张毫无表情的脸孔。

"可是不管怎么喜欢流冰,到了夏天就没有流冰了,不是吗?"

"这里是没有,可是到白令海或者北极去的话照样有啊,再说夏天和冬天的洋流变化啦水温变化啦,夏天也有好多东西可以研究的。"

"难道从来就没有想过回大城市去吗?"

"我自己的话,从札幌刚来这里的时候,倒是觉得鄂霍次克挺好的,可是过了两三个月,就想回去了,每天都在掰着手指头数回去的日子哩。"

"那么说,现在特别想回去喽?"

"过年刚回去过,所以这段时间暂时还没问题。"

对面驶来一辆载满木材的大卡车,两车交会的一瞬间,一团雪尘在车前挡风玻璃上扑散开来。藤野赶紧启动刮雨器,保持前方视界清晰。

"左边一大片平坦的地方那是小向沼,现在被雪覆盖住了看不见,再前面就是纹别机场。"

美砂依言望去,只见绵延生长着光秃秃的麻栎①和水曲柳的道路左侧,有一个巨大的圆盆状平面。夏天想必是湖水丰盈,可眼下却冻结着,上面覆盖着厚厚的白雪。

"湖水结冰了,天鹅不是就不能飞来过冬了吗?"

"这里湖水浅,所以结冰了,大的湖水深的地方没结冰。"

被白雪覆盖的湖泊像一块平地,毫无表情。

"下次想不想早春的时候再来?雪化了以后,绿草和树的嫩叶长出来的时候很美的哩。"

---

① 麻栎:壳斗科落叶乔木,木材坚而重,可供器具、枕木、矿柱等用材。——译注

"我是很想来的呢。"

道路笔直地延伸向前，美砂看着道路又想到了纸谷。

"他是打算一辈子都待在这里吗？"

"谁？"

藤野反问道，于是美砂慌忙道出纸谷的名字。"他不想回大学里教书吗？"

"以前教授好像想升他做讲师，所以叫他回去，但是被他回绝了。"

"是不是回到大学里就不能继续研究流冰了？"

"没有的事。大学里面有低温科学研究室，即使夏天也可以人工造出冰或雪的结晶，从做实验的角度讲，大学里面只有更加便利。"

"那他为什么……"

"怎么说呢……"

藤野从上衣口袋里掏出香烟，用仪表盘下方的点烟器点着火。

驶过左边白色的大盆模样的小向沼，道路两旁重又变成单调的风景，只有不时戳在那里的光秃秃的树木。国道离开海岸也越来越远，冰原已经看不见了。

行驶了一段，总算看到有人家了。车子经过一个小镇，道路旁的指示牌上写着"涌别町"的字样。

"要不要来点什么喝的？"

"我不渴。"

几分钟后，车子驶出小镇，又行驶在光秃秃的落叶树木与针叶林交错的雪原上。从早上离开纹别，大概走了一个小时。

"按照这样的速度，差不多两个小时多点就可以到网走了。"藤野说着，将身体斜靠在车门上，又点上一支烟，"到网走大概十二点钟多点，一起吃中饭吧。"

美砂点点头,心里想:瞧他这副悠闲的样子,正经的工作要不要紧啊?不禁有点替他担心。

车子来到一个叫"芭露"的镇子。美砂看了看路旁的指示牌,只见上面用罗马字写着:"BAROU"。北海道的地名有许多是从阿伊努语来①的,写成汉字古里古怪的,不过即使这样,"芭露"这个名字还是非常少见。

道路左侧有条铁路线与国道平行伸向前方,看来是通往网走的。

"前面马上就是佐吕间湖了。"

藤野擦拭了一下挡风玻璃,用手指着左前方说道。只见树木消失了,眼前出现一片白色的平地。比起刚才的,眼前这个湖泊显然大多了,简直无法相比,白茫茫的雪面,一直伸展到看不见的地方。

"那前面是海。"

"这个湖跟海是连着的吗?"

"不完全连着。两边沙砾堆积起来,围成一个湾口,中间有一点断开,湖水基本上接近淡水。"

终于在白茫茫的湖中央看到了蓝蓝的水,靠近雪的地方水面颜色较淡,越靠近湖中央水颜色越深,渐渐变成青绿色。

"真漂亮!"

美砂的脸贴着车窗,目不转睛地欣赏着湖景。

"看!那不是天鹅吗?"

藤野手指着挡风玻璃的左侧。果然,在远方的湖面上,有一团白色

---

① 阿伊努语:阿伊努人的语言,语系不明。阿伊努人是曾居住于今北海道、千岛群岛及库页岛南半部的土著民族,现大部分生活在日本境内。——译注

的东西。稍不留意看的话，就像是湖面上雪团一样，仔细瞧才能看出原来一点一点地在动。

"现在吃的食物不足，所以天鹅数量也每年越来越少了。"

即使越来越少，但是眼前这一团少说也有近百只。

"要不要下车去看看？"

藤野在离湖面最近的地方，将车子停下。

美砂扣好大衣的纽扣，拉起风帽，走下车。顿时，寒风直扑脸颊。虽说太阳高照，但是这儿的风却是经鄂霍次克冰海而来的，寒冷刺骨。

藤野也下了车，不过没有熄火。

"天鹅们不会觉得冷吗？"

寒风中，浸在湖水中的天鹅看上去叫人怜惜。

"它们是从西伯利亚飞来的，像这样程度的寒冷根本不当回事哩。"

"它们在这里一直待到春天吗？"

"那边的湖水也一点点开始冻结起来了，它们只好转移到青森一带去。"

"然后那边的湖水也都会被雪覆盖掉吗？"

"跟周围的地面一样，一片白茫茫的。"

湖水中央仅余的一点色彩消失后，这一带将是怎样的静寂啊？美砂光是想象一下那银色的世界，就有一种无边无际的感觉。

"好安静啊。"

寒风飞抚着雪中的枯苇。夏天到来的时候，想必这儿一定是湖水丰盈、芦苇繁茂的景象。

"上车吧。"藤野说。美砂正要回身上车，只见湖上一群天鹅倏然腾飞起来，像一团白色烟雾袅袅升腾，俄顷又落到湖面上。在一片寂静无声的天地之间，天鹅们的飞舞显得特别醒目、特别优雅。

"真想让东京的朋友们也亲眼看一看。"

"也许那里的人们觉得这儿冬天太冷了,不想过来,不过北海道还是冬天的时候最漂亮。"

"没错。"

美砂登上车,关紧车门。藤野踩下油门,重新上路。

"你瞧,那个家伙比别人飞得慢半拍哩。"

天鹅群飞起又飞落,浮在湖面上时,唯独一只天鹅好像才想起似的振翅冲向天空。

车子重又驶上国道。蓝色的湖面渐渐退去,天鹅群也像一束白色的小豆子似的渐次看不见了。

"我觉得好像有点理解纸谷先生不愿意离开这儿的原因了,"美砂出神地望着远去的湖面喃喃说道,"他不光是喜欢流冰,他也舍不得这儿的土地、大海,还有山和雪,总之他爱这儿的一切,我说的对吧?"

"应该是吧……"藤野似乎欲言又止。

"难道还有其他什么原因吗?"

"不知道是不是因为这个……"藤野一反常态,说话小心翼翼的。

"是什么?"

"我也不知道应不应该告诉你。"

"你说吧。"

藤野一脸不知所措的表情反倒更加激起美砂的好奇心。

"也许他是觉得如果自己离开纹别,他的朋友会寂寞悲伤吧。"

"朋友?"

一辆浅色轿车驶近,交会而过。等雪尘消失后藤野继续说道:"他的一个好朋友在纹别附近的外海中死了。"

"什么时候？"

"我也是听别人讲的，具体不太清楚。那个人是跟纸谷一起进教研室的，名叫织部。五年前纸谷跟他一起出海去观测流冰，途中他们乘坐的冰块碎裂了，织部掉进了海里……"

"后来……"

"那时候是三月的头上，织部掉下去后就再也……"

"……"

美砂望着藤野一时说不出话来，许久才问道："真的会发生这样的事情？"

"冰块很大，一般是很少碎裂的，不过冰块的下面不断受到海水冲刷和侵蚀，最后裂掉也不是不可能的。"

"当时没有其他的人吗？"

"他们一直漂到离岸边很远的地方，只有纸谷跟他两个人。"

美砂回想起纸谷不时露出的忧郁的神情。

道路左侧仍然是一片光秃秃的平地，一棵树木也不长，佐吕间湖呈狭长状蜿蜒其中。这里没有先前看到的白色天鹅，只有青蓝色的湖面静静地横卧在雪中。

"再过些时候，这里就要开始钓冰下鱼①了。"

冰下鱼是什么样的鱼？美砂只觉得这个名字很滑稽，借用得也妙。

"那鱼很大吗？"

---

① 冰下鱼：学名为远东宽突鳕，属于鳕科的一种海水鱼。分布于太平洋北部和日本海。——译注

"最大也就三十公分左右。现在差不多快到吃冰下鱼的季节了。"

"可是，再过一段时间不是湖水全部都结冰了吗？"

"在冰上凿个窟窿，从窟窿里放线下去钓。鱼喜欢光亮，所以会自动聚拢过来，不用放鱼饵就可以轻轻松松地钓上来。"

是啊，对一切都被冰封了的湖面下的鱼来说，头顶的冰窟就是它们惟一看得见的光明。

"可是天寒地冻的在这儿钓鱼不冷吗？"

"海上刮来的风当然很冷，所以钓鱼的每个人都竖一顶只能容一个人的小帐篷，钻在帐篷里，坐在箱子上钓。"

这样一来，既避过了海风，臀部也不至于觉得很冷。

"再过半个月，这儿到处都是钓鱼人的帐篷哩。"

美砂情不自禁地想象着，在这银色的湖面上，立满帐篷，人们凿开冰窟悠闲地钓鱼的光景，真是北国才有的冬景呢。想到此，美砂不禁被那种光景深深地吸引。

"那鱼味道鲜吗？"

"跟鳕鱼差不多，肉味很清淡。煎了吃味道很鲜，把它晒干后做下酒菜也很不错的。"

看来藤野是相当爱酒之徒。美砂想起昨天晚上藤野喝酒喝到无法驾车的情景。

"我看你们个个都很爱喝酒嘛。"

"谈不上爱喝，只不过天太冷……"

"纸谷先生也很爱喝吧？"

"他最能喝，不声不响地可以喝一升哩。"

"这么厉害……"

"不过他不管怎么喝都不会喝醉,全都小便排掉了。"

美砂笑起来。她想起昨晚和大伙儿一起喝酒的纸谷,在满脸通红、大声喧哗的小伙子们中间,只有他始终保持着清醒。

道路左侧又出现一大片白色平地,佐吕间湖果然好大啊。

美砂望着无边无际的雪面,暗自想着关于纸谷的事情。刚才藤野无意中透露了纸谷的好朋友在流冰观测途中遇难的事,这太出人意料了,叫美砂良久无法忘怀。虽说事情已经过去了五年,但在纸谷心里似乎依然落下了一大块阴影。

美砂忍不住问藤野:"刚才你说的那件事情,难道就没办法伸手去救吗?"

"你这样问当然是很正常的,"藤野稍微故弄玄虚地答道,"当时就有人也怀有这样的疑问哩。"

"我并不是……"

"我知道你想说什么。提出这样问题的人,是因为他们不懂流冰。"

美砂心里有点来气了,这个人怎么说话跟纸谷一个德行呢?

"可是作为长期观测流冰的人,我觉得冰块突然碎裂、人掉下去的场合,要想救那是根本不可能的。"

对于流冰,美砂当然一无所知。

藤野继续说道:"如果在这儿,走在冰上突然掉下去的话,立即伸出手去救可能救得上来,可当时是在外海,而且是在漂流的流冰上啊。"藤野忽然间声音高昂起来:"虽说只是一块冰,可是直径也有十几米哪,一个人坐在前面,一个人坐在后面,后面突然裂开人掉了下去,前面的人急忙赶过来救他根就来不及的。"

"是啊……"

"再说冰在不停地漂流,有时候伸出手也够不到啊。"

"那马上用手抓住冰块不行吗?"

"事情来得太突然嘛,再说冰块又滑,又有海浪冲过来,怎么抓得住哪。"

"海水很冷吧?"

"人在水里待个五六分钟就坚持不住了。"

"那身上就没有带什么救助用的器具吗?"

"据说带了竹竿,可是单靠竹竿根本就不可能救起来。"

美砂望着被雪覆盖的湖面,想象着随冰块一起消失在蔚蓝的鄂霍次克海中的青年的脸孔。

"那,死了的那个人……"

"说实话,直到现在也没有发现他的尸体。"

"就一直沉在海底……"美砂的声音令她自己都感到可怕。

"谁也说不清楚。也许是沉下去之后又浮起来,然后不知道漂到哪里去了,那一带洋流的流速很快。"藤野说着,眼睛盯着雪原远方大海的方向,"有可能从知床附近一直朝千岛群岛方向漂去了,不过这只是猜测。"

"会漂到那么远?"

"从洋流的流动方向来讲有这种可能,当然也可能因为鄂霍次克海底有很强的旋涡,于是就一直沉在鄂霍次克海底也说不定……"

"那他的家人……"

"因为一直没有找到尸体,所以他的家人至今还抱着一线希望。"

美砂霎时间感觉到了蔚蓝而冰冷的大海的可怕。

"他的家人当然很难过,可是我觉得纸谷的心里更加难过,因为他不光是失去了一个好朋友,而且是当时惟一在场的人。"

"可即使有其他人在场,不也无济于事吗?"

"是啊,你说得没错。"藤野好像突然间获得一种力量似的,重重地说道,"我们中间没一个人对纸谷有过怀疑。"

"难道有人怀疑过他吗?"

"这个世界上各种各样的人都有啦……"

"可是,纸谷先生一定把当时的情况向大家解释过了吧?"

"那是当然的,在一起的当事人有责任向大家做解释的。"

"那不就没什么问题了?"

"是啊,应该是没什么问题了。"

佐吕间湖终于渐渐看不见了,平坦的雪面也消失了,随之出现在道路左侧的是稀疏的山毛榉林和白桦林。在凄凉的光秃秃的树林中间,有一处鲜艳的绿色,那是作为防雪林而栽种的鱼鳞云杉林。

美砂望着雪中的一点绿色,脑子里却拂不去黄昏中纸谷的那张侧脸。原以为是个性情冷淡的人,但是却忽然发现他的侧脸上隐藏着些许忧郁,虽然只是一瞬间的感觉,当时并没有往心里去,但现在回想起来,那些许忧郁或许就跟织部的死有关。

车子穿过稀疏的树林,重新靠近海岸行驶,前方又出现广阔的冰原。

"从纹别到这儿,一路上都结着冰呢。"

"再往前,一直到网走都是冰哩。"

在阳光的照耀下,冰原闪着白色的辉光。美砂眼睛看着冰原,心里却一直在想至今不见死尸的纸谷的好友。假如是被鄂霍次克海的旋涡卷走的话,那么尸体现在还长眠在那片冷漠无情的冰下呢。

看着看着,美砂好像真正理解了纸谷不愿离开这个北疆僻壤的原因。每年迎来流冰，又送走流冰，也许纸谷一直在等候着好友从大海归来吧。

"纸谷先生跟那个死去的朋友关系那么亲密吗？"

"读大学的时候，两个人都是滑雪俱乐部的成员哪。"

"他滑雪滑得很好吗？"

"曾经在全国校际比赛中得过一次奖哩。"

"是跳台滑雪吗？"

"不是，是越野速滑。"

札幌冬季奥运会①的时候，美砂曾经看过越野速滑比赛的电视转播节目，运动员脚蹬着滑雪板，心无旁骛地穿越在雪山之间的景象让她记忆深刻，比起跳台滑雪和大回转等项目，它没有那种华丽的动作和豪放的快意，而是非常的低调和辛苦。但这种项目却似乎很适合闷头寡言的纸谷。

"你刚才说有人怀疑纸谷先生，可他们关系那么好，为什么还要怀疑他呢？"

"是啊是啊……"藤野搔了搔头皮，歪着脑袋说，"你这么一问还真不好回答哪。"

"难道还有其他原因？"

"你反正这就回东京去了，告诉你也没关系，不过千万不要告诉别人啊！"

"我决不会对别人说的。"

---

① 札幌冬季奥运会：1972年2月于日本札幌举行的第11届冬季奥运会。在本届冬奥会上，日本选手包揽了70米跳台滑雪项目的金、银、铜牌。——译注

藤野吐口气,像是精心选择用词似的,隔了一会儿才说道:

"其实,他们两个人之间还有一个共同喜欢的女人存在。"

"你是说他们两个人?"

"是的,纸谷跟织部两个人。"

"喜欢同一个女的?"

"是的。"

美砂盯着白色的冰原,点了点头道:"所以说他看着自己的朋友掉下去而不去救……"

"这样想的人只是一小部分。你觉得纸谷像是那样的人吗?"

"不。"

"是不是?只要了解纸谷的人,都根本没把那种流言放心里去。"

"那不了解的人呢?"

"不知道是谁,半开玩笑地那样讲过一句。对那些不了解他的人来讲,这种事情很有故事、很刺激嘛。"

"那纸谷先生有没有……"

"没有。那种流言很快就消失了,因为从一开始就是无中生有的。"

"可是,纸谷先生知道那种流言吗?"

"我想他是知道的吧。"

"到底是谁这么说的呢?"

"也难怪别人会那样说,事实上,朋友死了之后,剩下的就只有纸谷跟那个女的了……"

"那个女的是喜欢谁呢?"

"这种事情我怎么知道。"藤野的语气似乎有些不快,"再说这事情怎么讲也跟织部的死没有任何关系!"

正如藤野所说，它之所以与织部的死联系起来，无外乎周围少数人的好奇心使然。不过，美砂对那个女人却不能不产生关注，即使与织部的死没有关系，但是想到现在还活着的纸谷，美砂无法做到置之不理。

"那个女的现在在哪里？"

"不知道。"

"也就是说，那件事情以后两个人没能在一起？"

"发生了那样的事情，纸谷跟她还怎么能在一起哪。"

"是啊……"

"好了，关于这件事情就不要再谈了吧。"

前方出现了一片平地。

"那是能取湖。过了能取湖，再翻过一座小山就到网走了。"藤野说道，从口袋里掏出一支烟点燃。

八

车子驶过一个叫卯原内的小镇，开始了一段爬坡的路。刚才道路左侧看得见的能取湖消失在车后，两旁的景观变成了落叶松林。树木全都落光了叶子，枯黄的树枝在雪地上投下短短的影子。

大约十来分钟，车子穿出了松林，翻过一座山丘之后，眼前豁然出现一片平地。

"这就是网走湖。"

藤野双手把着方向盘，用下巴朝前示意道。车子缓缓驶下坡道，驶上一条夹在山和湖中间的道路。

"已经到网走了。"

仪表盘上的时钟显示时间是十二点二十分。离开纹别是十点钟不到一点，这一路走了大约两个小时。

"纹别到网走的距离是一百一十公里，因为一路走的是雪路，所以速度还算可以吧。"藤野稍稍语带自豪地说。

右侧的网走湖很快不见踪影了，道路两旁开始出现了人家。在午后的太阳照射下，各家的铁皮屋顶上都冒起了水蒸气。

"好不容易到网走来一趟，去监狱①看看吧？"

"离这儿很近吗？"

"在大曲町，反正是要经过的。"

"你的工作……"

"我，你就不用担心了。"

"可是你今天不是还要赶回纹别吗？"

"不是非得要回去不可的。"

跟纸谷一样，藤野身上也有种悠然的气质，也许是因为常年待在这儿，整天跟流冰和海水打交道的缘故，使他们都养成了优哉游哉、澹然自在的脾性。

"因为电影的影响，网走监狱名气远扬，不过当地的人却不怎么喜欢哪。"

"为什么？"

"因为靠监狱出名，实在是件煞风景的事情哩。比起监狱来，这里还

---

① 网走监狱：位于网走市的三眺，始建于1890年，被称为日本最难逃脱的监狱，以关押重案犯和有越狱前科的犯人为主。——译注

有许多更美的地方,比如湖泊啦还有原生花园①啦,等等。"

"原生花园也在这附近吗?"

"在稍前面一个叫北滨的地方。不过像那样的原生花园在纹别也有,只不过因为交通不便,所以不像北滨的那样有名。但是要论规模,还是纹别的规模大。"

"真可惜啊。"

"旅游者即使到了网走,也几乎很少有再往北到纹别一带去的。"

"那些花一般是在五月份左右开吧?"

"五月份到九月份最漂亮,希望到那时候再来。特别是九月份,红珊瑚草开得最盛,佐吕间湖也好能取湖也好,整个湖面都是红彤彤的。"

傍着大海,被红珊瑚草染得通红的湖水究竟是什么样的景色?美砂真想再来这儿看一眼。

"下次来的时候请事先打个电话,我到车站去接你。"

"那样我可真是太不好意思了。"

"没什么,反正也是闲着嘛。"

好意心领了,可如果显得过分亲切,反倒令人心里不安。

道路左侧出现一条小河,再往前走是一排围墙。车子沿着围墙向左拐了个弯,又行驶了约一百来米,停了下来。

"这里是监狱的正门。"

监狱正门两旁紧连着足有两人高的厚厚的围墙,中间的铁门只开启一条仅容一人勉强进出的窄缝。铁门左边,挂着一块一米多长的门牌,上

---

① 原生花园:不加人工调饰,完全保持原有自然生态、花草繁茂的湿地或草原。多分布于北海道东部和北部的鄂霍次克海沿岸地带。——译注

写着"网走监狱"几个粗黑的大字。

这儿便是时有耳闻的网走监狱？美砂下车，来到跟前，战战兢兢地朝门缝里张望。只见里面有一个不大的广场，再往前是一排古旧的红色砖瓦建筑。除此以外，什么也看不到。

再回头看，道路对面正对着门的地方有一排带屋檐的围墙，旁边则是一个公共厕所。

"到了夏天，这儿的游人挤得满满的，只好造个厕所专供他们使用。"藤野一脸正经地解释道，"这儿从前因为专门关押杀人犯、强盗等重犯而闻名，现在已经不像从前了，不过毕竟是个相当僻远的地方。"

午后的冬日阳光照耀下，监狱就像无人之地一样，出奇得安静。在这威严而坚实的石墙里面，竟住着残忍的杀人犯，想到这里，美砂便感到一阵恐怖。

"走吧。"

在藤野的催促声中，美砂再一次回身仰起头看了看高高的围墙，然后登上车。

"网走可不光有这样的地方，而是个有许多森林和湖泊的美丽城市，不看看那些地方可不行喔。"藤野带着遗憾的神情说道，"夏天登上天都山，可以一望无际地看到整个城市和鄂霍次克海哩。"

"等到雪化的时候，我一定会再来的。"

"不过，春天的时候我在札幌，你可以往北海道大学低温科学研究所打电话跟我联系。"

美砂点着头，心想纸谷春天也会待在纹别呢。

车子穿过一片住宅区，渐渐进入市中心。因为是个濒临鄂霍次克海的北疆城市，所以原以为一定是个多雪的地方，可事实上并不是这样，道路两旁被铲除的积雪，顶多也就堆起来五六十厘米高。

雪下得比札幌少，可是天气要比札幌更加寒冷。

不一会儿，看见道路右侧有一条铁道线。

"今天晚上住在网走吗？"

"不。假如来得及的话，我想今天就回札幌。"

"是啊，冬天的网走也没什么可看的。"

"从这儿有直接到札幌的列车吗？"

"应该没问题吧，反正先到车站去了再说。"

又行驶了两三分钟，在车的右首看见了网走车站。站舍简单朴素，让人联想到乡土民艺馆，与这北疆小城倒是非常协调。藤野在车站跟前停下车，等美砂下车，然后一起进入站舍。

这里是从旭川方向驶来的石北本线和从钏路方向驶来的川网本线的终点站。两条线路都是重要的干线，但毕竟是在这儿，列车一个小时左右才有一趟。看列车时刻表，13点35分有一趟快车"北海号"发车。如果乘坐这趟车的话，到达札幌的时间是19点20分。

"就坐这趟车回札幌。"美砂看着时刻表对藤野道。

"还有一些时间，先一起去吃饭吧？"

两人又返回车上。

"在这里，是靠近海的地方比车站附近更加热闹哩。"

看来藤野对这儿很熟悉，他顺着写有"39号国道"的指示牌往前开。

"吃日本菜还是吃西餐？"

"我是无所谓啦……"

"这里没有西餐做得好的店。好不容易到鄂霍次克来，还是吃寿司吧，怎么样？"

"寿司我喜欢。"

"那好，我知道有个地方不错。"

车子在一个叫东一丁目的路口左拐，然后开了大约两百米停下来。

只见一座两层楼的小屋，外墙抹着砂浆，门前悬垂着"流冰寿司"的店帘。藤野挑开店帘，径自走了进去。

店内对着门口的左首是柜台，柜台对面是一溜铺着席子的日式雅座。

"这里的寿司材料特别新鲜，多吃点，千万别客气啊！"藤野说着，叫了个虾寿司吃起来，"这里的虾叫甜虾，个儿大，吃起来味道又甜。"

被他一说，美砂再低头看看，眼前一只只的虾确实比在东京所看到的要大，虾肉也更加饱满，浑身透着樱花般的嫩红色。

"乌贼也是，东京那边的乌贼肉实墩墩的，这里的乌贼肉稍薄，但是味道更鲜。"

"大概是种类不同吧？"

"那边的其实是商乌贼。还有扇贝，其他地方可吃不到这么新鲜的扇贝哩。"

藤野一面自豪地介绍，一面美滋滋地嚼咽着。看到他这副狼吞虎咽的吃相，美砂的食欲也被吊起来了。

藤野说得一点不错，这家寿司店的材料的确非常鲜美。金枪鱼倒不不见得有什么特别，不过虾和贝之类果然毫不虚妄。虾、乌贼、扇贝、鲑鱼子……凡是藤野推荐的美砂全都照吃不误，不一会儿肚子便塞饱了。

美砂要了一杯煎茶，看了看手表。

"从这里到车站十分钟都用不了，过了一点钟再走也来得及。"

美砂点点头，同时想到即将离开这个流冰之城了，顿时一股惜别之情涌上心头。虽然只有短短两天，可她却觉得好像度过了一个漫长之旅。

"冻冰融化变成流冰是在三月初吧?"

"差不多是月初到月中这段时间。到时候还来吗?"

"是啊……"

美砂一面点着头,一面心里却在想着乘坐在冰块上、顺海漂流的纸谷的身姿。沧海一"舟"上的他的身影,令人感到一种无助的孤独。

"今年纸谷先生还会乘流冰出海吗?"

"坐在流冰上出海观测已经差不多结束了,不过有时候,他也会一个人漫无目的地乘在流冰上漂流。"

"不是工作吧?"

"不是吧。"

"可是一个人乘在上面,会不会很危险啊?"

"我们也跟他说过,可是他笑笑说,乘着玩玩哩,不必操心啦。"

既然不是工作,一个人漫无目的地乘在流冰上顺水漂流,固然可以说是玩玩,可是纸谷真的仅仅是为了玩玩吗?或许,纸谷一直到现在还在搜寻死去的好友。美砂的脑海里,禁不住又浮现出纸谷那张脸来。

"今年春天我再来的话,纸谷先生会让我一起乘流冰去漂流吗?"

"这个嘛……"藤野一脸困惑地盯着对面木板拼接的白色墙壁。

"反正他乘在流冰上面的时候也是闲着没事嘛。"

"他乘在流冰上,脑子里到底在想什么,我可不知道。"藤野加重语气答道。美砂想,大概自己只顾着关心纸谷的事情,让藤野感觉心里不舒服了。

出了寿司店,刚才还晴朗一色的天空乌云陡增,近海边的天空还有一片沉重的灰色,似乎又要下雪了。

藤野一声不响地打开车门,启动车子。重新驶上国道,回到车站前,正好是13点20分。先前冷冷清清的车站里，此刻人头攒动，显得非常嘈杂。

"实在是太感谢了。"

"哦不，没什么……"

藤野好像难为情似地用手摸了摸脸颊。

"请代我向纸谷先生致谢。"

"知道了。"

进客门打开，开始检票了。

美砂再次谢过藤野，然后才提着行李箱，走向检票口。

月明

一

　　当天晚上，美砂比预定时刻晚了十分钟，七点半才抵达札幌。

　　下了车，空中飘着小雪，在火车站前霓虹灯光下闪耀着美丽的色彩。美砂望着在灯光中飞舞的细雪，心中犹豫了。

　　离开网走的时候，心想一到札幌便立即朝明峰教授家里打电话，住到教授家里的。

　　明峰教授与美砂的父亲是大学时代的同学、好朋友，工作后虽然天各一方，但一直保持着联系。教授赴京参加学术会议等，必定会到美砂家里住上一晚，教授夫人千鹤子也随教授一起来过好多次，与美砂的母亲关系十分融洽。

　　这次，母亲之所以允许美砂大冬天的独自一人到北海道旅游，也是因为女儿住到明峰教授家里，令她比较放心的缘故。美砂第一天到札幌时，千鹤子夫人还特地赶到札幌的日航办事处去接她。因天色已晚，于是直接去了明峰教授家，吃过晚饭后，见到了教授，住了一晚，第二天早上出发去纹别。

　　临出发时，美砂对教授夫妇说，在纹别和网走住上两个晚上。当初是为了一睹鄂霍次克海的流冰才突然决定踏上旅途的，所以从一开始就是兴之所至，没有明确的计划。

　　明峰教授家只有两个儿子，长男在东京上大学，次男是高中生，现在家中正复习准备参加高考。

　　"因为是男孩子，到了这个年龄跟我们俩整天说不上几句话，真没劲啊。"夫人一面发着牢骚，一面高兴地款待美砂。

　　"美砂一来，这个家里就热闹了。要是你乐意的话，就一直住下去好了。"教授对美砂也像对自己的女儿般疼爱有加。

现在，即使比原先的预定提早了一天返回，明峰教授一家仍然会高高兴兴地迎接她的，甚至可以说是巴不得地欢迎呢。不过不知道为什么，美砂今天晚上却没有心思去教授家。

倒不是因为住在教授家里需要小心翼翼的不自在，只是今天晚上，她只想一个人静静地度过。再说原先讲好是在外面住两宿的，所以今天晚上即使不去，明峰教授一家也不至于为她担心。

到底怎么办？

同一班列车上下来的乘客陆陆续续向出租车上车处或者是巴士车站走去。美砂朝着天空的飘雪看了一眼，走向检票口左首的观光问讯处。

"请问，什么地方的酒店还有空房间？"

或许是冬天，札幌游客很少的缘故，问讯处前一个人也没有，窗口里面一位年长的女性立即热情地接待了美砂。

"花园酒店怎么样？在中岛公园里面，望出去风景很好的哦。"

"那，就麻烦你帮我订一间吧。"

美砂将她自己的名字和年龄告诉了她。

"从这里乘地铁，到中岛公园站下车，出站后就在旁边。坐出租车过去也很方便。"

"谢谢！"

美砂谢过她便朝出租车上客处走去。

雪比刚才下得稍大了些。美砂听见排在前面的人在谈论着天气。"明天看样子又要积起来了。""不知道车子小马路开得进吗？"在美砂眼里是那么美丽的雪，对于生活在北国的人们来说，似乎并不见得受欢迎哩。

只等了两三分钟，空车就驶到跟前来了。

美砂一坐上，车子便立即穿过广场，沿着站前大街驶去。

宽阔的道路两旁楼房鳞次栉比，中央的隔离带上街灯连成一条直线伸向远方，将前面的飘雪映照得格外美丽。

不一会儿，车子经过商业街，穿过一条风俗街，在五颜六色的霓虹灯光中，看得见"薄野"的字样。驶过这一段，再经过一条安静的商店街，迎面便看见一座用彩灯装饰的山字形的高大建筑物，酒店的招牌凸现在灯光中。

空旷的雪夜中，酒店看起来起码有十层楼那么高。

出租车绕了个弯，停在酒店的旋转门前。

酒店大堂明亮高敞，显现出北海道地广物丰的地方特色。

房间在七楼。等服务员离去，美砂立刻迫不及待地脱掉大衣，站到缀着蕾丝花边的窗帘旁。

窗下是酒店的庭院，视线再往前，只见进入酒店的道路嵌在公园中间，夜幕下的公园此刻万籁肃寂。庭院里、公园里都落了雪，而在雪地中，一支街灯孤零零地伫立在那儿闪着幽光，仿佛已被人遗忘了似的。

真宁静呵……

窗内窗外的一切，都在雪中静悄悄地喘息着。

面对一片寂静，美砂在想自己为什么今天晚上会想起住到酒店来。

去明峰教授家的话，毫无疑问一个热闹而愉快的夜晚会等着自己。教授夫妇俩喜欢玩麻将，说好美砂从纹别回来后一块儿玩几把的；或者即使不玩麻将，也可以听教授充满幽默感的聊天，教授讲起话来表面一本正经的，但不知道会在什么地方卖一个破绽，将你绕进机关里去，然后一抖落，让人情不自禁笑得前仰后合；还有，夫人一定会做她最拿手的腌鲱鱼来款待自己。

明知可以度过一晚愉快的时光,美砂却选择了一个人独自住到酒店来。

细细想来,其中并没有什么特别的理由。从列车上下来,看见漫天的雪花在飞舞,忽然就有了想一个人独处的冲动,同时觉得前往明峰教授家明亮而温暖的客厅有点儿麻烦。

真是不可思议呢……

说句实话,美砂自己都觉得有点不对劲。心血来潮地突然离家远游,可是心里却不知被什么东西牵着一样;原本是个开朗活泼的姑娘,却莫名其妙地变得爱沉思、稍稍有点忧郁了。

美砂拉上窗帘,仰天躺在床上。枕边的床头灯幽幽地亮着,白色的墙壁、咖啡色的窗帘,全都无声无息一动不动。

他现在在做什么呢……

美砂很自然地想起纸谷来。走前听他说过要到稚内去,今天晚上应该住宿在那边。在遥远的北疆小城,纸谷此刻会在做什么呢?

是在采取流冰的数据,还是茫然地望着冰冷而昏暗的大海,又或者与朋友一起喝着酒?不管在做什么,一定是早就把我给忘记了。美砂想到这里,不由地心里感到一阵空虚。

对方根本没有把自己放在心上,自己却时时想起他,这岂不是一厢情愿的单相思吗?他是个只对流冰感兴趣的怪人。像这样的怪人,还是把他忘记得好。

心里这么想着,却又不由自主地想起藤野说的话来。他与织部两人共同爱上的女人又是一个什么样的人呢?

可是无论如何想,美砂不可能想出个眉目来。终于,她像要将这一切思绪统统赶走似的,起身到浴室,打开热水龙头。

第二天早上,美砂醒来,外面地上已经积起了厚厚一层雪,太阳照射在雪上反射出明晃晃的光。一夜雪飘，公园的树上、街灯灯柱上，全都像戴了顶厚厚的棉帽子一般。

昨晚看得不甚分明，现在清楚地看见，银装素裹的公园前面高楼比屋连轩；再往前还可以看到山，山不太高，大约也就五六百米高；山的背后则是连绵群山的倩影。

美砂望着眼前的白色世界，深深地吸了一口气。

昨夜睡得很熟，早上起来感觉精神振奋，睡觉前那种空虚、孤寂颓丧的情绪也一扫而光。美砂来到餐厅，一面喝着咖啡，一面想着接下去该做些什么。

首先回到了札幌，当然得去一趟明峰教授家，向他们报平安。假设在网走住了一晚上，今天早上才离开那里返回的，那么回到札幌应该是过了中午。若在那之前去明峰教授家，他们自然就会知道美砂昨天晚上已经回到札幌了。

其实也不想刻意隐瞒，只是为什么到了札幌却没有去他们家，要找理由解释个中原因，美砂觉得实在犯难。

看来要等到下午才能去明峰教授家。在这之前，正好在铺满细雪的札幌街头转一转。

三十分钟后，美砂离开餐厅回到房间里，开始做出发的准备。

短短一夜，令美砂的心里重又恢复了平静。

收拾好行李，美砂又用桌上酒店的专用信笺给家里写了封信。大致是报告一声昨夜告别鄂霍次克海的流冰回到札幌，今天去明峰教授家，然后住上一两天再回东京的打算，以及冰天雪地的北国冰雪是如何的美丽等，最后还写道："遇到一个十分出色的人。"不过写下来之后又擦掉了。

写完离开房间，将近中午十一点钟。

提着行李箱下到一楼，只见宽敞的大堂被玻璃幕墙外的雪映得白亮白亮。美砂来到总台前办理退房，然后走出酒店，悠然地向市中心信步走去。昨夜来酒店时，感觉步行到市中心也不过十来分钟的距离。

早晨除雪车已经清扫过街道，将路上的积雪扫到一边，在道路左右两旁堆成一米来高的雪堆，不时地还有路边商店的店员将这些积雪铲到车上。昨天夜里足足积了大约有二十厘米厚的雪，但是现在走在街上却不感觉十分冷。

不一会儿，来到繁华的街区，两旁高楼林立，还有大型百货商店，看来这一带是市中心购物街。美砂进入其中一家百货店，从一楼开始逛起。店内的氛围和商品丰富程度，与东京不相上下。美砂悠然地逛着，不知不觉仿佛置身在东京的百货店。在百货店里逛了将近一个小时，随后在隔壁大厦的地下咖啡馆喝了杯咖啡，时间已经十二点半了。

昨天在网走车站看过列车时刻表，早上六点钟有一列急行列车，坐那班列车返回札幌的话，这会儿也差不多该到达了。

美砂取出通讯本，拨通了明峰教授家的电话。

"喂喂！"

接电话的是千鹤子夫人，她高亢的声音美砂立即就听出来了。

"我是美砂呀。现在从网走回到札幌了。"

"啊呀，回来啦？在那边怎么样？"

"玩得非常高兴。"

"那就好。你马上过来吧？"

"伯母您在忙着吗？"

"没事。我正在想你今天几点钟回来呢。从火车站叫辆车子没几分钟就到，等你了啊。"

美砂走出咖啡馆，来到大街上。星期六的下午，路上不时看见下了班的上班族，全都没穿大衣，急匆匆地走过去。

在太阳的照耀下，地面的积雪开始融化。

美砂乘上出租车驶去，很快看见前方连绵的雪山。正面的山上半山腰处有一条白色的线，大概是跳台滑雪的跳台。

纸谷以前也曾在这个城市生活过，或许也在那座雪山上滑过雪吧。

美砂心不在焉地想着心思，忽然涌起一个念头：想见一面纸谷曾经爱恋过的那个女人。

二

明峰教授的家位于札幌市西部近山一处宁静的住宅区里。那一带称作伏见，附近还有一个地方叫圆山，都很像京都的地名。说起来，从火车站下车时，右首一片群山的山影，以及看到的棋盘状的街区格局，也与京都有几分神似。

一路上，在酒店所看到的群山渐渐向眼前逼近，甚至可以清楚地看到山上覆盖着的光秃秃的树林。不一会儿，车子在一处靠近山脚的住宅区边上停了下来。因为之前已来过一次，美砂一下子便知道教授家已经近在眼前了。

明峰教授家不算大，红色的砖木结构，双层窗户，喙形帽似的大尖顶屋顶，都是寒冷地带特有的建筑样式。正面的门柱上、庭院里的松树上，也都积满了雪；而中间通至玄关的道路，则被扫除得干干净净。

美砂按响门铃，随后抬头望了望天空，深吸一口气。天空晴朗无云，简直让人不敢相信昨夜下了一夜的雪。

门上菱形图案的玻璃上映出一个人影，出来开门的是千鹤子夫人。

"来，快进来。累了吧？"

夫人的声音还是那样爽朗。她将拖鞋放在面前。

美砂跟在夫人身后来到玄关右首的客厅。客厅面向庭院的一边是一长条宽敞的阳台，温暖的阳光满满地射进来。站在有中央供暖的房间里，望着窗外积雪覆盖的庭院，有一种难以形容的感觉。

"真早啊。今天早上回来的？"

夫人一面泡红茶，一面问道。

"乘早上六点钟的急行列车回来的。"

"是吗？起得那么早啊。"

美砂不会撒谎，不过既然开了个头，只好顺着这条线说下去了。

"那边很冷吧？"

"可是，流冰还有好大的白天鹅都看到了，真的感觉太美了。"

夫人端上红茶，又拿出柑橘。

"饭还没有吃过吧？"

"在列车上吃过了，现在不饿。"

"噢。再过不多久你伯伯就回来了，到时候再一块儿吃吧。"

"伯母，这是给您的礼物。"美砂拿出在网走买的蟹味薄脆饼。

"哎哟，用不着这么客气啊。"

夫人接过礼物，又从橱柜里拿出白脱甜饼。

"那边天气怎么样？"

"谢天谢地，天气好极了。"

"到流冰跟前去看了？"

"一直走到冰原开裂、看得见蓝色大海的地方附近呢。实在太漂亮了！伯母您也去过吗？"

"那是很早以前的事了。"夫人抿着嘴笑起来。

夫人比美砂的母亲小一岁,今年四十六岁,不过从皮肤细腻、气质高雅的脸上可以看出,年轻时容貌一定更加漂亮。

"是跟伯伯一起去的吗?"

"不是,他在那边,叫我过去的。"

"那,已经订婚了?"

"嗯,是啊。"

"那就是两人在冰上约会啦。"

夫人笑出声来:"什么约会呀,那时候刚战争结束,什么都不懂。他刚刚大学毕业,穿着部队里的防寒衣,我穿的是拖到膝盖的长裙。现在想想,真是老土呢。"

"在流冰上约会,实在太浪漫了!伯伯向您求婚了吗?"

"我也不知道那算不算求婚。他这个人哪,鲁莽得要命,一点儿也不浪漫。两个人走在流冰上,后来坐在冰块上面,他就知道拼命地抽烟。"

"后来呢?"

"他望着渐渐昏暗下来的冰原,突然问我:'你讨厌冰吗?'"

美砂想起教授那副一本正经的脸孔,猛然觉得非常滑稽。

"突然问我那样的问题,叫我怎么回答好嘛?他看我不作声,又说:'冰很美丽。和我在一起吧!'"

美砂忍俊不禁大声笑起来。

"好像是为了冰才向您求婚的,这才像伯伯呢。"

一面笑,美砂一面又想起纸谷来。自己和纸谷也在与之相似的情景中一起坐在冰原上看流冰,不过教授在那样的氛围中向夫人求婚了,而纸谷却一个幼儿地沉默着,只知道望着冰原前方发呆。

"就那样定了？"

"是被冰原的美丽打动了吧。"

"那以后去过纹别几次？"

"好像去了三次吧，每次去都觉得那儿真的很美。"

"那当然啦，喜欢的人在那儿嘛。最近没有再去过吗？"

"上了点年纪就懒得去了。大概三年前的早春，流冰开始漂流的时候，我陪他又去了一次，后来就再没有去过。"

"等早春的时候，我还想再去看看。蔚蓝的大海上，到处漂浮着流冰，随海水漂流的情景，我真的觉得太美了。"

"那倒是。不过，稍不留神的话，流冰也出乎意料的可怕哦。"夫人轻轻啜了口红茶，接着问道，"那边的人对你还亲切吗？"

"刚开始时，看上去有点冷淡，但其实每个人都很随和，也很亲切。"

"是谁带你去冰原的？"

"是纸谷先生。"

"他的话就叫人放心了。"

"伯母您知道他？"

"他是教研室的人，当然知道了。偶尔有时候到札幌来，还顺便上我们家来走动呢。"

"他为什么一直不回札幌来呢？"

"这个嘛……"

夫人轻轻转向积雪的庭院。挂着雪的花楸树①枝头，寒雀飞来啄食着

---

① 花楸树：蔷薇科落叶乔木，夏天枝头簇开小白花，秋天叶变红，可供观赏，结红色或黄色的球形或椭圆形果实。——译注

红色的果实。

织部的事情发生时,夫人的丈夫已经是教授了,因此对那件事情不可能毫无所知。同在一个教研室工作,想必当时明峰教授一定也很心痛。美砂正在犹豫要不要再打听下去,夫人主动问起来:

"纸谷先生说了些什么?"

"没说什么。"

美砂摇了摇头,随即又郑重其事地问:"伯母,有件事情可以向您请教吗?"

"什么事情?"

"纸谷先生的好朋友跟他一起去观测流冰,从冰上掉进海里死掉了,是真的吗?"

夫人沉默了片刻,用平静的语调说道:"这件事情你是听谁说的?"

"那个……"

答应藤野对谁也不提起的,美砂当然无法说出他的名字。

"跟我说说吧!"

夫人似乎无可奈何地点点头,说道:"已经过去好多年了。"

"是五年前吧?"

"我不知道你听到的是怎么样的,那个叫织部的人掉进海里死了,这事是真的。"

藤野所说果然不假。

"当时在他旁边的只有纸谷先生,对吗?"

"是啊……"

"纸谷先生一直待在纹别不愿回札幌,可能跟这件事情有关吧?"

"大概是吧。"

"是不是纸谷先生跟死去的织部先生之间,还有一个女人?"

"连这种事情也听说了?"

夫人脸上露出困惑的表情,伏下视线望着桌面,稍后说道,"大家都已经把这事忘掉了。"

"纸谷先生至今没有结婚,也是因为这件事情吧?"

"因为这件事情?"

"其实他喜欢那个女的,所以才一直不结婚。"

"不过,即使没有那件事情,纸谷先生跟那个女的也不会走到一起的。"

"为什么?"

"我要再讲的话,我丈夫一定要怪我多嘴了。"

"伯母,我不会说出去,您就告诉我吧。"

美砂两手在胸前合十,像是叩拜似地恳求道。

"为什么,你非要打听这些事情呢?"

"可是,这种事情有谁不想听?再说,我想对我今后的人生会有所帮助嘛。"

"真拿你没办法。"夫人轻轻叹了口气,随后低声道,"那个女的本来是准备和织部先生结婚的。"

"真的?"

"织部先生在死前稍早一些时候,曾经来找过我们,说是想跟那人结婚,托我们当媒人呢。"

"那就是说,两人后来订婚了?"

"好像是吧。"

说到这里,夫人闭口不言,眼睛朝窗外望去。在午后阳光的照射下,积雪开始融化,阳台的玻璃窗上垂着水滴,在阳光中闪着光。

"还有呢?"美砂催促着问道。

"当然我也是后来才听说的,比起织部来,那个人其实似乎更加喜欢纸谷先生。"

"啊……"

"不过,这只是传闻而已。"

"那个人,长得很漂亮吧?"

"是啊,就连我丈夫这样感觉迟钝的人也说她漂亮呢。"

"伯母也认识她?"

"现在应该叫仁科了。她是札幌一家大造酒厂老板的女儿,大学毕业后无所事事也怪无聊的,就在我丈夫的教研室里当秘书,帮着做些零零碎碎的杂事。"

"所以就跟纸谷先生认识了?"

"是的,教研室本来就没几个人。"

美砂一面听着,一面不由地心中生出几许嫉妒。

"那纸谷先生怎么想的?"

"好朋友织部比他先喜欢上的,所以他表面上也没什么表示,不过心底里好像也是喜欢那个人的。"

将自己喜欢的女人让给朋友,这太像是纸谷的所为了。

"可是,那个叫仁科的,明明喜欢纸谷先生,为什么还要跟织部先生订婚呢?"

"这的确是个问题,不过听说订婚的事情是织部先生一手促成的,仁科本人倒不怎么起劲。"

"那么织部先生知道自己并没有完全俘获对方的芳心吗?"

"好像隐隐约约地感觉到一点,但是他很喜欢她呀。"

"可还是知道的吧?"

"到最后当然是知道了。所以织部先生死的时候,我们还以为是自杀呢。"

"不至于吧……"

"是啊,我们也觉得不至于,可是他死之前一段时间真的是很痛苦。"

"织部先生人怎么样?"

"人很好啊。不过喝醉酒的时候,时常在家里一个人自言自语,说什么要让给纸谷……也难怪,两人既是同年进入教研室的同事,又是好朋友……"

夫人好像又沉浸在回忆中似的,两眼望着窗外太阳下的庭院。

三

一个男人在流冰之海死了,这一点是确切无疑的。当时,作为目击者的只有纸谷一人,这也是事实。

不过,藤野所说的跟夫人所说的虽然大致相近,却有着微妙的差别。

照藤野所说,织部之死只是一个纯粹的意外事故,他乘坐在流冰上,不料底下一滑,不幸落入海中而丧命。而夫人却并没有排除自杀的可能性,因为虽然和心爱的人订了婚,但最终却发现对方爱的并不是自己。

到底哪个才是真相?如今,织部本人已经不在,更无可能对质了。

但是,有一点却是无可置疑的,那就是纸谷当时也在现场。当时的详情,纸谷一定知道得更多一些。

"纸谷先生是怎么说的?"

"什么怎么说的?"

"是自杀还是事故?"

"关于这个,他什么也没说。"

夫人望着雪中的庭院,缓缓地转过脸来,说道,

"他说突然听见一声惨叫,回头看的时候,织部先生人已经掉进海里了。"

"马上救的话不行吗?"

"当然也想救的吧,但是冰是在漂流着的,够不到呀。"

美砂的脑海里,浮现出静寂的苍海上,两个男人互相呼唤着生死相隔的情景。

"这么说,是意外事故?"

"确实只能是这样。他坐在流冰的前面,织部坐在后面,掉进海里的那一瞬间没看见。"

"流冰被海水冲刷变薄,也会碎裂吧?"美砂说出藤野所说的理由。

"听我丈夫说,冰块的突出部分偶尔会发生这种情况,不过乘在上面的人如果注意的话,应该可以察觉得到的。"

"那么还是自杀?"

"嗯,这只是我自己的猜测,没有什么根据。也许就像大家所说的,他还是因为冰块碎裂,掉进海里死的吧。"

夫人说到这里,端起杯子啜了一口红茶。

究竟是意外事故而死,还是自杀而死,都跟自己毫无关系。美砂一面这样想,一面又禁不住觉得,若真是自杀,织部倒是怪可怜的……

因为失恋而自杀,美砂原本是瞧不起的,觉得这种人太脆弱。但是想到这是全身心都投入到冰的研究中的男人的一片纯情,又觉得似乎不

能一概而论。想到这里，就更加觉得织部令人同情。

"假如是自杀的话，那么真正杀死他的就是那个女的了。"

想着想着，美砂不禁怨恨起那个叫仁科的女人来。

"那样讲对仁科也太残忍了吧。"

"可她明明喜欢别的人，还是跟织部订婚了嘛。"

"所以说，那是织部单方面硬促成的。"

"可是……"

即使是男人单方面硬促成的，女人只要明确地拒绝，也不可能订婚的呀。男人之所以觉得能够达成结婚的目的，一定是女人让他感觉到存在那种希望。

"是吗？"

美砂还是不能接受。

"反正，自杀只是我们的猜测，跟那件事情没有关系。"

"'我们'？就是说，伯伯也那样认为的吗？"

"一开始的时候是的。"

对织部了解颇深的教授和夫人都觉得有可能是自杀，也许事实就如他们所猜测的。而纸谷知道织部是自杀的，感到自己难脱其责，所以才一直不愿离开鄂霍次克海的吧。美砂的怀疑更加深了。

"那个叫仁科的，她去过纹别吗？"

"去过一次。"

"是去见织部吧？"

"不是的。她和朋友两人去那里玩的。"

"是在冬天？"

"好像是一月份吧。织部死就是在那之后大约过了两个月。"

"那时候纸谷也在吗?"

"是的……"

大概就是那时,织部突然发现自己心爱的女人的心另有所属;而纸谷也在那个时候,感觉到了朋友的女友对自己怀有好感吧。

不管怎样说,那次旅行似乎在织部和纸谷之间,给了他们某种决定性的东西。

"那个女的爱纸谷先生,是真的吗?"

"这个……"

夫人好像很为难似的,视线落在桌子上,隔了片刻才答道,

"杏子曾对我们这么说过。"

"杏子?"

"就是仁科啦。"夫人解释道。

"她说喜欢纸谷先生,想跟纸谷先生结婚?"

"嗯,她没有这样说,只是说不想跟织部先生结婚。问她什么原因,最后她才说是因为这个。"

"那就跟纸谷先生结婚嘛。"

"可是后来没多久就出了那件事情。"

夫人站起身,端起电热水壶往茶杯里重新倒满水。美砂转眼看了看明亮亮的阳台,等夫人坐下后又问道:

"那个杏子现在在干什么?"

对于这个素未谋面的女性,美砂微微感到一丝的嫉妒。

"应该就在札幌哟。"

"一个人吗?"

"不,那之后她很快就从教研室辞职,结婚了。"

"结婚?"美砂手端茶杯,望着夫人,"什么时候?"

"好像是三年前吧,还给我们寄请柬来的呢。丈夫是个经营滑冰场还有饭店的企业家。"

流冰研究者和企业家,杏子竟然轻易地就能从一个男人转而爱上另一个男人。尽管说女人如此也无可厚非,但是美砂却觉得,她不能原谅这种变心。

"那么说,她已经把织部先生和纸谷先生完全……"

"因为有那件事情的缘故,我想不可能彻底地忘记吧。不过,人家现在已经结婚了……"

夫人的意思似乎是想说,即使彻底忘掉也是理所当然的。

美砂点点头,视线又朝阳台转去。明亮的阳光下,玻璃窗上挂满了水滴。餐具柜上的座钟显示时间是一点半。

这是一个宁静而闲适的冬日午后。

身处这里,回想鄂霍次克寒冷的夕景,简直就像是另一个世界的光景。

"可是美砂啊,你好像对这事很在意啊。"

"因为在鄂霍次克的时候,看冰冷冰冷的冰看得太多了……。"

美砂正说着,门铃响了起来。

"是伯伯吧?"

夫人点点头,朝玄关走去。美砂手放在领口,坐直了身体。

"哟,已经回来了?"

明峰教授脱下大衣交给夫人,随即来到客厅。

美砂赶紧站起身,鞠躬行礼道:"又来打扰了。"

"怎么样,流冰?"

"太漂亮了!"

"她说等下次流冰开始漂流的时候，还想再去看呢。"夫人在一旁插嘴道。

"是真的？"

教授戏谑地笑了笑，在美砂对面坐下来，"听说你吃天鹅了？"

"是谁说的？"

"是不是吧？反正我可是有办法得到情报的。"

"美砂吃天鹅了？"夫人一面倒茶一面吃惊地问道。

"不是的，伯母。是纸谷先生刚好捡到一只被人射杀的天鹅，跟鱼一块儿煮成暖锅，叫我跟他们一起吃的。"

"不管怎么样美砂好像非常受欢迎哩。"

"没有的事……"

"大家都希望你再多待一阵呢。"

"那当然，美砂又年轻又漂亮嘛。"

"他们开玩笑的。"

"不不，是真的。大家都等着你下次再去呢。"教授笑眯眯地点燃一支香烟。

是谁把这些告诉教授的？藤野？还是加贺？纸谷到稚内去了，所以应该不会是他。

"还坐车到网走去了？"

"是藤野开车送我去的。"

连这些细节都知道，看来还是藤野告的密。可是，藤野没有把自己昨天下午乘快车回札幌的事也告诉教授了吧？他要是说的话，那么自己今天才返回札幌的谎话就不攻自破了。

美砂不安起来。幸好教授没有再往这方面问。

"那家伙没乱开车吧?"

"没有,一点儿都没乱开。"

"到底是载了美女,开起来不一样啊。"

"哎,你还没吃午饭吧?"这时夫人问道。

"是啊。庆祝一下美砂平安返回,到外面去吃吧。"

"美砂一直在等你回来呢。"

"那好,马上出发吧!"性急的教授说着立即站起身来。

"等一等,出去吃的话也得让我换换衣服什么的呀。"

"老太婆了,再怎么打扮还不是都一样。"

"是啊是啊。"夫人不悦地回道,泱泱地走向里间。

美砂目送着夫人进去,羡慕地对教授说道:"伯伯,听说您是在冰原上向伯母求婚的,太浪漫了!"

突然一转的话题,令教授猝不及防,吃了一惊的样子,将手中的茶杯放在桌子上。

"叫她到那么远的地方去,向她求婚,伯伯是怎么想的?"

"不知道老太婆跟你说了些什么,其实她大冬天的去好几次,我真拿她没办法!"

教授吐了口烟,将话题又岔开道:"你真想春天再去?"

"真的想去看冰原碎裂后顺水漂流的景色。"

"那就是三月份了。"

"可是听说每年时间不一定呵。"

"哟,你还真的学到不少呢。"

"那当然了,对于冰我可以说也算半个权威了。回到东京,我还要向朋友们介绍呢。"

"那你想不想到伯伯的教研室工作？"

"我吗……"

美砂知道教授在开玩笑，但一瞬间还是吃了一惊。如果真的在教研室工作，就跟仁科杏子一样了，不止这样，说不定还能经常和纸谷见面。

"我想坐流冰漂流一下，坐一次就可以了。"

"很冷的啊！"

"没关系，下次再来时请您带上我。"

"如果我一起去的话捎上你没问题，或者也可以托托纸谷看。"

"可是他，实在是冷淡得要命呢。"

"他可是个好男人哩。"

"藤野比起他来就要亲切得多了。"

美砂假装对纸谷毫无兴趣的样子。

四

明峰教授夫妇俩带美砂去的店，在薄野一幢大厦的地下，名字叫"蟹庐"。一如其名，是家蟹宴专门店，似乎在札幌还很有名哩。

夫妻两人和次男明人再加上美砂，一共是四个人，在靠里面的桌旁面对面坐下。菜单上写着各式各样用蟹作原料烹制的菜名，可惜美砂一个也看不明白。

"来一个'松'套餐吧，这样就各种各样的都有了。"

全体赞成，于是夫人吩咐了下去。

因为是星期六下午，店内相对客人较少，毕竟是高级餐馆，不像晚市那样顾客盈门，人头攒动。

"怎么样,美砂也来一点吧?"

教授拿起啤酒瓶先给美砂倒上一杯。

"我一喝就上脸。"

"没关系。纹别传来的情报说你酒量厉害得很哪!"

"不会吧?是谁这么说的?"

估计一定又是藤野说的。美砂不喜欢多嘴多舌的男人。

"反正这里也没有青年男性,脸红怕什么?"

给每人杯中都倒满之后,教授举起酒杯,说道:"为美砂的平安回来干杯!"

"祝早点找到如意的郎君。"夫人在一旁插言道。

"反正,什么理由都行啦。"

四个人的酒杯碰在一起。虽说正值隆冬,但店内开着暖气,加上冰镇的啤酒,令人心脾舒爽。

也许是被夫人刚才那句话拨动了思绪,美砂喝着酒,猛然意识到自己已经二十四岁了。

高中毕业,考进大学,似乎还近在眼前,可一转眼竟然二十四了。

近来美砂时常会痛切地感到,"二十四"实在是个令人讨厌的年龄。既不算年轻,可又称不上老成,换句话说,是个两头不着落的年龄。人们把这个年龄称为"适龄期"。年长的妇人会说:"现在是最合适的年龄呢。"所谓"适龄期",从反面来说隐含着某种威胁的语气,也就是很快就将不再是适龄期了,错过了这个时期,年轻女人便成为老姑娘。

"适龄期"这种说法大概除了日本是绝无仅有的,也不知道是谁发明了这个词。无论如何,这是个令人厌恶的词,因为它暗含着女人就应该嫁给男人、服侍男人这样的思想,似乎那才是天经地义的,至于女人的工作等根本就不予考虑。显而易见,这是无视女性基本人权的思想在作怪。

像明峰教授夫妇这样知书达理的人,偶尔也流露出这种想法,真叫人沮丧。

然而,美砂没有勇气公开表示反抗。如果自己现在埋头于工作,或是沉醉于爱情的话,"适龄期"之类的无形压力她可以置之不顾。可是如今自己一无所有,她无法挺起胸膛自豪地宣言:这就是我的人生,我不需要靠结婚来体现自己存在的价值。虽然有时气势轩昂地对女友们宣称"不用在意什么'适龄期'",可说实话,心里却觉得,如果碰到合适的人还是结婚的好。美砂暗暗给自己鼓劲:二十五岁之前要把自己嫁出去。

就这样,场面上说的话与内心真正所想的互相打架,嘴上虽不赞成,但是心底里,美砂对"适龄期"却是默认的。尽管不情愿,可还是不得不顺而从之。

"怎么了?快点喝呀。"

美砂正迷迷糊糊地胡思乱想着,教授将酒杯伸向她面前。

"大白天就开始喝酒,我怕是有点醉了呢。"

"才喝这么点,没关系的。"

店内的侍者全都穿着和服,与店家的风格十分相称,紫色的和服配以黄色的腰带,个个显得很精神。其中一个侍者端着个大托盘,上面放着一只大盆,将菜送上前来。

只见盆上铺着小石子,上面盛着一只毛蟹足有小孩的脑袋大,红色的蟹壳上,用白萝卜切成细丝,摆成网状,恰似一只巨蟹被网罩住一般。

"来,吃吧!"

尽管教授一个劲催促着,可是到底不忍下箸破坏掉这件"艺术品"。美砂觉得,那只蟹仿佛正在朝自己慢慢爬来。

"对不住喽！"

教授说着首先出手，掰断一只蟹脚，将它竖着剖开，剔出蟹肉，放在佐料里蘸一蘸，送入口中。蟹肉紧实，口味微甜，凉凉的，非常好吃。

"在那边吃蟹了吗？"

"在旅馆里吃过一些。"

"以前这种东西是随便吃的,如今这家伙居然摇身一变变成高级品了。"

教授一面说，一面"吧唧吧唧"熟练地掰着蟹脚，一看便知是老饕了。

"以前那种带简易电热炉的区间列车上，乘客都是吃这种毛蟹的。"

夫人也回忆起从前的光景。

"用这个做下酒菜配酒，喝着酒不知不觉地就到目的地了。"

"原来伯伯和伯母两人一同乘着列车吃毛蟹啊。"

"那时候的他呀，闷声不响的，没办法，与其干坐着，还不如吃毛蟹呢。"

"是因为吃起毛蟹来就没工夫说话了。早上，当地人推着小拖车来兜售毛蟹，那情景想起来没得说了，太棒了。"

"他们是怎么叫卖的了？"

"毛蟹——对吧？"

"不是，是这样的，毛——蟹——"教授模仿着小贩的腔调叫起来，惹得周围的顾客都朝这边看。

"也太走调了吧，简直是五音不全嘛！"

"行啦行啦，你也不觉得难为情。"

被夫人和明人损了两句，教授立即老实下来，他拿起啤酒瓶，给自己倒满。

美砂一面笑，一面深深地感觉这对夫妇是那样的可亲可爱。假如自己结婚的话，一定要组成一个像这样的家庭。

脑海里,纸谷的形象又复苏了。要是和他一起乘坐列车沿鄂霍次克海岸周游,会是什么样的光景?他一定也会买几只毛蟹,铺上报纸,然后津津有味地大嚼一顿吧?又或者是,默默地、呆呆地望着枯芜的荒丘和远处冰冷的大海?

美砂能想象得出,纸谷大概会冷冷地吸着烟,无声地望着冬季的大海。

"哇!这么多啊。"明人高兴地叫道。

上来一只大盆,在冰块上面盛放着红色、褐色、绿色的各种海藻,色彩鲜艳,勾引着人的食欲。吃时以蒸毛蟹的汤汁加入佐料蘸了吃。

烧卖也上来了。这里的每道菜肴都离不开蟹,烧卖的馅里自然少不了蟹粉。还有蒸鸡蛋羹、炸馅饼,也都可以品出蟹粉来。

"实在太好吃了!"

"跟纹别的天鹅暖锅比起来怎么样啊?"

"天鹅我可没有吃啊。"美砂抗议道。

"是吗?哦,那么跟三文鱼暖锅比呢?"

要说哪个更加美味,美砂觉得真的难分伯仲。不过,硬是要论高下的话,纹别的暖锅似乎更加新鲜,更加富有野性。

"说实话,其实海鲜不是这样文绉绉吃法的,像那边那样放在一个锅里杂煮,才叫鲜哪。"

看来教授讨厌这种文绉绉的、外表精致华丽的装饰。这也难怪,美食越是讲究视觉上的装饰,其内在的美味势必戕丧失殆尽。

"啤酒!"

教授又叫了三瓶啤酒。

明人大快朵颐,将端上来的精美菜肴一只只消灭掉。美砂吃得够多了,可他数倍于美砂,看着就叫人心情大好。

接着是醋拌蟹黄，再接下来是蟹肉蒸饭和蟹粉汤。整个套餐端上来，个个吃得抚肚称饱。

"美砂，你在札幌还要待几天吧？"

"我想明天或是后天回东京。"

"为什么？有什么事情吗？"

"事情倒没什么事情，不过已经出来四天了呀。"

离家是星期三，今天是星期六了。

"美砂想家喽。"

"没有……"

美砂嘴上不承认，可是心里多少有点想念起家来，却不能否认。

"一直待到雪祭①怎么样？"

"雪祭？那不是要一直待到二月初了？"

从现在起到二月初，还有半个来月，若是优哉游哉地再待那么长时间的话，母亲一定会生气的。

"你用不着顾忌我们，我们全家都希望你多住上一阵子呢。"

"是啊，家里光老太婆和儿子，实在无聊得很哪。"

教授刚说完，夫人立即瞪了他一眼，接口道："是啊，我老太婆了，嫌弃了是不是？你个老头子！"

"反正没什么事情就多再待几天吧。"

见教授夫妇如此诚心诚意地挽留，美砂心里也想晚些再回东京。

再待上半个月，说不定还能再去纹别走一趟，而且，说不定还能见

---

① 雪祭－Sapporo Snow Festival：札幌冬季的一大盛事。始于1950年，每年2月举行。包括大小数百座雪雕展示及冰雕展示，同时配以各种主题活动，规模宏大。——译注

到仁科杏子呢——美砂的脑海里掠过这样一个念头。

"是不是东京那边有什么意中人等着啊？"

"不是的，哪有意中人啊。"

美砂使劲摇了摇头。假使真有这样的人的话，自己干吗不远千里地到这个北疆边陲小城来？即使来，也一定是同他一起来。

"既然这样，好不容易来一趟，还是多住几天得好。"

"我今天晚上跟家里打电话说一声吧。"

离开东京时，原只打算出来旅行一星期至十天左右，孤身一人飘荡一阵，应该会心绪宁静的。可现在，不要说心绪宁静了，反而更加荡漾不平了。

现在跟母亲商量归期，摆明了是不会商量出什么名堂的，可美砂还是打算这么做，或许这正是美砂依赖家人、缺少独立性的表现。虽说这次嚷嚷着独自出游，口气好大，但是在精神上，美砂还从来没有真正独立。

也许她之所以能壮着胆子远行千里，是因为她根本不用担心自己有没有归宿，这其实算不上是真正意义上的游荡。

我一定要变得坚强起来，不学会自己拿主意、处理自己的事情的话，最终连自己的恋爱也无法成就——美砂暗暗激励自己。

"差不多了，该回去了吧。"

酒足饭饱，喝完正餐之后送上的煎茶，夫人提议道。

走上楼梯，出了店门，外面正飘着细雪。天气并不冷，不紧不慢、飘飘洒洒的细雪也令人格外心情愉悦。

大概是星期六午后的缘故，街道上双双对对的年轻人特别多，其中有的身穿款式相同的粗花呢风雪大衣，两手相扣，插在同一个口袋里。

"在街上走走吧？"

教授的提议得到了三人的一致赞同。

美砂和夫人并肩走在一起。忽然间,她好像感觉到,仁科杏子也正在这风雪中漫步而行。

五

明峰夫妇、明人和美砂四人,从薄野一路朝大通大街悠然地走着。

虽然飘着小雪,可由于是周六的下午,街上依然人头攒动。在下班回家的上班族和年轻人中,还夹杂着不少全家出动的身影,还有的人扛着滑雪板,或拎着滑冰鞋,果然是北国特有的风景。

一行人来到四丁目靠街角的M百货商店。美砂先在百货商店包袋柜台买了一只缀有海豹毛皮的购物袋,作为送给母亲的礼物;然后犹豫了好久,给父亲买了条稍显花哨的花色领带。

从百货商店出来,四人又到马路斜对面的一家咖啡馆,吃了冰淇淋,随后坐上一辆出租车回家。

"到伏见。"

教授说着,坐上驾驶员旁边的副驾席,夫人和美砂他们则坐在后座。

冬天日短,渐渐地已近日暮,西边群峰上的积雪越加清晰可见。

美砂到达札幌时看到的白皑皑的雪山,随着时间变换,也幻变出各种各样的色彩。早晨,山体在阳光的照耀下,折射出蔷薇色的辉光;白昼,太阳变得朗灿灿的,雪山望去反而显得有些黯淡;而到日暮时分,四周笼罩在一片昏暗中,雪山又增了几分亮色,不过却没有了早晨雪山的艳丽多彩。

群峰越是醒目地显现出雪白的亮色,四周光秃秃的树木在它的亮丽中，便越是反衬出一种凄凉。在一片沉寂中，一天又即将结束。

每到这日暮时分，美砂就总是感觉特别地想回东京。

三天前，当美砂踏上一望无际的茫茫雪原上的札幌机场时是如此，在纹别的冰原向雪山回眸一瞥时是如此，现在站立在北国之都的中心时也是如此。雪中的日落时分总给人孤独、凄惨的感觉；天空、飘雪、光秃秃的树木，寂寞无语，但仿佛都在向人们诉说着孤独的心迹。

美砂正呆呆地望着远处的雪山，突然，夫人身体朝车窗外倾出，一面还叫道：

"瞧！那就是杏子的丈夫经营的滑冰场。"

夫人手指之处，是一座巨大的圆穹形的建筑，正面入口处"札幌滑冰中心"的字样，被已经华彩初上的霓虹灯映得清清楚楚。靠街道一侧有三层，里面像是开设着咖啡馆及游戏房，透过明亮的窗户，可以看到里面人影晃动。

"那么年轻，作为一个企业家，还真不简单呢。"

"他多大岁数？"

"听说比杏子大六七岁，所以应该三十五六岁吧。"

车子从滑冰场前经过。美砂回头越过窗子又看了一眼那幢建筑。

"杏子也在那里吗？"

"那里只不过是她丈夫经营的，他们好像是住在圆山一带的高级公寓里。"

美砂点着头，心里却不知为什么生起气来。那个叫杏子的女性做什么，跟自己毫无关系，根本轮不到自己说三道四的。美砂虽然这样想着，可又情不自禁地觉得有点无法容忍杏子。

"仁科杏子怎么了？"刚才一直默默听着的教授向夫人问道。

"哦，没怎么，只不过跟美砂说起她来着。"

"什么事？"

"纹别的事。"

夫人朝美砂使了个眼色。

教授两眼望着前方，过了一会儿，好像想起什么似地问："美砂，你是从哪里听来的？"

美砂看了看夫人，随后答道："我说想坐在流冰上出海去看看，于是他们就告诉我说，曾有人从冰上掉进海里死了……"

教授点点头，什么话也没有再说。

回到明峰教授家是五点钟差五分。日暮中的雪山愈加明亮，而同时天空却愈加昏暗。

美砂来到专门为她准备的二楼的房间，躺在床上休息。这里原来是明人的哥哥良人的房间，因为他现在在东京上大学，房间里基本上没什么家具，只有床和书桌，显得空空荡荡，而且不加装饰，不过这样倒反而令美砂感觉更自在。

美砂小憩了约一个小时。说是小憩，其实也只是躺在床上望着昏暗的天空，渐渐感到两眼惺忪，睡意蒙眬而已。

睁开眼睛，已经六点了，四周一片漆黑，不知什么时候雪已经停歇。美砂按下门旁边的开关，打开房里的灯，然后朝窗外望去。白天透过阳台看到的庭院中，只有灯光照射到的地方，才看得见白茫茫的。

美砂正呆呆地望着雪中的夜色，有人敲门。开门一看，是夫人。

"晚饭已经准备好了。"

"不好意思，一点儿都没帮什么忙。"

"哎呀，简简单单的也没做什么。你快点下去吧。"

"肚子到现在还饱饱的呢。"

"我做的是暖锅,没问题,吃得下的。"

美砂走下楼梯,见教授已经换上和服,坐在了餐桌前。

"纹别的暖锅是不错,不过这可是明峰家的特制暖锅哦,快来尝尝看!"

教授揭开热气腾腾的锅盖,只见锅中满满地盛着三文鱼、贝类、蔬菜等,这些跟纹别的暖锅大致无差,除此以外还有鸡肉。整个来看,比起美砂在纹别所品尝的暖锅更加高档,而且看上去更加素淡。看来,北国的冬天暖锅绝对是少不了的。

暖锅的底汤味道特别鲜美,美砂只吃了点暖锅里的东西,主食实在吃不下了。

吃过晚饭,帮着夫人收拾好桌子碗筷,又玩了一会儿麻将。除了教授夫妇俩和美砂,还有住在隔壁的小泉医生的夫人。三人牌艺都不甚精湛,美砂与他们对起阵来倒是旗鼓相当。光玩不来点刺激也没意思,所以说好每千点五十日元。

四人慢悠悠地玩着,才玩了两圈半就已经十一点多了。成绩最好的是明峰夫人,美砂第二,教授的战绩最差。

等小泉夫人告辞之后,美砂借电话拨通了家里的号码。

"是我啦。"

美砂刚说完,立即传来了母亲的大嗓门。

"怎么啦?出了什么事情?"

"没有呀,现在在札幌,我很好啊!"

深更半夜的电话,似乎令母亲吓了一跳。

"什么时候回来啊?"

"嗯,我还没决定,伯母说让我待到下个月的雪祭呢。"

"你倒是安心笃定！那样会给人家添多大的麻烦啊，还不快早点回家来！"

夜深人静的缘故，母亲的声音听上去更加响亮透彻。

"可是，回去也没什么事情嘛。"

母亲越是命令式地叫她回去，美砂就越是反感不想马上就回去。

"你说什么哪？宫本和康子她们都打电话来找过你呢。还有，村井先生那里也得给人家一个回音吧？"

"那个，不是说过了不愿意吗？"

村井是美砂踏上北海道之旅前一个月相亲过的青年。一流的私立大学K大学毕业，现在贸易公司工作，个子高高的，谈吐也很得体，反应机敏，对美砂来说，似乎是再合适不过的对象。

可是，像这样看上去无一缺点的男人，美砂心里却反而不满。或者应该说，这不满并非是针对那个青年的，而是针对自己，是对自己唯母亲之命是从，与不相识的青年相亲、进而结婚的做法的不满，以及对这种所谓理所当然的人生道路的不满。

"不是吧？你不是说一个人出去旅行散散心，再考虑考虑的吗？"

美砂记得自己的确是那样说的。就是以此作为条件，母亲才同意她独自远行的。

"现在考虑下来的结果，还是回绝人家呀。"

"不要胡说！不管怎么样，你先回来再说。"

母亲是想让美砂先回到自己身边，其他的自然就好说了。一对一、当面锣对鼓地开解劝说一番，最后美砂多半会择善从之。

美砂忽然想跟母亲开个玩笑，让她着急着急。

"我……"

美砂朝四下望了望。明峰教授家的电话在玄关台阶上的左手旁,这会儿教授夫妇都在里面的客厅,客厅门关得紧紧的,里面还开着电视机,听不见美砂在这里说话。

"……在这里有了喜欢的人。"

"你说什么?!"母亲的声音突然提高了八度,"美砂,你刚才讲什么?"

"嗯……我说有个喜欢的人……"

"你是跟我开玩笑的吧?"

"是真的,没开玩笑呀。"

"真拿你没办法……"

有一小会儿工夫听筒里没声音了。美砂想象着电话那头母亲的狼狈模样,觉得挺有趣的。

"你是真的吗?"

隔了半晌,母亲用极其认真的语气问道。那声音里好像马上就要哭出来似的,美砂不禁又觉得有点同情起来。

"其实我只不过觉得那个人蛮不错,没什么的,你用不着担心啦。"

"反正不管怎么样,你赶快回来吧!"

"可是,雪中的札幌真的非常美啊。"

"行了行了,你叫明峰伯母来听电话。"

看来美砂的玩笑倒起了反作用。

"你等一等……"

回到客厅里,只见教授一面喝着红茶,一面在看电视。

"妈妈还当我是个小孩子呢。"

"那也很正常。"

"为什么?"

"你还没结婚嘛。"

"可,那也太陈旧了。"

"是吗,陈旧了?"教授搔了搔头。

不大工夫,教授夫人回到客厅。

"哎呀,你妈妈好像很担心你呢,叫我们不要太惯你,让你早点回家去。"

"就一个女儿,几天不在家会感到寂寞的嘛。"

"不是的,妈妈让我早点回去,是想叫我赶快结婚。"

"哟,那可是大事啊。"

"可是我不愿意。"

"为什么?"

"通过相亲结婚,是不是太容易了?"

"是吗?"夫人给美砂重新砌上一杯红茶,然后说,"其实呐,研究所里有个人,本来想介绍美砂认识一下哩。"

"是谁啊?"对相亲虽然持抵触心理,但美砂似乎还是颇有兴趣。

"哎,你看秋叶怎么样?"夫人征求教授的意见。

"他今年二十八,家里条件也不错,我觉得可以啊。"

秋叶这个名字在纹别时没有听说过,或许他是在札幌的大学教研室里工作的。

"不过,美砂好像对研究冰的人不太喜欢啊。"

教授喝了口红茶说道。

"没有的事啦。"

美砂毫不犹豫地接口道,连她自己也吃了一惊。

"在伯伯面前没什么可顾忌的。"

"那就安排见个面？"

"可是……"

纸谷诚吾怎么样？假如夫人说出他的名字，美砂说不定会高兴得跳起来。

可是，如果是纸谷的话，还需要什么相亲吗？不是太可笑了吗？两人早已见面相识，喜欢的话完全可以直接表白。

话是这样说，可教授夫妇为什么就不明白自己的心思呢？如此热心地打听织部的事情，不就明白无误地表明美砂对纸谷怀有好感吗？也许夫人认为美砂知道了这件事情，觉得纸谷不是合适的相亲对象？看起来，因为纸谷跟这件事情有关联，在别人眼中他身上多少带有一点灰色的印象。

"那么，不管怎么说，还是照你母亲说的，先回东京去吧？"

"真拿她没办法。"

"谁叫你讨人疼爱嘛。"

眼下这个叫人疼爱的姑娘，脑海猛然涌起一个大胆的念头：冲破阻碍，到远在天涯海角的纹别去追寻自己的爱情。想到这里，她感觉到心头陡生一股勇气。

风信

一

美砂降落在羽田机场这天，东京是一个晴朗的好天。

与北国不同，北国的天气你刚觉得放晴了，转眼它却下起了雪。这里万里澄澈无云的蔚蓝天空，令美砂真切地感受到，自己从遥远的北国回来了。

在明峰教授家往家里打电话后的第三天，美砂回到了东京，六天的北海道之旅也告结束。原本是打算出去一个星期或十天，兴之所至，纵意放恣，不羁形迹地畅玩一番，但终究一个女孩孤身旅行，不可能胡乱来，所以最终听从明峰教授的建议，只是从札幌至鄂霍次克体验了一回。

不过这次旅行对美砂来说，却有极大的收获。

首先，美砂见识了迄今所不知道的北海道，而且是真正冬天的北海道。这是与东京人蜂拥而往的夏天的清凉世界完全不同的，冻彻透心的严寒和漫天的雪，这才是北海道本来的素颜。

其次，美砂还饱览了一般旅游者难得前去的鄂霍次克海，恐怕就是真正的北海道人，也不一定见过冬天的鄂霍次克海。天空、地平线、太阳、空气……一切都是不同的，与东京相比风土迥异，令人真切地感到，同住在一片天空下，同样生活在日本，身边的空间竟会有如此的不同。

此外，美砂也终于认识到，虽说是独自一人外出旅行，但到底对于家有一种牵挂，不可能完全放得下。当初豪情万丈，打算纵情恣意地旅行一番，结果才离家四天便禁不住想家了，给家里打了电话，到返回之前还通了两次电话、写了一封信。

所谓逃离这个家，其实只不过是表面上孤身远行天涯，而在精神上仍然无法隔断与家的联系,换句话说,美砂的精神还没有完全从对家、对父母的依赖中独立出来。

最大的收获莫过于美砂遇到了一个真正的男人。

当然,如果说这便是爱恋,似乎还断言太早,即使美砂心里这么想,对方还未必觉察到,因此只不过是单相思。准确地讲,应该是美砂的心弦被一个男人轻轻拨动了。

无论如何,在美砂面前出现了一个令她颇为心动的男人。

迄今为止,也曾经有过几个青年令美砂颇有好感。

高中时的吉冈辰也、后来好友康子介绍认识的摄影师樱井,便是其中两个。可是这些青年至多只是见面谈话令美砂感到愉快而已,却无法产生更进一步的感觉,不像纸谷,只要一想起他来,美砂就会情不自禁地心烦意乱,方寸大乱。

难道这就是爱情吗?

美砂在飞机上一直在思考这个问题。

称之为爱情未免有点幼稚。那人只不过在夕阳下与美砂一起走过一段冰原,两人的话题甚至根本没有涉及到各自,他只是美砂流冰之旅中偶然而短暂相遇的人,如今时过境迁,再为他而心烦意乱简直就可笑。

脑海中时时会浮现出他的身影,兴许只是因为孤身远行的缘故。远离了家人,又身在天寒地冻、易令人伤感的鄂霍次克,偏巧遇到这样一个细心关照自己的人,所以才会心弦颤动的吧。若是在热热闹闹、人头攒动的东京,绝对是司空见惯、不值得一提的普通的相遇而已。

美砂问自己,是不是这样?

可是即使去除掉这个因素,纸谷依然在她脑海里留下深刻的印象。

美砂第一次产生这样的感情,至少是第一次对一个在旅途中偶然相遇的人产生这样的感情。

回到东京，兴许一切就会过去的。美砂对自己这样说着，走下飞机的舷梯。

从羽田到目黑的家，美砂叫了一辆出租车。平常的话她会乘东京单轨电车到滨松町，然后在那里换乘山手线到目黑站。但是今天两手拿着行李，再说身上还剩些钱，所以便奢侈了一把。

从羽田机场出来的高速公路依旧混杂不堪，加上正逢傍晚时分的交通高峰，越发拥堵。离开东京仅仅六天，这个充斥着摩天大楼的地方又变得令人怀念起来，此刻，美砂望着车窗外的高楼大厦，才确确实实有一种回家的感觉。原本是想逃离东京，而现在看到这么多的人和汽车，却又感到熟悉和放松，可见美砂到底是土生土长的东京姑娘。

车子沿着高速一号线，在新桥驶入环线外圈时，恰好太阳开始西沉，摩天楼在夕阳中更显得身姿挺拔。天空晴朗，只有西边的天际横亘着几许霞光。

美砂望着天空，又忍不住想起鄂霍次克的夕景。那里也正是黄昏，但因为方位比东京更东，此刻应该已经日暮，夜色覆盖了整个大地。

想到这里，美砂不禁产生了一股冲动：一定要再去看一眼鄂霍次克的冰原。她感觉，现在似乎可以坦率地对纸谷说出想说的话，哪怕他默立着一语不发，自己仍渴望着投入他的怀中。

今后自己还能平静地生活吗？望着夕阳，美砂忽然不安起来。

美砂回到家是五点半。

"你回来啦！"母亲脸上露出了放心的神情，"好像瘦了点。"

"是吗？"

虽然每天吃的是各种各样的美味，但也许是因为第一次踏上陌生的大地，精神绷得过于紧张的缘故吧。

"这是给每人的礼物，爸爸的、妈妈的、还有健司的，还有这个是明峰伯母带给你们的。"

美砂将礼物一一分送之后，到二楼自己的房间里，换上平时穿的裙子和绒线衫。

房间与一星期前一模一样，床上依旧罩着胭脂红色的床罩。

换好衣服，美砂来到起居室，健司正拿着送给他的礼物端详着。

"这个贵不贵？"

美砂送给大学生健司的礼物，是用十胜石制作的领带夹。

"很贵的喔，而且还买不大到呢。"

"反正老姐送的东西也贵不到哪里去。"

"你要这样说的话，我就不送给你了。"

"得得得，我还是收下吧。谢了！"

健司将礼物装进口袋，回到自己房间去了。

接着，美砂向母亲解释起送给她的礼物："这个可是有点与众不同的，这上面是海豹的皮毛呢。"

"是吗？可是平时用来买东西怎么舍得呢？"

明峰家送的礼物是一只木桶，里面是用麴麦腌制的去骨三文鱼，上面还盖着竹叶。这是北海道的贵重特产。

"你爸爸回来一定会高兴的。"

母亲说着，立即将它放进冰箱保存起来。

"我想喝杯咖啡。人好像有点累。"

美砂用新奇的目光从起居室到厨房扫视了一遍。她不在家这段时间，分明丝毫没有改变,但她还是情不自禁地观察着,也许这就是女性的特性。

"冲好了。"

母亲端来泡好的咖啡,和美砂两人面对面坐在厨房的餐桌前。

"那个是怎么回事啊?"母亲一坐下,便迫不及待地问道,"你电话里讲的什么喜欢的人?"

"噢,那是开玩笑的。"

"真的吗?"

"是妈妈你硬要我赶快回家,我觉得你烦不过,所以才那么说的。"

"烦什么烦啊?女孩子家独自一人出去旅行一个礼拜,可不是件小事情。别看你爸爸不说,可他心里也很担心你啊。"

"我已经是个大人了。"

"不管怎么样,电话里讲的真是开玩笑的?"

"是的。"

母亲这才放下心来,她喝了口咖啡又接着说:"还是村井先生的事,他那边传来话,说是还想跟你再见一次面哪。"

"可是我好像已经回绝他了呀。"

"你可别这样说……"

母亲对相过一次亲的村井,似乎仍心怀好感。

"回掉了,再跟他见面,不是可笑吗?"

"可他既然那样说,那说明是好事情呀。"

的确,有男人对自己如此执著地不弃不舍,自然没什么不高兴。只是,因为这样便要答应与他交往,似乎也太没原则了。

"看来,我还是得跟他说说清楚,彻底回绝他得好。"

"唉,他到底哪点你看不上?"

"我也讲不清哪点,反正一点儿没有想跟他结婚的感觉。"

"真拿你没办法。"

"妈妈,你是不是想把我早点从这个家里赶出去啊?"母亲越是起劲地撺掇,美砂偏偏就越是反感。

"说什么呀?不过年龄不小了,也该找个人家嫁了,你看看别人家的姑娘哪个不是这样?"

"又是别人家……"

美砂很夸张地叹了口气。旅途中盼着早点回家,可真的回来,还不到一个小时,就又让人厌烦了。

"反正我的事情你就不要管了,随我去吧!"

"瞧你说得轻巧,再这样下去眼看就要变成老姑娘了……"

"老姑娘就老姑娘!"

相亲的话题不欢而散。母亲似乎也觉得再多说的话,反而会事与愿违起到相反效果,于是闭口不语,起身到厨房的水槽边。

或许是赌气争吵的缘故,美砂忽然发现母亲的背影显得苍老了些,心想自己刚才是不是说得有点过分了。为了缓和一下气氛,她跟着来到母亲身旁。

"我来帮忙吧。"

"不用不用,马上就要吃饭了,你先歇息一下吧。"

"对了,我去跟康子打个电话。"

说完,美砂来到起居室门旁的电话前。

美砂跟内藤康子还是旅行前两天刚刚见的面,小别才一个星期,可以前在大学时两人几乎每天都要见面,因此感觉就像离别很久一样。加上三个月前,康子跟一个在大学附属医院工作的年轻医生开始交往,美砂很想知道结果。

康子学的也是英文专业,毕业后没找工作,这会儿应该在家。

电话铃声响了三下,康子来接了。

"康子,是我呀。我回来了。"

"啊,美砂你回来啦?我一直在等你呢。"

"有什么事吗?"

"是啊,事关我一生的大事!"说完,马上传来康子略带羞涩的笑声。

"不要吊胃口啦,到底什么事啊?"

"其实……是他向我求婚了!"

"是那个'竹笋'?"

"是啊,吓了我一大跳哪。"

"竹笋"是康子给他男友起的外号①。

"那,后来怎么样了?"

"我还在考虑呢。想跟你商量商量呢,明天有空吗?"

"可以啊。"

"那么,下午三点钟在涩谷的'黑桃'碰头"。

"黑桃"是两人经常约会碰面的咖啡馆,坐落在宫益坂的坡道半腰上,气氛比较安静。

"对了,你的孤身旅行怎么样?"

"太棒了!"

"呵呵,听上去好像发生了什么事情?"

---

① 竹笋:日本人将为数众多的庸医戏称为"薮医竹庵",意为竹子。竹笋长成后即为竹子,这里是揶揄康子的男友将来也是一名极其普通的医生。——译注

"你自己去想象吧。"

美砂故意吊胃口地说道,心里却在隐隐地想:要是康子先结了婚,自己一个人可就变成"剩女"了。

二

美砂在约好的三点钟准时到达"黑桃"时,康子已经先到了。她身穿一件白色的双排扣大衣,领口裹着条橘红色的围巾。

"好久不见啦!"

虽然只是小别一星期,但两人却夸张地抡起胳膊打着招呼,仿佛像分别了整整一年。

"喏,给你礼物。"

"谢谢!"

康子迫不及待地打开礼物。细长的盒子里面,嵌着一条玛瑙项链。

"哇,太漂亮了!"

"这是十胜玛瑙,北海道的名物呢。"

"咦,北海道出产这东西啊?"康子说着,将项链放在胸前比试着,"跟白色或者蓝色的连衫裙很配,太好了。"

康子又在胸前比划了一阵,然后将项链放回盒子里。

女侍者端来了咖啡。对美砂来说,已经一个星期没有像现在这样,坐在东京的咖啡馆里喝咖啡了。

"哎,说说那边的事情吧?"

"行啊,不过还是先说说你的事吧。"

康子害羞似地习惯性地用右手捋了捋头发,说道:"逸见君三天前正式向我提出了。"

向康子求婚的青年叫逸见真树,三个月前,通过康子的婶婶介绍两人认识,后来便经常约会交往了。美砂也曾在这个咖啡馆跟康子一起见过一次,当时给她的印象是颇有都市青年的风度,身材颀长,很帅气,不过总给人有一点大男孩的感觉。

"那你怎么回答他?"

"你觉得我应该怎么办?"

"当然答应啦。"

"是吗?"

"你父母也赞成吧?"

"是……"

"他人又正派,又是个医生,将来生活上没有什么好担心的……"

"这倒是,不过我可不是单凭这一点来挑选结婚对象的。"

美砂说到生计的考虑,康子似乎稍微有点不满。

"结婚要考虑的不是金钱啦地位啦,最重要的是人。"

这一点美砂也深有同感。不过,说女人在结婚前完全不考虑的话,纯粹是谎言。不考虑金钱和地位等,充其量只是表面的理由,一般女人到最后还是要考虑这方面的条件——美砂心里暗暗这样想。

"他还是个外科医生呢,可是胆子却小得要命。求婚的时候不敢爽快地说出来,一个劲地又是喝水又是干咳,最后,脸朝着旁边,只匆匆忙忙地说了句:'愿意跟我在一起吗?'"

康子边说边笑起来。美砂能够想象,那个青年完全就是这副德行。

"可是,那也没办法的,对他来说,这可是件了不得的事情呢。"

"像他那样子,我都怀疑他能不能做手术?"

"那自然没问题。"

求婚时的自信与否,与运用手术刀时的胆魄,其实没什么好比的。

"我回答他让我考虑考虑,但是星期六就必须正式答复他。"

今天是星期二,距星期六还有四天。这四天,可能将决定康子今后的命运。

"他虽说人不错,不过我觉得他稍稍有点神经质。"

"因为是医生嘛。"

"而且他是家里的长子,他父亲在横滨开诊所,他总有一天得回家去继承诊所。"

"那你就是院长夫人啦。"

"可他还是刚刚大学毕业没多久的新手呐。"

"可是,将来总会有那一天的呀。"

"我还没决定跟他结婚呢。"

"所以说,只要你OK一声不就行了吗?"

"让我说愿意?"

康子嘴上说还要考虑考虑,但心里大致已经决定接受求婚了。今天说是约美砂来商量,无非也就是在美砂面前津津乐道地炫耀一番罢了。

"我觉得你们两人会很般配的。"

"真的?"

虽说口头上为康子祝福,但美砂的心情却十分复杂。好朋友即将订婚,随后幸福地步入婚姻殿堂,自然为她感到高兴,可是却有一种自己被甩下的感觉,这让美砂心里不是滋味;最好是两人一起出嫁,否则撇下自己一个人可就凄惨了。

虽然美砂早已抱定一个坚定的信念:女人的人生不仅仅只是结婚,

可一旦面临这样的关头,却总免不得心里发慌。

"可是,一想到就这样要结婚了,我又觉得有点不甘心。"

"为什么?"

"那个,我们不是不能再像现在这样一起玩了吗?"

"以后你可以跟他一起玩呀。"

"那是另一码事。"

兴许是谈及求婚的兴奋,康子的脸上微微泛起两片红晕。看到她一脸幸福的模样,美砂忍不住想捉弄她一下。

"这件事情,你告诉川原君了?"

川原是她们学生时代一起去九州旅行时的玩伴,一直对康子怀有好感,康子对他感觉也还不错,现在是一个著名摄影家的助手。

"他要是听说了,一定会受打击的。"

"可是他年纪太轻,而且工作也不太稳定……"

看来康子嘴上说结婚与考虑生计是两码事,但事实上也并非没有考虑过。美砂一面也觉得作为一个即将结婚的女人来说,这么做无可厚非,但另一方面却又觉得康子这样轻易地舍弃川原,似乎不够慎重。

"这个不说了,还是说说你的故事吧。你的北海道之旅有什么浪漫的事情发生呀?"

忽然提到川原的名字,大概令康子有点不悦,她赶紧转移话题追问起美砂来。

"是不是在飞机上,碰到个优秀的男人跟你搭讪啊?"

美砂苦笑着,端起咖啡啜了一口,没有回答。

"行了,不要吊胃口嘛,快说啊!"

"在一个叫纹别的地方,遇见一个专门研究冰的人。"

"研究冰的？"

"你知道鄂霍次克海有流冰吧？他就是专门研究流冰的分布呀流向啊什么的。"

说到冰的研究，对于对流冰一无所知的康子来讲，实在无法想象。

"……一年到头到处跟踪流冰，进行各式各样的研究。"

"那个人是不是长得很帅啊？"

"跟这没关系……"

说实话，纸谷不是帅不帅、英俊不英俊的问题，如果单从这个角度讲的话，还是逸见占上风哩。不过在美砂眼里，纸谷身上却有着一种都市青年所不具有的厚重感，身材敦实，虽然称不上举止洒脱，但却颇具男人的雄威。

"他看上去冷冷的，好像不太和气近人……"

"他多大岁数？"

"快三十了吧。"

"哦。"

康子了无兴致地随口应了一声。现在的康子，哪儿还有闲心去关心远在北海道的穷乡僻壤研究什么流冰的男人哩？

可是，看到康子漠不关心的反应，却越发激起美砂的对抗心。与那个大男孩一样的逸见相比，纸谷难道不更加优秀吗？康子根本就没有体验过鄂霍次克的壮美，也不了解坚守在那里的男人的执著和追求，所以才会这样子。

"我觉得那个冰天雪地的小地方，倒远比大城市好呢。"

"可是冷死了呀。"

"再冷也照样活得好好的啊。"

"你看你，莫非是喜欢上了那个流冰研究者了吧？"

康子直直地看着美砂，大大的眼睛里露出不可思议的神情。美砂连忙摇头否认：

"说什么哪？不是喜欢不喜欢的问题。"

"可是，你们一起交谈过吧？"

回想起来，到底和纸谷交谈过些什么，美砂已经模模糊糊的想不起来了，只有当她站在纸谷身边时，那种安心和悱恻交织的愁苦的感觉，仍然刻在她脑海，并且时时会复甦。

"真奇怪……"

康子叹了一口气。说老实话，连美砂自己也感觉奇怪。

"可是，那种远在天边的人想也没有用啊。"

"什么意思？"

"不是吗？即使想见也见不到。"

"我春天还想再去北海道。"

"美砂，你不是真的吧？！"

康子的眼睛又一次瞪得大大的。

"我看你已经完全被那个人迷住了吧。"

"没有啦。"

美砂嘴上不承认，但是心里却又觉得康子说的好像没错。

"与其他呀，还不如上次相亲的那个人呢。你母亲也说是个很不错的对象，只是你不起劲，她还感到特别遗憾呢。"

"可我不想相亲结婚。"

"相亲有时候也能遇到合适的人啊。"

"我就是接受不了。"

美砂自己也知道有点强词夺理、不肯圆通，或许是因为康子的缘故，因为康子准备订婚的对象正是相亲认识的。

"你不要误会……"美砂明知这么说不妥当，可是却控制不住自己的感情，"我觉得结婚的话，一定要自己真正内心喜欢的人才行。"

"谁不是这样想的啊？"

"比起父母来，自己的感觉更加重要。"

"知——道——！"康子有点扫兴不悦地点着头。

旁边的包厢座里的男顾客起身离去，立即有一对年轻情侣入座。两人脱下大衣，只见身穿着同样条纹的情侣绒线衫。

"反正不管怎么样，双方确实都应该慎重考虑。"

康子像是被说动了似地说道。

"不过，我觉得你还是跟那个逸见君结婚好。比起川原君来，他真的要好许多呢。"

"你是不是认为我是出于某种算计才选择他？"

"不是啊。"

"不过随便你怎么想，我不在乎。"

隔了半响，康子又说道："我还是决定跟逸见君结婚！"

看来果然不出美砂所料，康子在两人见面之前，就已经决定和那个年轻医生结婚了。

"走吧？"

美砂起身，康子随后起立跟在她后面。

两人来到收银台前付了账，走出店外。街道上洒满明媚的冬日阳光，阳光中车水马龙，非常热闹。

"接下来做什么？"

"我要回去了。"

说不清为什么，美砂此刻只想独自清静一下。

"拜拜！"康子点了点头。

美砂往目黑方向，康子往代代木方向，正好相反，两人在涩谷车站前的"八公像"①前分了手。

下午四点钟。

太阳西斜，但是仍蕴蓄着白昼的余热。形形色色的人群从美砂身边走过。十字路口的液晶屏上，显示着"现在的噪音：76分贝"的字样。信号灯由红变绿，人群向对面迈步走去。

美砂随人群一起向前走着，心里不禁又想起远在鄂霍次克的纸谷。

回到东京后的一个月中，美砂几乎没有怎么外出过。

今年东京的冬天比往年寒冷许多，也许有这个原因，但是更加令美砂不愿意走出去的，却是她实在不想鹅行鸭步于杂沓的街头，也懒得同任何人会面。每周有三天千篇一律要去学习花道和茶道，连这个也觉得烦人，美砂干脆就不去了。

然而，窝在家里也没什么事可做，除了打扫自己的房间、帮母亲做些简单的家务活儿之外，美砂差不多大部分时间是将自己关在房间里发呆。倒也不是因为身体有什么不舒服。

这样闷闷不乐、意志消沉不能说与康子的订婚毫无关系。

从北海道归来，就从康子那里听说了逸见向她求婚的事，后来康子正式接受了求婚。这之后，康子与逸见频繁会面，每次与美砂通电话，总

---

①"八公像"：为纪念日本著名忠犬"八公"而建造的铜像。——译注

是少不了逸见的话题。"他呀,真是个粗心的冒失鬼"啦、"我以前怎么就不知道,他居然是个五音不全的音痴"啦,等等,听上去像是数落,实际上却陶醉在满心的喜悦中。

有一次,美砂给康子去电话,约她"见个面吧",她却一口回绝:"对不起,我今天跟他有约会。"

以前康子从来不这样。美砂如果说想见个面,她是随叫随到。虽然美砂明白她现在有了男友、而且订了婚,两人自然不会再像以前那样亲密无间,可是如此干脆利落地遭到回绝,心里毕竟不是滋味。

这段时间,美砂一直在想:女性之间的友谊到底是怎么回事。

美砂与康子从高中一直到大学,包括大学毕业之后,已经交友近十年了。这期间,两人无论什么事情,无不推心置腹坦诚相告,或者互相商量,就连对父母都说不出口的事情,两人之间可以照谈不误。如此亲密的一对好朋友,只因为康子身边出现了一个青年男子,关系竟然变得岌岌可危,十年苦心经营起来的友谊想不到居然如此脆弱,不堪一击。

两人的关系似乎急速地疏远了。

要说起来,美砂的这种想法或许有点过头了。此前去电话约她见面却遭到回绝,只不过是因为康子与逸见有约在先,没办法调整,所以才没跟她见面。但美砂却仅凭这一件事情,便断定两人关系疏远了,自然是毫无道理的多虑。

两人见面时,康子津津乐道于恋人的事情,也并非出自恶意。康子觉得因为是对美砂,所以才毫无保留地告诉她,原本是希望美砂与自己一同高兴。若是因为这个而觉得康子变了,甚至是在自己面前有意炫耀,显然是美砂的偏见。

美砂似乎有点钻进牛角尖了。或许是因为好友康子抢先一步订了婚,美砂内心情不自禁地有点焦急;亦或因为康子寻觅到了如意的郎君,即将步入婚姻殿堂,令她少许心生嫉妒了吧。所以,仅仅一次遭到回绝,便想法极端地认定康子冷淡了自己。即使两人的友谊出现问题,也不能全都归之于康子,不能衷心地为好友订婚、找到自己的幸福而祝福,也是造成问题的原因之一,它毋庸置疑地暴露出美砂心胸不够宽广的一面。

不过话又说回来,似乎康子的态度也确实有几多不妥。

或许从康子的立场讲,因为两人亲密无间,所以无话不可说、无所顾忌、畅所欲言,但毕竟关于逸见的话题如林山积、翻来覆去,从两人一起去的什么餐厅,到散步逛的什么马路,事无巨细地一一道来。虽说作为朋友,真心为你高兴的话默默地听就是了,可这样无休无止地大谈自己的男友,也怪不得美砂会心生不满。

说话者本人或许不觉得有什么,但又怎么能不顾及听话人的感受?

常言道:"女人难伺候",大概就是指的这种自我中心、不考虑别人的情况吧?其实,不管自己多么快乐、幸福,考虑到对方的情绪和心境,就不应当喋喋不休地自顾自说话,而是稍稍谨慎些、有所顾忌,或者叫适可而止。

不管怎么说,女人一旦有了心爱的人,整个人都会发生变化。就拿康子来说,以前康子对医学毫无兴趣,可自从跟医生谈起了朋友,嘴里竟时常不由自主地蹦出"Kranke"、"Essen"之类的德语单词来,结果弄得连美砂也知道了"Kranke"就是"患者"的意思,而"Essen"则是"就餐"。

简直从头到脚都被男友感染了。

像这样因对方而轻易地改变自己的女人,美砂不以为然,她认为女人不能丧失自己的原则,应该照自己的轨迹生活。

然而,女人因为男人而改变自己,这也是女人可爱的地方。为了心爱的人,可以将一切都抛之脑后,为了心爱的人可以舍弃自己、牺牲自己,执著地为他做任何事情。这或许就是女人的优秀之处。

美砂的观念在动摇着。

看到康子不久前还对川原怀有好感,如今却对逸见一往情深的样子,美砂心想:如果自己跟那个相过亲的村井继续交往下去,说不定也能慢慢地喜欢上他呢。

当美砂对相亲露出一脸不情愿的时候,母亲就满不在乎说过:"将来住到一块儿,准会互相喜欢上的呀。"

"那妈妈跟爸爸结婚的时候也是这样的吗?"

美砂忍不住反击道。

"我们当然不一样啦……"

母亲只得拿话搪塞过去。

父母是相亲而结婚的,虽说没有经历过轰轰烈烈的恋爱,但是两人的结合看上去还是蛮幸福的。如果以父母亲的例子来看的话,似乎母亲所说的也并非全然没有道理。

干脆,同意相亲?

美砂的脑子里突然掠过一个自暴自弃的念头。

与其追求虚无的不得要领的爱情,好像还是选择父母和旁人无不赞许的、切实可期的、现实的爱情更好,那样的话,即使失败,也可以将责任归之于周围的人。

想着想着,美砂竟然自说自话地不知想到哪儿去了。

不过之所以会这样想,说明美砂的情感开始变得脆弱了,兴许是因为毕竟到了二十四岁这个年龄的缘故。

美砂叹了口气，望了望窗外。冬日的天空万里碧晴，蔚蓝澄澈，几抹淡淡的云霞像丝带一样漂浮在天上。虽然天气依然寒冷，但时近二月中旬，蓝天也不再显得凛冽逼人，开始有了些许柔和。

春天就快到来了。

美砂想起了遥远的鄂霍次克海，那壅满了海岸的流冰现在怎样了？

听纸谷说过，二月中旬左右冰原开始开裂解冻，大致在三月底流冰离岸。如此，冰原的边缘部分应该已经变薄，甚至有几处已经露出苍青碧绿的海面了吧？

"再去一次吧？"

美砂情不自禁地喃喃道。

在离春天尚早的远方，纸谷他们现在在做什么呢？今天是否又身穿带海豹皮毛的防寒服、脚蹬厚重的靴子，行走在冰原上？又或者在雷达上注视着大海远处的冰块的动静？

回到东京以后，美砂给纸谷和藤野寄去了感谢信。对纸谷，她只是礼节性地对他陪同自己去观赏冰原表示了简短的谢意，对藤野则以略微随便的口气，责怪他不该在明峰教授面前多嘴多舌。本来她想对纸谷更加亲切些的，可因为意识过度，写出来倒反而平淡了。与感谢信同时寄往研究所的，还有一罐干紫菜，算是一点心意。

藤野一星期后寄来了回信。

信中写道：纹别依然经常下雪，昨天研究所的所有人员在雪中玩橄榄球，他所在的红组获胜；现在猛刮暴风雪，因担心流冰突然有情况，所以他和纸谷两人彻夜留在所里观测雷达数据……然后还不忘辩解一句，"对明峰教授我只说起你也喝了点酒，并没有多嘴讲过其他什么"，最后以"三月份还预备再来吗？所里同人都翘首以盼"作结。

美砂读着，愈加期盼纸谷给自己回信。可是，过去半个月，依然不见纸谷寄来片言只语。

美砂怅然若失，过了十天单独给藤野又写了封信。这回没有特别值得一写的内容，只简单地表示自己近来很好，三月份很想再访鄂霍次克，不过目前暂时还未定下来。

最初寄去感谢信时，美砂就有预感，她觉得纸谷可能不会回信。为什么？她自己也说不出理由，只是凭一种感觉，结果一如预感的那样。

说实话，对于纸谷不回信美砂既感失望，心中又有些释然。因为这样一来，就可以将纸谷的事情彻底忘记。美砂对自己说道，同时接受了这样的自我暗示。

然而这只是表面的，内心深处究竟接受与否、是否真的释然，仍然留下疑问。

一个月过去，每逢邮递员上门，美砂总会情不自禁地打开一堆信，心存侥幸地翻看一下。虽然心想不会有，但还是忍不住搜寻纸谷的名字。等到确知没有，这才意识到自己有点失态。这样的情形已不止一次。

今天依然心中介介地想着事情，思绪烦乱，不知不觉就到了晌午。下午按预定要去自由之丘的茶道老师那儿去，可美砂今天却毫无兴致。

正思忖着要不要把昨天才起了头的毛衣继续打下去，楼下传来母亲的召唤：

"美砂！"

叫了两遍，美砂才懒洋洋地走下楼。来到起居室，看到母亲坐在桌前读信。

"什么事呀?"

"有你的信呢。"

美砂接过信来,圆头圆脑的、稍显凌乱的字迹,一看便知是藤野写的。

"前略,"藤野写信总是这样开头的。美砂快速扫读起来,忽然"纸谷"两个字跃入眼中。美砂立即跳过前面,从那里读起。

"纸谷下礼拜周末去东京,是去商量有关研究所的经费预算和科学调查队的事情。"

信中清清楚楚这么写着。

美砂于是赶忙再从头看起:"近来一切都好吧?我们这边还是老样子,每天跟雪和冰打交道。"

藤野以此起头,接下来叙述了一星期前举行流冰节的情景:码头前的广场上堆放了许多冰雕,夜晚人们还在那里进行狂欢,商店的职员和孩子们身穿各式各样的服装跳起了舞,彩色灯饰照射在冰雕上,五光十色,美丽无比,等等。

"对了,纸谷……"

信在这儿突然话头一转,另起了一行:

"下礼拜周末去东京,是去商量有关研究所的经费预算和科学调查队的事情。在那边大概要待两三天吧,好像是住在新桥的东都酒店,假如你有空,可以同他见上一面。要是我去的话,一定约你见一面,但是遗憾……"

接下去,藤野话题又转到了七月份将前往格陵兰岛进行冰河调查的事情上。

这些事情对美砂来说并无多少兴趣,眼下她最在意的是纸谷要来东京了。

下个星期周末即下周六和周日，应该是十六日十七日，既然来的目的是研究所的预算和科学调查，那么可能要去文部省会见部里官员，商量经费，还有参加学术会议。照这样来推算，因为周六只工作半天，周日休息，所以应该星期四或星期五到东京。

纸谷要来东京……

想到这里，美砂一下子便来了精气神，之前的阴郁心境一扫而光，情不自禁哼唱起来。

"怎么了？"

看到女儿突然间心情大转，母亲狐疑地盯着她望了一眼。

"有什么好事？"

"呣呣，没什么。"

美砂将手背到身后，像是要把信藏起来似的，同时左右摆着手，然后噔噔噔上楼去了。

"好，加油！"

虽然不是什么大不了的事情，但美砂喜悦至极，竟然冒出这么一句话来。

美砂坐在自己房间的书桌前，再次读着信。

没错，纸谷要来东京，千真万确，信上就是这样写的。

可是……既然如此，纸谷本人为什么不同自己联系？美砂稍感疑虑。本来，由本人告知这个消息是再自然不过的，从纸谷未与美砂联系来看，好像纸谷根本没打算与美砂见面。

他是准备悄悄地来、又悄悄地回去？

我时常记挂着他，他不知道吗？

想到这里，美砂忽然又惺惺地生起气来。可是冷静下来想想，这事怪罪纸谷似乎有点没道理。

纸谷根本不可能知道美砂对他怀有好感，虽说作为男人理应洞察女人的心思，可是毕竟只见过一面，何从洞察？美砂自己也从没表示过什么，要纸谷对此察悉实在是难为了。

他没有给我寄信，也没有把来东京的消息告诉我，兴许是他并不觉得我是多么重要的人，认为若是贸然联系，反倒让我觉得不方便吧。

再说那个人，独自一人悄然来京办公事，工作结束后悄然返回，这也许正是他的行为方式。怎么看，他都不像个懂得在东京与女性约会的人呢。

莫非……他不会是因为讨厌我才不跟我联系的吧？

如果那样的话，藤野不是多管闲事吗？他以为告诉我这个消息，我会高兴？可是，藤野应该不知道我对纸谷怀有好感的呀，虽然向他问了许多关于流冰的事情，他可能觉得我比较关注纸谷，但绝不会想到我如此记挂纸谷。他只不过把它当作一个消息告诉我而已。

然而，连那个人的住宿酒店都告诉我，好像也太详细了，似乎是在鼓励我与纸谷会面似的。

难道藤野知道我对纸谷的好意，所以才特地告诉我的？

可如果真是这样，那么藤野对我若隐若现的好感又算什么呢？把我推向纸谷，就没想过可能会有什么样的结果吗？或许，牺牲自己成全别人，这就是男人的豁达、男人的友谊吧，这与女人之间的友谊完全不可同日而语。

……

一封简短的来信，引起美砂联翩的遐想。惊喜、不安、确信、怀疑……各种各样的心情交织在一起。

"美砂啊,吃午饭了。"

楼下母亲在喊。

"来啦。"

尽管还有些许不安,但是美砂的答应比起先前来,显得精神饱满多了。

此后一星期,美砂都在思考着纸谷的到来。

藤野信中只讲了周末,没有告诉确切的日期。打电话到研究所去问藤野一声,很容易就可以知道,不过美砂犹豫再三还是没有打。

首先,打电话去问似乎太小题大做了,从东京打去长途电话,就为了问这事,让别人一眼便看穿自己焦急等待的心情。

美砂也有自尊心,即使心里记挂、悄悄喜欢上了,但只要对方没有任何表示,美砂绝不会主动吐露心曲。最好是由对方来邀约自己出去会面。

再说美砂也不想去问藤野,觉得不好意思。因为那样一来,等于将本来隐隐约约、带点神秘感、给人遐想的事情揭开了谜底。反正纸谷住宿的酒店已经知道,用不着再急急忙忙地打听。

接下来一段时间,说不定纸谷会来联络,自己还是耐心等待为好。即便没有联络,星期五或星期天给东都酒店去个电话就可以了。

美砂神经紧张,魂不守舍,整个生活节奏都围绕纸谷的到来而运转着,几乎连自己都感到厌烦了。不过,这也让美砂变得生气勃勃。

纸谷的到来就能够令自己身上发生如此的变化,美砂感觉实在可笑,不过事实就是这样。

"周末,他要从北海道来东京了。"

接信后的第三天，美砂终于忍不住将这个消息告诉了康子。

"啊，是来跟你会面吗？"

"呣，为商量研究所的经费来的。"

"可是，来见你一面也是目的吧？"

"谁知道啦。"

美砂侧着头含混地答道，反而让康子觉得是这么回事。

"跨越北海道与东京的爱情哪，太美妙了！"

看到康子一脸羡慕的神情，美砂觉得之前康子曾陶醉地大谈特谈逸见向她求婚，当时的嫉妒现在仿佛扯平了。

"那就祝你周末快乐啦！"

美砂一面点头，一面却想，还不知道能否如愿见面，心头不禁掠过一丝不安。

离周末越来越近了。

可是纸谷仍然没有任何联络。

早知道这样，不要勉强自己，爽爽气气去个电话或是写封信问一声就好了，可事到如今，后悔也没用。

几经犹豫，到了星期四傍晚，美砂终于拨通了东都酒店的电话。

"我想问一下，有个叫纸谷诚吾的客人，是不是住在你们这里？"

美砂开口问道，总机立即给她转接到前台。

"那位客人已经预约了，不过暂时还没有入住。"

听了前台的回答，美砂稍稍定下心来。

"那住宿时间是……"

"是从今天晚上住到十六号。"

十六日是星期六。看来是住到星期六，然后星期天便返回。

"知道了。谢谢!"

美砂对着看不见的前台点头致谢,然后放下话筒。

不管怎样,至少纸谷来东京一事已经确认无误。

今明两天是工作日,纸谷公务在身,想必很忙。星期六晚上若是时间空出来的话,那就最好了,不过得趁早确定。

到了晚上,美砂几次想往酒店打电话。应该回到酒店了吧?八点、九点、十点,看着时钟,每过一个小时,美砂便走向电话,但是又停住了脚步。说不定他会打来呢,美砂仍然怀着一丝这样的期待。

一直等到十一点钟,纸谷还是没有来电话。

"明天说什么也要打电话过去。"美砂鼓励着自己,才上床休息。

第二天是去自由之丘的老师那儿学习茶道的日子。美砂中午出去,下午三点钟回到家,见母亲什么也没说,便知道没有电话来过。想想也是,可不是嘛,人家凭什么来电话呀。

家里的电话号码藤野知道,不过没有告诉过纸谷。本来想只要告诉了藤野,纸谷自然也会知道,看来是自己一厢情愿的想法。无论如何,再这样等待下去,只会错失良机。

六点钟,美砂鼓起勇气往东都酒店打电话。

"请稍等。"

总机小姐简短地答道,过了一会儿,突然传来一个男人的声音:"喂喂!"

美砂一瞬间呼吸停止了,没错,正是在冰原所听到的纸谷的声音。

"我,我是竹内美砂。"

"哦……"

刹那间声音停顿了片刻,随即又继续道,

"啊,好久不见了。"

"我听藤野说,你出差到东京来了。"

"是呀?"

"我想你可能会在酒店里,所以打个电话问问。"

"我也是刚回到酒店。"

纸谷的声音比起在鄂霍次克时明快多了。

"近来一切都还好吧?这次来是什么公干?"

"研究所的经费还有科学调查队的事。这种事情我不擅长,可是明峰教授说什么也要我来,没办法只好来了。"

纸谷来东京出差原来是明峰教授特意安排的?美砂心想不至于吧。

"上次的信谢谢啦。"

"不用……"美砂稍稍停顿了一下,问:"你要在东京待到几时?"

"礼拜天回去。"

"时间紧吗?"

"白天有事,晚上倒没什么安排。"

美砂望着面前的墙壁,然后下定决心说道:"在纹别时多亏你照顾,假如你方便的话,我想请你吃个饭以表谢意。"

"请我?"

"当然啦。"

"那点小事请不要放在心上,我只不过带着你在冰上瞎转转。"

"可是,多亏了你我才没白去那里。明天晚上怎么样?"

"我是没关系。"

"那么,就六点钟见吧……"

美砂一面说着,一面暗自觉得,这样做岂不是男女颠倒了么。

三

第二天，美砂下午五点钟从位于目黑的家出门。

到纸谷下榻的新桥东都酒店，坐电车只要三十分钟便足够了。约定的时间是六点钟，所以略早了点。不过美砂想不能约会迟到，早到了，在酒店大堂休息片刻就是。

从昨天晚上起，美砂就开始为穿什么衣服去赴约而烦恼。

时令已是二月中旬，阳光照洒在身上有了几分暖意。白天基本上不用再穿风衣，但夜晚还是春寒料峭。去北海道的时候正是严冬，所以穿的带的尽是大衣毛衣之类，可现在是初春的东京，自然不同于那时，要打扮得略微时尚一点。

美砂身材纤细而窈窕，脸型则是圆脸。她认为脸型略长一点更好，可是大学时代的好友却说现在这样子正好，圆脸、鼻子稍稍向上翘起，显得俏皮可爱，给人一种容易亲近的感觉。美砂虽然觉得有道理，但还是希望下半张脸稍稍收紧点，有点线条感的好。

因为脸长得属于可爱型的，所以不适合配高雅型的服装，倒是充满青春气息、时髦而可爱型的比较般配。其实上身套装，下面配同色系的牛仔裤或其他休闲裤也不错，但是今天这样的场合就不合时宜了。

犹豫再三，最后美砂决定以花色编织的马甲打底，外面穿一件嫩绿色的素色套装，衬衣是格子花纹的涤富府绸衬衣，领口系一条红色的围巾，显得成熟又不拘板。

"大学时的同学来东京，约好了去碰个头一起吃饭。"

美砂随口对母亲撒了个谎。

一如所料，大约比约定的时间提前二十分钟便到了东都酒店。见面场所是在酒店的正面大堂。美砂从酒店前穿过，朝新桥车站方向走去。

虽然心里很想马上见到纸谷，但是提前赴约，一个人等在那里有点没腔没调。作为女孩子，一般总是稍微迟到几分钟。美砂这样想着，穿过国电公司前的轨道高架桥，再往银座方向走去。

由于是星期六的傍晚，路上一对对的年轻情侣特别多。平时，美砂见到黏黏腻腻的情侣就略觉心里不快，今天却毫无这种感觉，仿佛别人的快乐也感染到了自己。

美砂在新桥转了一圈，又返身折回东都酒店。六点零五分。在门口稍稍整理一下衣襟，美砂步入酒店。

细长形的大堂在进门左首向里延伸开去，里面连着一个咖啡座。恰好是傍晚时分，进进出出的客人十分拥杂。美砂穿过人群，在近大堂中央的一个空位上落座。

东张西望地走路样子不雅，所以美砂几乎直直地就走了进去，目光所及处却没有看见纸谷。坐下后，美砂朝里边搜寻了一番，还是找不到相像的身影。

怎么搞的？已经过了十分钟，也许他马上就会到吧。特意晚进来几分钟，没想到纸谷比她更晚。

美砂将手提包放在膝上，两眼低垂地挺身坐着，摆出一个得体的姿势，不管纸谷什么时候出现，都不会失分。

大堂里依旧人来人往。一个男人进来，邻座的女性站起身随他一同离去，空出来的位子立即又有一位年长女性坐上去。

美砂看了一眼手表，六点十五分。

昨天晚上清清楚楚约好的是六点钟，是美砂提议的，绝不可能记错。

怎么回事？纸谷看上去做事很严谨，不像是个不守时的人。

一副焦急等人的神情，不时看看手表——美砂明知这副样子不受看，可视线还是几次不自主地朝手表投去。

六点二十分。到底怎么了？去前台确认一下纸谷在不在客房里吧。

美砂起身，朝前台方向走去。

就在此时，有个人从门口匆匆跑进来。穿着件藏青色的风衣，右手夹着一只皮包。

来人虽然头发都跑乱了，但一点不错，正是纸谷诚吾。

美砂立定在原地，等着纸谷走近来。

纸谷好像也发现了美砂，急急地朝她走来。

"嗨！"

凑近来的脸上微微露着笑意。

美砂好像这才发现他似的，也报之以微笑。

"不好意思，我来晚了。让你久等了吧？"

"没有，刚到一会儿。"

"会议拖得晚了，我急急忙忙才赶过来的。"大概是从车站一路跑进来的，纸谷呼哧呼哧喘着粗气，一边解释道。

看到纸谷为了自己而如此心急火燎，美砂刚才等待时的不满顿时烟消云散。

"好久不见，上次在纹别多亏你关照，真的太感谢了！"

跟一个月前相比，纸谷的脸上略显憔悴。或许是穿着风衣的缘故，身上似乎没有冰原上的那种精悍劲儿，不过晒得黝黑的脸颊依然透露出鄂霍次克海的严酷。

"稍等我一会儿行吗？我把这个放到房间里去。"纸谷拎了拎手里提着的皮包示意道。包里大概装着会议资料，显得很沉。

"那你请吧，我在这里等你。"

纸谷从前台取了客房的钥匙，随后消失在电梯厅。

美砂吐了口气，朝酒店外面望去。玻璃幕墙外现在已经完全暗下来了，望着夜色，美砂心里感到十分从容。

不到十分钟，纸谷从电梯间出来了。他身穿烟灰色的西服，系一条斜纹领带，风衣拿在右手上。

"去什么地方吃晚饭吧？"

"嗯，今天我来请客，算是对你之前关照的答谢。"

"请不要这样客气嘛。"

"不是，真的要谢。"

"那好吧。可是去哪里，我可一点也不知道啊。"

"我也……"对此美砂也全然没有信心。平时和康子她们经常去的，基本上不是涩谷便是原宿。"你想吃什么呢？"

"我是无所谓啦，要不去吃烤牛排吧？"

"这家酒店里不知道有没有？"

"那还是我来带路吧。"纸谷说完便走在前面。

两人乘坐电梯到地下一层，来到购物街长廊，有一家烤牛排专门店。两人在靠里的座位面对面坐下，一名侍者马上过来招呼他们。纸谷看着菜单，要了一份铁板里脊和一瓶红酒，美砂吃不了那么多，只点一份迷你烤肉。

"忙了一天吗？"等侍者离去，美砂抬头看着纸谷问。

"也没什么大不了的事情，是关于科学调查队的事情，不过半当中溜出来也不太好……"

"是什么调查？"

"格陵兰岛的冰河调查。"

"你要去参加那个调查吗？"

"预定有我参加。照目前的计划，暂定七月初成行。"

七月盛夏，纸谷又要追寻冰的踪影，到远在天涯的北极去？美砂情不自禁地对纸谷涌起一股难以名状的怨怼。

"那边很冷的吧？"

"不过没有我们想象的那么冷。"

侍者拿来红酒，给两人斟上。纸谷右手举起酒杯，将杯子微倾，做出一个干杯的姿势，同时说道："来吧！"

"哎。"

美砂望着纸谷的眼睛，将酒杯送到唇边。

"突然打电话来，让你吃了一惊吧？"

"没有……"

从纸谷的回答看，他对女人的心理一点儿都不了解。美砂不由地暗暗生气，可是，一看到纸谷那张被冰雪反射晒黑的脸，也就忘记埋怨了。

"研究所的人都还好吧？"

"嗯，都还老样子。"

侍者端上铁板里脊，放在两人面前。牛里脊在铁板的余热下仍煎烤个不停，发出"嗞嗞"的响声。纸谷大概是肚子饿了，他迫不及待地吃了起来，那样子好像美味得不得了，令人看了就感觉痛快。

"你到东京来出差，为什么不跟我联络？"

"我是怕厚着脸皮脸给你添麻烦嘛。"

"是藤野写信来告诉我说你要来东京出差的。"

"他可想来哩。"

美砂差点还击道：难道你就不想来吗？但是强忍住了。

"明天几点钟回去？"

"下午一点钟的飞机从羽田机场起飞。"

"那几时回纹别呢？"

"在札幌住一晚上，后天再回纹别。"

"要住在札幌吗？"一瞬间，美砂的脑海里又浮现出仁科杏子的身影，莫不是跟那个人会面吧？美砂窥视地看了一眼纸谷，然而纸谷默默地依旧只顾咀嚼着。

"到札幌时不去明峰教授家弯一下吗？"

"哦，要顺便去弯一下的。有什么事情要转告吗？"

"不，没有。"

美砂摇了摇头，随即又补充道："那个……请不要说起在东京碰到你的事，其实也没什么理由，只是怕老先生会拿我寻开心。"

"我明白了。"

纸谷点了点头，也不知道他明白了什么。

"是明峰教授决定让你来东京的吗？"

"那倒不是，教授是推荐我参加科学调查队。"

其实美砂最想打听的是仁科杏子的事情，不过在这场合却说不出口。

吃完晚餐是八点钟。现在回去还早了点，可纸谷还是拿起账单站起了身。

"啊，那个我来付……"

"不用了，还是我来付吧。虽然工资不算高，可我毕竟是有工作的人呀。"纸谷开玩笑地说了一句。

美砂默不作声了。她觉得,纸谷的话里似乎暗含着对成天待在家里无所事事的自己的一丝揶揄。

酒店里依然人流熙来攘往。美砂正在想就这么分手未免太遗憾了,这时纸谷问道:

"再陪我聊聊吧?"

"哎。"美砂点头应允,心里松了口气。

"这上面有家酒吧,就去那儿吧。到外面去的话我不认得路,所以每天都是待在酒店里喝点东西。"

纸谷依旧先自跨步朝电梯走去,全然没有半点放慢脚步、细心地等候一下女伴的风度。

真是个自我中心的人。美砂心里这么想,但也只得跟随在他后面。

酒吧在十三楼上。店堂里铺着青色地毯,从座位上可以俯瞰东京的夜景,那条明亮的灯火串连起来的闪烁光带,应该就是银座大街。

纸谷要了一杯兑水的威士忌,美砂则要了一杯酒精度较低的金巴利苏打①。

"来!"

这次纸谷没有伸出酒杯,而是举到齐眉高处,然后开始饮起来。

摆有几盆观叶植物的场地一角有架钢琴,一位垂着长发的女性,正在演唱法国香颂②。纸谷一语不发,视线心不在焉地投向女歌手。

"前些时候,明峰教授问我要不要到教研室去工作。"

美砂是想说出来让他吃惊的,没想到纸谷却是一副非常平静的表情,

---

① 金巴利苏打:一种鸡尾酒,由意大利产的金巴利酒加苏打水制成。——译注
② 香颂(Chansons):法文原意即"歌曲",是法国世俗歌曲的泛称,也是法国爱情流行歌曲的代名词。——译注

转过头来问道:"是大学教研室吗?"

"听说以前也有个女的在那儿工作过吧?"话题一旦说开,接下去咄咄逼人的言辞竟情不自禁地冒出来,美砂自己也感到吃惊。"她很漂亮吗?"

纸谷没有回答,默默地将酒杯举到嘴边。美砂觉得,这沉默中似乎包含了对那个女性的浓烈的思念。

"她叫仁科杏子,对吧?"

霎时间,纸谷将举起的杯子又放下,盯着美砂:

"你怎么……"

"我听说的,从藤野那里。"

纸谷转过脸去,望着窗外的夜色。或许是因为酒吧灯光的缘故,他黝黑的脸庞轮廓显得有些苍白。

"藤野说了些什么?"

"他就说了那个女的男朋友死了的事情……"

"……"

"那是真的吗?"

"嗯。"纸谷用手捋了捋垂在额前的头发。

"那个人有那么漂亮的女朋友,为什么就死了呢?"

看来纸谷现在不愿触及这个话题,因此不便盯住这个话题追问下去。美砂喝了口金巴利苏打,想使自己的心情稍微转换一下。

"今年流冰离岸还是三月份左右吧?"

"我想应该是三月底吧。"

"到时候还想去。"

美砂将视线转向窗外。从这里俯瞰夜色下的万家灯火,感觉那　点点的灯火，就像苍青色的大海上漂浮的闪闪烁烁的流冰。

"一定很壮观吧？"

美砂又说道。然而纸谷并没有接口，却只顾吸着烟。这个人怎么就是不懂得女人的感情呢？怎么就这么愚钝啊？美砂心中忍不住嗔怒了。

"我想以后用流冰的照片来装饰我的房间。"

"啊对了，照片我带着哩。是作学术研究用的，可能看起来不大有趣，不过还是有两三张蛮漂亮的。如果你喜欢的话，等会儿你回去的时候送给你吧。"

"好啊！"美砂低落下去的情绪重又高涨起来。

"我真的想到明峰教授那儿去工作，我是认真的。"

"……"

"老是待在家里做家务，实在没劲。我想，还是出去独立闯一闯看。"

"不过，也没必要跑到札幌那么远的地方去啊。"

"可是家在东京这儿，我怕动不动又要撒娇依赖家里了。"

纸谷将烟头按在烟灰缸里掐灭。他的手指细长，可是骨节很粗壮。随后问道："你父母不反对吗？"

"就算反对，只要我下定决心去，他们也拿我没办法。"

"北海道可是冰天雪地的哟，不光有晴朗的日子，还有狂风暴雪、冰冻三尺的日子哩。"

"我没问题啊。"

美砂一面说着，一面激发起一股勇气。

"再有，说出来真是难为情，我如果待在家里的话，父母会老是逼着我相亲哪。"

"……"

"跟自己根本不喜欢的人去相什么亲,然后结婚,这种事情我讨厌。"

不知道纸谷会如何解读这番话的含义,但至少,美砂是想以这种方式,间接地向纸谷表白自己的心绪。可是纸谷什么反应也没有,他依旧默不作声,两眼看着手中的酒杯出神。

"纸谷先生,你为什么还不结婚呢?"

"没有什么理由啊。"

"一定有很多人喜欢你吧?"

"没有人会喜欢到那种偏僻的小地方去的。"

"没有的事。我觉得与其成天在大城市吸着污浊的空气,还不如生活在鄂霍次克好呢!"

"你不了解鄂霍次克令人恐怖的一面,所以才会这样说。"

"令人恐怖的鄂霍次克?"

"那里的大海也好,天空也好,有时候会一齐猛烈地发威哪。"纸谷说着望着窗外,似乎在遥想远方的大海和冰原。

诚然,鄂霍次克飙狂起来是令人畏惧的,整个街市和所有的人只能束手无策像死一般地等待,等待那狂厉的风暴肆虐而过。然而在美砂的脑海里,却只浮现出蔚蓝的大海和一望无际的天空,只记忆起扫除新雪时的人们脸上那欢快明朗的表情。

"那你为什么一直待在那样恐怖的地方呢?"

"这也没什么特别的理由。"

"可是,只要你提出来,随便什么时候都可以返回大学来的呀。实在叫人弄不明白。"

"我自己也说不清楚,不过有一点倒是很明确的,就是我喜欢鄂霍次克啊。"

"喜欢……"美砂刚说了个头,便将后面半句咽了回去。

眼前的他,究竟喜欢鄂霍次克的什么呢?是那里波澜壮阔的大海、碧空如洗的蓝天、美丽而危机四伏的流冰,还是长眠在那里的好友,又或者是与之有过一段情缘的那个女人?

纸谷莫非是为了避开与仁科杏子相遇才不愿意回札幌?即使不相遇,但是只要与仁科杏子居住在同一个城市,他就会感到痛苦?

"如果我到明峰教授那儿工作的话,你会觉得不方便吗?"

"不方便?"

"哦,我的意思是说,会不会给你添麻烦?"

"哪里的话,要是有你在教研室,大伙儿都会高兴得不得了的。"

"也许我还会经常去纹别那儿。"

"行啊……"

酒吧里的钢琴现场演奏已经结束,这会儿正播放着舒缓的唱片。不经意间朝左右两旁看去,不知道什么时候吧台上已座无虚席。

悄悄看了下手表,九点钟了。

"我们走吧。"

纸谷将香烟装进上衣口袋,站起身来说道。

"这回由我来付账。"美砂赶紧抓起账单,朝收银台走去。

付完账,转身走到电梯门前,纸谷在门口等着她。

"刚才讲的照片,你今天晚上带回去吗?"

"我真的可以问你拿吗?"

"当然。请吧,在我房间里。"纸谷说着按下七楼的按键。电梯里除了一对年长的外国人夫妇、美砂和纸谷外,没有其他人。

到了七楼，电梯门一打开，纸谷先走了出去，美砂跟在他后面。

纸谷的客房在电梯厅左首走廊的中间，门上标着"718"的房号。纸谷从西服口袋里掏出钥匙，打开了房门。

"请进！"

美砂稍稍犹豫了一下，随即走进房间。

房间是单人房，进门之后右首是床，往前靠窗的地方摆着写字台和椅子。

"稍等一下。"

纸谷拿过唯一的一只椅子让美砂坐下，然后将行李台上的包打开。房间里窗帘紧闭，写字台上的台灯发出淡淡的光，幽幽地将屋子照亮。

"就是这个。"纸谷从包里拿出一个纸袋，"不管哪一张，只要你看中的就尽管拿去。"

美砂从纸袋里将照片倒出。

有从空中航拍的冰原及其开裂的照片，有近距离拍摄的流冰的照片，还有鄂霍次克海的远景以及被冰雪覆盖的海边街道的照片，一共大约有二十来张，全都是黑白的。

"这些全部都是你拍摄的吗？"

"不，不全是我拍的，里面也有其他同事拍的。"

"这是什么？"美砂拿起一张照片问道。

只见照片中，近处是一只倒扣在海边的覆满积雪的渔船，背景是灯塔，远处则是连绵不绝的大海，就在水平线尽头的天际，横亘着一条白色的带子。

"这条白色的带子是流冰吗？"

"是啊，从远处看，流冰就像一条白色的带子。这条带子一旦形成，从那里一直到岸边就变成了没有海浪、也没有一点声音的'死海'了。"

"这条白色带子会一直朝岸边逼近过来，对吧？"

"这张照片是下午四点钟左右拍的，就是流冰靠岸前七八个小时。"

美砂回想起因流冰带而波消浪逝、绝无声息的鄂霍次克海，那是冷酷的流冰季节即将到来的预兆，既壮美又有点可怕。

"这张我可以拿回去吗？"

"拿去吧。就这一张够了吗？"

"那，这张也要吧。"美砂又挑出一张将流冰涌向海岸以及白雪皑皑的群峰一同收入画面的照片。

"我给你拿个信封装起来。"纸谷从包里拿出一个大信封，将两张照片收好。

"谢谢！"

美砂刚要伸出手去接过来，目光触到纸谷的胸膛，突起的喉结和系着领带的脖颈近在眼前。美砂顺势抬起头，却看见纸谷的两道视线正笔直地盯着自己。

美砂连忙慌张地躲开视线。这时，纸谷说道："我送你到下面吧。"

莫名的紧张瞬间而过，美砂点点头。

"明天还是要回去吗？"

"嗯。"

纸谷说罢先走出房间，美砂跟在后面也走了出去，纸谷再关上房门。

听见房门"砰"的一声，美砂在感觉到一种安心的同时，稍稍又觉有一丝遗憾。

四

第二天，美砂中午十二点半赶到了羽田机场。

昨天晚上，纸谷曾说过乘坐下午一点钟的飞机回札幌，当时美砂没有再多问，但她知道，飞往札幌的航班只有下午一点十分日航的一班和四十分钟之后全日空的一班。

不管他乘坐的是哪一班，十二点半赶到羽田机场，一定能见到纸谷。

昨晚那样的分别实在令人感觉太草率了，总之，纯洁得让人遗憾。

美砂出了家门才想到，自己自说自话地到机场送行，会不会让纸谷觉得添麻烦。

昨天晚上美砂并没有说好要来送行，想必纸谷也想不到美砂会来送行。这样贸然前去，准会让他吃惊的。不，就算不去在乎他是不是吃惊，假如他和别人在一起的话，岂不令人尴尬？

美砂压根儿就没考虑过纸谷有可能不是一个人来的。

他也许和大学同学在一块儿，甚至不能排除与女人在一块儿的可能性。尽管昨晚去过纸谷的客房，看那样子应该是独自一人住宿，不大可能今天和别人一起出现在机场，但美砂心里仍然稍稍有些不安。

万一他真的与别人在一起，我只要看一眼他的身影就可以，然后就离开——真那样的话，自己的内心倒反而平静了。

美砂这样说服着自己，来到羽田机场。

候机大厅里人头攒动，十分嘈杂。现在正是中午客流最拥挤的时段，加上高考马上就要来临了，大厅里有许多父母加一个年轻人的三人小团体，一眼就能分辨得出是去参加大学入学考试的考生。

美砂来到国内线的出发厅，立即找到飞往札幌的服务柜台。

一点十分起飞的"513"航班已经开始办理登机手续了，大约二十多位旅客在柜台前排成一列，队列中并没有纸谷的身影。

就在此时，美砂看见服务台旁边的告示栏上写着一则告示："受札幌地区暴风雪影响，本次航班有可能会根据当时的天气情况而取消。"

难怪办理前往札幌的航班登机手续的服务台周围乱哄哄的。

美砂离开服务台，靠在一根柱子上，从这里可以看见办理登机手续的情形。

到底是前往札幌的航班，只见办理手续的旅客们全都穿着厚厚的外套，脖子上围着围巾。东京的天气如此晴朗，而仅仅只隔一小时航程的那片土地竟然风雪大作，真是不可思议。

美砂抬起手腕看了看表，差五分钟就一点了。

他这是怎么了？美砂朝候机楼入口处望去。假如乘坐这班飞机的话，再不办理登机手续就来不及了。也许，他乘坐的是下一班全日空的飞机？或者是知道了暴风雪的消息，所以才姗姗来迟？

大厅里依旧人群熙来攘往，在众多普通旅客中，还有一对像是新婚旅行的乘客。

猛地，一个男人急急忙忙地从远处朝服务台奔过来。身穿藏青色的风衣，手里提着一只黑色皮包。正是纸谷。是一个人来的。

美砂等纸谷办理完登机手续，将登机卡插入胸前口袋里时，朝他走去。

"你好！我今天是来给你送行的。"

听到美砂的声音，纸谷"噢……"的一声，吃惊地转过身来。因为美砂是从旁边走过来的，他刚才竟一点儿也没有注意到。

"我想，没有打扰你吧？"

"没有没有,怎么会呢!谢谢你特意来送我。"

纸谷这才缓过神,定睛看着美砂。他穿戴着西服和风衣,但是头发依然不加修整地披散着,没有一点整发用品的痕迹。

"札幌那边好像下大雪了呢。"

"是啊……"纸谷神情沮丧地看了看服务台。

这时大厅广播里传来通知:"由于千岁机场正在汇总分析当地的气候状况,前往札幌的513航班的起飞时间有所延误,请旅客们耐心等候。"

"就算起飞也要晚点了。"

"到那边去喝点东西吧?"

纸谷朝着与服务台反方向的咖啡室走去。

大厅里聚集的旅客越来越多。两人在咖啡室靠里边刚刚腾出来的空位上面对面坐下,要了两杯咖啡。

"这里能知道飞机起飞的信息吗?"

"广播听得见的,不要紧。"

纸谷从风衣口袋里掏出香烟,点上火。一双硕大的手上,生长着稀疏而短粗的汗毛。

"下雪的时候,飞机跑道会很滑的吧?"

"还有能见度和视野范围也成问题哩。"

"假如航班取消的话怎么办?"

"或许到晚上会停下来的吧。"

虽然纸谷似乎心情乐观,不过美砂却从心底巴不得航班停飞呢。

"昨天晚上我回去之后,你很快就休息了吗?"

"稍稍看了一会儿书后睡的。"

美砂回家之后,脑子里想着纸谷的事情睡不着觉。

"我已经想好了，等流冰退去的时候，还想去纹别看看。"

"是吗？"纸谷轻轻点了点头，啜了口咖啡。

"你说我去好吗？"

"没关系啊。"

"好，我一定去。流冰离岸应该是三月末吧？"

"三月底到四月初。"

纸谷刚说完，广播里传来航班信息："前往札幌、原定十三点十分起飞的513航班现在开始登机，请旅客们抓紧时间登机。"

霎时间，美砂只觉得身体内像被抽掉了一股劲似的。

纸谷掐灭香烟，站起身来。美砂心想，这个人，哪怕对他说不要走，他还是会毅然决然地回到鄂霍次克去的。

两人来到大厅，前往札幌的旅客正纷纷朝二楼的二号登机口移动。

"那就再见了。"

在检查随身携带行李的安检口外，纸谷返身向美砂道别。

"路上小心。"

"谢谢！"

纸谷突然伸出手，美砂像被吸过去似的握住了那只手。

硕大、温暖的手掌。

"半途中要是又下暴风雪、不得不停飞的话，请再回来。"

"应该不要紧的吧。"

"我倒希望下暴风雪呢。"

"哟，这可难办哪。"纸谷轻轻笑了起来，随即松开手，又一次与美砂道别，"那就再见了。"说完，便快步消失在登机门内。

美砂朝着纸谷身影消失的方向又凝望了一会儿，然后才穿过大厅，走到候机楼外。

天空朗灿灿的,可风依旧是寒冷的。

美砂将刚刚被纸谷握住过的手插入口袋,迎着灿烂的寒风,朝东京单轨电车车站走去。

当天晚上,美砂告诉父母自己打算去北海道的事。

"怎么又要去……"母亲与其说是吃惊,更多的还是不耐烦了,"流冰就那么有看头吗?"

"真的是好壮美啊,妈妈要不要也去看看?"

"那么冷的地方,我就免了啊。"只要一听说冰,妈妈就似乎有点缩头缩颈了。

"还有,你还是一个人去吗?"

"是的,这样走起来多利落啊。"

"像你这样去好几次的,人家不嫌麻烦?"

"我不会给人家添麻烦的。"

"你不是在那边喜欢上什么人了吧?"

"没有啊,你放心吧。"美砂竭力保持镇定。

"最近,我简直都弄不懂你究竟想干什么!"

挺好的一段相亲情缘说回绝就回绝了,一个冬天接连两次去北海道……母亲实在琢磨不透美砂如今的心思,因而对她非常生气。

"妈妈,还有一件事情想和你商量,"美砂喝了口茶,凑近母亲的脸说道,"我想去给明峰教授当秘书……"

"秘书……"

母亲突然发出一声怪叫。

"……教授的秘书,那不是说你要住到北海道去了?"

"当然啦。"

"你在胡说什么！"母亲坐正了身体，直直地盯着美砂，"你是想离家出走哪？"

"哪有那么严重啊？我只是想，自己年龄也不小了，有机会应该一个人出去独立生活一下了。"

"就算这样，也没有必要跑到北海道那么远的地方去呀。"

"不过，就在明峰伯伯和伯母的身边嘛。"

"她爸！"母亲向父亲求助，父亲刚才一直没有作声，"你也说说你的意见呀。"

美砂最近与父亲喜一郎没有过多的交流，不过父亲理智、沉静的性格正是美砂所喜欢的，况且比起母亲来，父亲对事物的看法更加大气，往往能从更高的视点去看问题。

"你明峰伯伯说要你当秘书的吗？"被母亲一逼，父亲只好问道。

"上次伯伯问我：愿不愿意当我秘书？我还以为他是开玩笑呢。"

"假如你真的想做的话，应该向他问问清楚才是啊。"

"你是想因为那么一份工作，眼看着美砂到北海道去吗？！"母亲在旁插嘴道。

"她自己想去的话，我们也没办法啊。"

"开什么玩笑！"母亲真的急了，"就算明峰先生说好，我还是坚决反对！马上就要结婚的姑娘家，跑到那种地方去，算怎么回事呀？"

"哎哎，你冷静一下嘛。"父亲慢慢地啜口茶劝说道，"不管怎么样，让我先向明峰问清楚之后再作考虑。"

"只要明峰伯伯说 YES 的话就没问题了，是吗？"

美砂现在所能依赖的只有父亲。

"北海道天寒地冻的，冷得要命，你一个人在那儿能行吗？"

"我不是一个人啊，还有明峰伯伯……"

美砂心里低低道：再说离纸谷也近呀。

"我对你还要去看流冰也不赞成！"母亲改变了想法，似乎是因为美砂要去北海道居住生活，引起了态度变化，变得强硬起来，"去北海道那个地方当什么秘书，慢慢变成老太婆了，看你怎么办！"

"不会的啦，明峰伯母说要给我介绍对象呢。"

"嫁到北海道去？你那么怕冷怎么吃得消？"

"我又不怕冷的。再说，北海道待在家里面的话比东京还暖和呢。"

"好了好了，随你做什么！"

"那就让我去吧。"

为什么非要使劲同母亲犟呢？即使要离开家，完全可以采取更加温和的方法。心里明明清楚，可仍然无法避免冲突，这究竟是为什么？

也许只是因为母亲强烈反对的缘故。因为母亲说坚决反对，为了反抗，美砂才不得不表现出更加强硬的态度。

雪晴

一

"流冰已经开始离岸了,期待着你的再次到访。"

藤野寄来这封快信,是美砂和纸谷分别之后一个月的三月中旬。

看来从十二月起,笼盖和封冻着港口和海面、白茫茫一片的流冰,随着春天开始吐露气息,也终于涌动起来了。

美砂身在东京,遥想起北疆大海上漂浮的流冰。那海面的颜色比蔚蓝更加蓝,接近靛青,荡漾在靛青色海面上的流冰,就像是驻足在波涛浪尖上的天鹅。被海水研磨得发白的流冰,在无边无际的海原缓缓移动,海面上万籁俱寂,只听见远处的海潮声。

美砂想象着自己跟纸谷乘在冰块上的情景:

两人一前一后或者是并肩坐在冰上,双手抱膝,漫无目的地眺望着大海的远方。两人身体一动不动,即使动,也只是偶尔纸谷将香烟送到嘴上的动作。天地之间,万物沉寂之中,两人只是静静地,互相依偎。

要是能够这样的话,那就任何人也不能拆散他们了。什么"适龄期",什么相亲,什么世间的议论,那些东西在此都将变得毫无意义,人们追求的是随性、纯真地按照自己的方式生活。

"我想去呀。"美砂口中自言自语道。

一说出来,立即变成了"我一定要去"的决心。

其实,美砂从一开始就已经做出了决定。然而,心里有了决意,但要落实为行动,还需再做一个决断。

"我,还是要再去鄂霍次克。"三天之后,美砂又一次清楚无误地对母亲言明道。

"你的事情我不知道，你想去你自己去好了。"自从美砂说起要去札幌给明峰教授当秘书以来，母女俩一直处于冷战中。

"那我去买机票了啊。"

美砂也不甘示弱。假如现在向母亲缴械投降，就无异于把自己也变成成人世界里庸俗的一分子。

"你是不是去和那个叫藤野什么的人会面啊？"

看起来母亲觉得近阶段时常来信的藤野有点可疑。

"你不要乱说啊。"

"你把我当成了傻瓜吗？"

"没有的事啦。"

母亲到底是弄岔了。对美砂来说，藤野只不过是一位信使，她心里真正的王子当然是纸谷。

母亲的看法也不是完全没有道理。至少，美砂鬼迷心窍般想去北海道，是因为那边有了喜欢的人——这一点还是看得相当准的。

"去看什么流冰是你的自由，但是绝对不许你在那边长住！"母亲再次重申道。

自从美砂宣称要去明峰教授的教研室当秘书以来，母女间一直摩擦不断。

那之后，父亲亲自给明峰教授打电话询问这件事，教授则称，只要美砂本人愿意，他是很乐意接受的。可是，后来告诉他母亲反对，教授的态度便不那么积极了。甚至于现在，他还有点后悔自己多管闲事，说了不该说的话。

可是美砂仍没有放弃去札幌的决心，母亲越是反对，她倒越是坚定。说到这次再去鄂霍次克，中途跟明峰教授碰面，商量一下下一步的事情，也是美砂此行的目的之一。母亲那里暂且不去管她，至少父亲的态度是不反对，所以再稍微坚持一下，事情就会有个圆满的结局。

"不管怎么样，我都要去！"

美砂忽然感觉自己不同以往，已经成长为一个坚强的大人了。

三天了，与母亲的冷战依然持续着。

这期间，美砂已经联络藤野说了自己要去鄂霍次克，并且机票也买好了。

母亲明知美砂在做旅行的准备，却一副与己无关的样子，那神情摆明在说：我讨厌透了，再也不管啦，随你去好了。

然而随着出发的日子临近，母亲还是情不自禁地嘘长问短起来：天气还冷，要带厚毛衣啦，东京没什么像样的礼物，不如到了札幌再买啦，等等。

"不好意思，我身上钱怕不够了……"美砂低下头，朝母亲伸出手。

"只有问我要钱的时候才装乖！"

牢骚归牢骚，还是拿出了三万日元。其实母亲表面上装作冷冰冰的，心里却依然放不下。

"等我有了工作，不是就不用跟妈妈要钱了吗？"

为了这次旅行，美砂将平时储蓄的十五万日元全取出来了。

"谁像你呀，一个冬天就去两次札幌，你也太会花钱了！"母亲嗔怪道。

美砂无言以对。可是，这次的北海道旅行对美砂来说，往大了说，或许是改变美砂命运的重大旅行呢。

三月的最后一个星期五，美砂终于飞离羽田机场。

虽然星期五的旅行似乎有点不吉利①,不过美砂的计划是,当天晚上住在明峰教授家,第二天星期六再前往纹别。因为藤野来信说,周末大家不工作,无所事事,要去的话最好周末去,所以也是为了跟藤野他们的时间一致。

"早点回来啊!"出发前母亲再三叮嘱,"别的不说,去札幌工作的事情你就不要再想了。"

看起来母亲最在意的还是这件事情。

"知道了。"

到了这个份上,美砂也不得不点头允诺。反正先过眼前这一关,以后的事情再说了。

"那我走啦。我会给你买礼物回来的。"

美砂态度温柔地说罢,走出家门。

飞往札幌的飞机十二点起飞,比上次纸谷回札幌时乘的早一班。美砂登上舷梯,坐在自己的座位上时,才发觉自己正在做着一件非常大胆的事情。

孤身一人享受放浪的旅行,这么说固然不是没道理,不过,怎么看这都不是件简单的事情。三个月之中,一个女性两次独自前往北海道的天涯海角旅行,光是旅资就耗费庞大,在别人眼睛里,绝对是极大的奢侈。

行前跟康子说起来,康子就一句话:"你是不是疯了?"的确,美砂的行动是有些不寻常。

"我到底是在干什么呢……"

---

① 星期五的旅行:在日本一般视星期五为"厄日",诸事不吉。——译注

美砂"嘣嘣"地敲击着太阳穴,也许连她自己也不能理解自己了。

"可是,就是想去,又有什么办法呢?"

想来想去还是无可奈何,"开弓没有回头箭",只有朝前一条路了。

飞机缓缓地滑向跑道,对准位置之后,开始了滑行。速度越来越快,忽然"腾"地浮起,离开了地面。白色跑道渐渐远去,只见下方是广袤的大海和密密麻麻的东京街道。

向北……

机身在空中来了一个大回旋,将机头掉转朝北。这时美砂感觉到,自己的爱情也迎来了全新的开始。

云朵快速飘动着,飞机钻出云层,飞行在明亮的蓝天上。

美砂在亮晃晃的光中,轻轻闭上了眼睛。照现在的情形,一个半小时后飞机将降落在千岁机场,傍晚时分就可以进入札幌市;然后,在明峰教授家休息一夜,到明天傍晚就已经在纹别了,那里有藤野、还有纸谷在等着自己。

藤野说,星期六的晚上,专门要为美砂举行一个欢迎晚会。

说是欢迎会,究竟有什么样的内容?会不会又像上次一样,大伙儿围着火锅喝酒聊天?不过这次主题明确,应该有所不同吧。

"康子可没体验过这样的快乐哪。"

康子已经定好了七月底结婚的日子,成天跟未婚夫黏在一起,现在美砂觉得自己终于给了她狠狠一记反击。

然而,关于这次鄂霍次克之行纸谷还是一言未发,流冰开始离岸啦,欢迎晚会啦,这些事情全都是藤野告诉她的。

回纹别之后,纸谷也没有给美砂寄过明信片之类。当然,本来出差到东京也不值得特意写信告诉美砂,是美砂不请自到见的面,结果还让纸谷请客了一顿晚饭，所以从礼节上讲，并没有必须专为此事对美砂表示感谢的道理。

可是寄张明信片来应该不麻烦吧？美砂一心等着，打算只要纸谷来信，她就立即回信的，但直到今天也不见来自纸谷的片言只语。

真是个冷淡、不通人情的人……

独自这么想的时候，美砂忍不住要埋怨，可一旦见了面，却什么牢骚也发不出了。虽然纸谷没对她讲过温情脉脉的话，可是美砂却感觉到他的亲切和善。

怪人……

对纸谷，现在美砂的感受只能归结成这两个字。

飞机准时到达千岁机场。一月份的时候这里还飘着细雪，今天却是晴朗的小阳春。

毕竟时令已经是三月末，天气暖洋洋的。机场周围的田野里还残留着积雪，但跑道上以及建筑物四周，露出了干燥的柏油路面。美砂步出机场大厅，立即找到一个红色的电话亭。

事先已经跟明峰教授家联系过，告诉了自己今天来，同时约好到了千岁再通电话。美砂塞入一个十元硬币，拨通了明峰家的号码。不料，并没有立即听到夫人那爽朗的声音，话筒里只有"嘟嘟嘟"的铃音空响着。

美砂又拨了一次试试，仍然没人接听，于是只好拨通教授所在的大学。"麻烦转一下低温科学研究所明峰教授的办公室"，很快传来了教授的声音，依旧是略带沙哑。

"我现在已经在千岁机场了。刚刚往家里打过电话，好像没人呢。"

"对了，今天你伯母出门了，说是去参加什么老太婆们的聚会，大概五点钟左右回家。要不你直接到我学校来吧？"

"到您学校去不要紧吗？"

"没事没事，你是未来的秘书嘛。哦对了，这件事情可说不得，我被你母亲狠狠数落了几句哩，说美砂本来很乖的，千万不要怂恿她做什么傻事。"

"真不好意思。"

"嗯，好久没听到她的说教了，很有趣呀。"教授还是一副乐天豁达的样子，"不多说了，你赶快过来吧！"

"那我就过去啦。"

美砂放下话筒，拿起手提包，朝驶往札幌的巴士站走去。

二

从千岁机场至札幌，大约一小时的车程。美砂下午三点多一点，便到达了札幌。

途中经过的广袤原野依旧覆盖着雪，不过市内的主要道路上，积雪差不多已经全部消融了，雪水在马路两旁流淌着，被来来往往的车子碾压、溅起，弄得道路脏兮兮的。札幌正忍受着从冬天走向春天再生的痛苦，而美砂正沿着这街道向北而行。

北海道大学位于札幌火车站西北一隅，在全国的大学中占地面积首屈一指，拥有十二个院系。这里素来享有"榆树之园"的美誉，一到盛夏，旷阔的校园内、草坪上，到处都是高大的榆树投下的倩影，不过现在却只有光秃秃的树枝向天空伸着。

明峰教授工作的低温科学研究所在大学的北部，从前以研究雪而闻名的中谷宇吉郎在的时候，研究所办公楼在学校的正中央，占据了一栋红色砖瓦的建筑。后面规模逐渐缩小，不得不搬到这座白色的四层小楼里。

美砂从出租车上下来，环视了一下四周。

正面是一片开阔的草坪，上面还沾着残雪，显得斑斑驳驳。往前面有座建筑，像是学生的活动中心。左边植着一排树，眼下都光秃秃的；右侧则是两行白杨树，在它的尽头隐约可见覆满白雪的山峰，在午后的阳光照耀下，反射出绚丽的辉光。或许是正值春假①的缘故，通向活动中心的路上几乎看不到学生的身影。在早春和煦的阳光中，校园里一片空寂。

"好大啊！"

美砂深深吸了口气，再次真切地感觉到自己真的是身处北海道了。

研究所没有门卫室。进得门，左首墙上张贴着研究所的讲座名称，挂着所内职员的名札。在"海洋学教研室"的名札左面，列着"教授 明峰隆太郎 副教授 今井正浩"，以下依序是讲师和助教的名字，藤野的名字排在助教的第三位。

然而，美砂没有看到纸谷的名字。再找了一下，在旁边"纹别流冰研究所"的招牌下面，挂着"纸谷诚吾"的名札。看来纸谷是流冰研究所的专属职员。

接着，美砂走上正面的楼梯。

明峰教授的办公室在三楼右侧。门口插着"明峰教授"的小牌子，门上的去向指示牌上显示着"在室"。

美砂犹豫片刻，然后敲响了门。

听到里面传来应答声，美砂推开门。门口有一道屏风，看不见后面。

---

① 春假：日本的大学一般实行三学期制，每年一月左右为寒假，三月是春假，六至七月是暑假。——译注

"对不起打扰了,我是竹内美砂。"

"噢,是美砂啊,快进来。"

明峰教授说着,似乎站立起来。美砂脱去风衣,朝屏风后面走去。瞬间,一个妇人的身影映入美砂的视线。

房间里设有会客区,靠窗边背靠背放着教授的大办公桌和书橱,妇人坐在会客区的沙发上,面对着教授。

美砂好像做了什么错事似的赶紧后退一步,可是教授却丝毫不介意:"累了吧?快坐下来歇歇。"

"可……"

美砂踌躇着。妇人也立即站起身来。

"哦,没关系。对了,我来给你们介绍。"

于是美砂这才与妇人面对面相视。妇人穿着浅黄色的绸丝和服,系一条嫩绿色的腰带,头发在脑后盘成一个髻;瓜子脸,长得眉清目秀。

"这位是我学生时代的好友的女儿,叫竹内美砂,刚从东京来的。"

美砂轻轻低头施礼。

"这位是仁科杏子,以前在这里做过我的秘书……"

美砂咽住刚要吐出口的声音,注视着妇人。

"正好路过附近,所以顺道来这里坐一坐。"

"呃,我想我该告辞了……"

"不急不急,再稍坐一会儿,我和你们一起走。"

仁科杏子点了点头,重新坐下。

"美砂小姐住在东京,可是却好像对流冰着了迷。"

听见这话,杏子笑了笑,又点点头。她看上去约有二十八九的年纪,有着北国女性特有的白皙皮肤,同时露出一个少妇的娴静。

"……这次特意来这里,说是要去纹别看流冰哩。"

杏子的表情微微有变,她转过脸来问美砂:"您什么时候去呀?"

"明天。"

"明天……"

杏子低头喃喃道,随即抬头望着窗外。斜阳映照着她的左半边脸庞,留下些微阴影。

"这次准备去几天哪?"教授从旁问道。

"计划是住两晚,不过到了那边可能还会有变化。"

"放下心好好玩几天好了。"

电热水壶开了,教授关掉开关,往咖啡杯里放入咖啡和伴侣,冲了两杯咖啡。

"糖你自己看着放吧。仁科太太也喝吧?"

"啊不,我不喝了。"

美砂来之前,两人似乎已经喝过了。

美砂往杯子里放入一块方糖,慢慢搅拌着。她感觉到仁科夫人正在注视她,不由地呼吸急促起来。虽然杏子现在已经嫁了人,与纸谷没有任何关系,但不知为什么美砂还是感到紧张。

"您去过纹别吗?"

美砂喝了口咖啡,然后鼓起勇气问夫人。她想问些什么,观察一下夫人的反应。

"哎。"

"也是这个季节吗?"

"嗯……"

夫人一面点着头一面答道,可是却让美砂琢磨不透,似乎对这场谈话不太感兴趣。于是美砂不再多问，又喝起咖啡。

"差不多可以走了吧。"

教授起身走到办公桌前，把摊在桌子上的文献和资料等装入包里。

"安井小姐的病一直没好，真不好办哪。"教授自言自语道。

"还是不行吗？"

"前些时候她母亲来，说请假时间太长不好意思，所以只好把工作辞掉了。"

教授与杏子进行着美砂莫名其妙的谈话。

"反正自从你辞掉以后，一直找不到好的秘书。"

"您别那样说……"杏子摇着头。

"所以，我想让这位美砂小姐来做秘书，结果还被她母亲训斥了一顿哩。"

听到这里，美砂才明白那个安井小姐是在仁科杏子之后担任教授秘书的女性的名字。

"是不是这样啊，美砂？"

"不是的，那只是母亲自己的意见，父亲可没反对呀。"

"不过站在父母的立场，尽管是在熟人身边，但是放女儿到远离东京的北海道，心里总归不是滋味，这也是理所当然的。"

教授收拾好公事包，关上书橱的玻璃门。

"……如果是结婚，那当然是另一回事情。"

杏子站起身，将喝过的杯子拿到水斗里。

"你穿着和服，弄脏了可不得了啊！"

杏子不介意，她手脚麻利地打开水龙头，将杯子洗净，然后放好。教授拉上窗帘，屋子里顿时暗了下来。

"好了,穿好衣服走吧。"

教授穿上灰色的薄风衣,杏子则穿上胭脂红色的方领和服外套。

三人一起下楼,教授在中间,美砂和杏子在两旁。教授的个子最高,比美砂和杏子要高出半个头。

走到外面,干枯的草坪上洒满了斜阳。

"稍微走几步应该叫得到出租车吧。"

从对面走过的像是研究所职员的人,看到教授忙低头致意。

"有你们两人陪着,我可真是'独占双美'哪。"教授像是有点不好意思似的,用自嘲的口吻说道。

沿着白杨树夹道的小径走了二百来米,前面有辆出租车停下,一个学生模样的青年下车,三人刚好乘上车。明峰教授和美砂坐在后座,杏子则抢先坐在副驾驶席。

"先送仁科太太吧。"

"不用了,我半路上另外叫辆车回去就行了。"

"没关系的,反正也绕不了多少路,你住在圆山对吧?"

车子在积雪融化的马路上往南驶去。

坐在前排的仁科夫人的后脑发髻,在夕阳的映照下,显得金光灿灿。美砂强忍住想跟她搭话的冲动,望着那美丽的后颈。

"没想到马路这么脏兮兮的吧?"教授开口问美砂,"你这个时候来,札幌是最差的季节了。"

"纹别那边也是这样吗?"美砂说话时很注意地看着杏子的后颈,她却一动也没动。

"那边也是,雪融化的时候脏得很。"

"流冰怎么样了?"

"我今天接到的电话说,已经漂走不少了。"

"那看不到了吧?"

"他们说明天开始又要刮海风了,可能还会漂回来的。"

"特意来看流冰的,要是全漂走了可真扫兴呀。"

"不会的。"

杏子一语不发地听着两人的对话,不知道她在想什么?

车子从道政厅前经过,向右拐去。宽阔的道路前方可以看见山,山上有一条白色的带子,那便是冬季奥运会时使用过的滑雪跳台。

夕阳朝山的那边沉落下去,此时散着刺眼的余光,司机将遮阳板放下。

这会儿正是下班的时段,路上相当拥堵。两旁的车子都被路上溅起的污水弄得肮脏不堪。大约走了十分钟,脱出塞车带,出租车又开始快速行驶起来。远处的山渐次逼近,同时夕阳也变得昏暗起来。

道路右边有一大片树林,驶过树林,杏子对司机说:"对不起,请在前面的信号灯那儿往左拐。"

车子拐了个弯,刚才还因斜阳而明晃晃的车内,一下子暗了下来。

"请在这里停一下。"

车子停下的地方左首,有一幢乳白色的西式楼房。

"那我就先告辞了!"杏子向教授道别。

"哦,你辛苦了。那件事情不要太放在心上。"

"明白了。"

杏子点点头,又朝坐在后排的美砂微笑着施礼,美砂也轻轻低头致意。

"接下去请到伏见。"

杏子又一次低头道别,教授也在车内向她摆摆手。

车子重新启动。美砂回过头,只见杏子迈着小碎步,避开路上的污水,背影消失在乳白色楼房里。

仁科杏子下车之后,不知道为什么美砂的心情放松了许多。现在只有他和教授两人,车内又恢复了轻松活泼的气氛。

"老太婆已经回到家了吧?"

教授心里惦念着伯母的事情,不过美砂想的却是另一回事情:"她来有什么事情呢?"

一瞬间,教授有点摸不着头脑地望着车窗外,随即醒悟过来,说道:"没什么大不了的事情,是来请教一些关于冰方面的问题的。"

"冰?"

"她丈夫不是经营着一家室内滑冰场吗?他好像有些问题想来请教我。"

美砂脑子里想象着那个身为仁科杏子丈夫的年轻企业家。

"那您会跟他丈夫会面吗?"

"也许吧。"

教授似乎不太想谈论这个话题。美砂觉得再问下去有点失礼,于是闭口不语了。

车子离山麓越来越近,天色也越来越阴翳,四周全暗下来了,夕阳已经躲到山的另一边去了。

"到了!"

美砂先下车,站到了残留着一抹余晖的明峰教授家门口。

这天晚上,明峰教授家的晚餐十分热闹。除了美砂、教授夫妇和明人外,在东京读大学的长子良人也回家来了。

为了美砂的到来，教授夫人特意去一趟二条市场，买了条新鲜的鲱鱼①，又肥又鲜，非常好吃。

"从前这种东西多得要扔掉，现在却变成奢侈品了。"教授颇有感慨地说。

明人在旁边立即接口道："老爸又开始怀旧了。"

"你刚才的话是不是也算是一种怀旧啊？"

教授顶真起来，惹得全桌的人大笑起来。

吃过晚饭，全家人玩了一会儿奥赛罗棋②和纸牌，两个男孩回到自己的房间去了。

起居室只留下明峰夫妇和美砂，这时教授问美砂："明天几点钟的车？"

"12点10分的快车。"

"直接到研究所吧？"

"藤野说他会来车站接我。"

"大伙儿都在盼着你去呢。"夫人在一旁羡慕地说。

"没有的事啦。"

"对了，上次纸谷先生来过了呢。"夫人突然想起来似的说道，"他到东京出差去了，你们没见面？"

"那……"

美砂不知道该怎样回答才好，可是夫人却好像对此并无兴趣。"美砂呀，你真的打算来这里工作？"

---

① 鲱鱼：一种海水鱼，生活于寒冷水域，回游性。可盐腌或去头尾晒干后熏制食用，鱼卵也可食。——译注
② 奥赛罗棋：一种双人棋盘游戏。——译注

"是的。"美砂毫不犹豫地答道。

"在这儿你一个朋友也没有,真打算一个人生活下去?"

"可是,不是还有伯母你们吗?"

"只要我们做得到的事情,我们会尽量去做的,可是你母亲……"

"不管母亲说什么,只要我从家里搬出来,她也就没办法了。"

"不行啊!那样的话她会恨我们的。"

"我很理解,这么讨人疼爱的独生女儿,当然对她不放心啦。"教授语带感慨地说道。

"这个不去管它啦,伯父,您觉得我到底能做秘书吗?"

"当然没问题。刚才遇见仁科太太了吧?她也做了两年秘书哩。"

"我可没她那样漂亮。"

"秘书又不是凭脸蛋来做的。"

三人同时笑了起来。

十分钟后,美砂才上床睡觉。

房间还是以前良人使用的二楼的西式房间。良人虽然回家来了,但为了招待美砂,他搬去明人的房间住,把自己的房间让了出来。

美砂进入房间,走到窗前,望着外面被灯光照亮的庭院。

离上次来不过两个多月,庭院里的积雪已经基本消融殆净,只有北边墙角下还残留着少许。美砂看了好一会儿,才拉上窗帘,仰头倒在床上。

她感觉很累。

中午之前离开的家,从羽田机场直飞千岁,再乘坐巴士从千岁到札幌,然后又去了大学,最后来到明峰教授家。这一路上对美砂来说,几乎像是急行军,因此现在全身感觉非常疲倦。

不过,下午与仁科杏子的会面,却更是给美砂的心里压上了一块重负。

即使闭上眼睛,杏子的脸庞还是不时地在脑海里若隐若现。

那真是一位美人,在美砂周围还没有过如此美丽的女人。虽然美砂长得不算丑,但是跟她无法相比。

而且在她的美丽之中,还隐藏着某种忧郁,因而更加具有致命的吸引力。而这不是来自演技或是化妆,而是出于内在,是一种内生的娇媚。

死去的织部和纸谷被她吸引是理所当然的,作为女性的自己况且被她吸引,男人们为她倾倒也是再自然不过的事情。

美砂越想越失去自信,那样的绝品美女,自己无论如何也敌不过她。

可是,她现在已为人妻,已经不可能成为纸谷的结婚对象。

"她已经毫无关系了!"

美砂轻声自语道。

不错,她跟纸谷已经没有任何关系了——美砂对自己说,可是仍然难抑心中的不安。

或许纸谷现在依旧爱着她?会不会因为对她难以忘怀,所以才一直独身未婚?至今滞留纹别,是不是也是为了将对她的思念永远珍藏起来?

想着想着,美砂情不自禁地憎恨起杏子来。如果没有她,纸谷也许会更加坦诚地接近自己、接受自己。

美砂闭起了眼睛。冥冥之中,又浮现出杏子那张白皙的脸。

当说起自己"要去看流冰"的时候,杏子的表情起了微妙的变化。要不要同她单独再见个面……

美砂脑子里突然涌起这样一个念头。

见了面说些什么还没想好,但还是想再见她一面。今天已经打过照面了,给她去个电话邀约,或许她会答应见面的。姓名和住址也知道,只要打个电话到"104"去问一下,立即就能查到杏子家的电话号码。

对，这次从鄂霍次克回来之后就约她见面。不，明天就见！去纹别之前见上一面，出其不意地抖出纸谷的名字，看看她如何反应，岂不是很有趣。

美砂心里，一种恶作剧的念头渐渐抬头。

不，这不单单是轻而易举就可为之的恶作剧，也许是潜藏在自己内心的嫉妒在作祟，是因为爱上纸谷，百般无奈才不得不如此的恶作剧。

明天的列车 12 点 10 分发车，如果顺利的话，在这之前两人或许可以谈上二三十分钟。假使明天不能见面，那就等回来之后，反正总得跟她单独会一次面。

拿定主意后，美砂才安心地换上睡衣，渐渐入睡。

第二天早上，美砂睁开眼睛的时候，外面飘起了雪。昨天夜里，黑土露出它原本模样来的庭院，现在也是白茫茫的一片，重新变成了冬日的庭院。

俗谚说："三寒四温①"，果不其然，春天的脚步姗姗而来。

美砂七点半下楼，明峰夫人已经起来了，正在准备早餐。房间里开着暖气，非常舒适。

"哟，时间还早哪，慢慢起床也来得及啊。"

"可是已经醒了嘛。"

"没睡好？"

"不，睡得很好。"美砂答道，随后说，"我想借电话用一下。"

---

① 三寒四温：三天寒冷四天转暖的周期反复出现的现象，冬季在中国东北部、朝鲜半岛和日本列岛等地常见，是由于大陆高气压的盛衰而引起。——译注

"行啊。给家里打电话吗?"

"我在札幌好像有个朋友,不过电话号码忘了,想打给'104'查一查。"

说完,美砂穿过起居室来到玄关门口的电话跟前。夫人在餐厅,位于起居室的另一边,教授他们睡觉的房间还要里面,现在不用担心任何人会听见电话内容。

美砂拨通了"104"查询台。

"我想查一查仁科先生家的电话号码,住址我记得好像是圆山吧。"

"请问叫仁科什么呢?"

"下面的名字我也不太清楚,是经营滑冰场的……"

"请稍等。"

过了一会儿,传来对方的声音:"您想找的是仁科恭平先生吧?"

"应该是的。"

"他的号码是:561……"

美砂赶忙将对方报的号码记下来。与东京相比,札幌毕竟是个小地方,电话号码一查就清楚。

美砂看着手里的号码,想象着杏子与丈夫在一起的情景。或许两人还在睡觉,或者她已经起床了,无论如何,自己这会儿往她家打电话过去,她一定会大吃一惊吧。

透过玄关门旁边的磨砂玻璃窗,美砂看见外面正飘飘洒洒地扬着雪。是打还是不打?早晚要打,还是早打的好。可是,说什么好呢?突然间说见面,她会不会觉得奇怪?有没有什么贴切的理由?

犹豫归犹豫,美砂的手还是自然而然地伸向了话筒。

铃声响了三下,传来拿起话筒的声音。美砂一下子紧张起来。

"喂喂!我是仁科。"

声音很轻,但是很柔和。没错,正是仁科杏子。

"我是昨天跟您会过一面的竹内美砂。"

"竹内小姐?"

"在明峰教授的办公室。"

"哦……"杏子好像想起来了,"不好意思,昨天还让你们特意送到家,真是太谢谢了。"

"哦不……"

"您有什么……"

"嗯……"美砂语塞了。怎样开言转入正题?她咽了口口水,鼓起勇气用稍带嘶哑的声音说道,"有些问题想向您请教……我能和您见个面吗?"

"向我请教?"

"我也许会给明峰教授当秘书,所以想请教一些……"

"哦哦……"杏子轻声应着,反问道,"您看什么时候方便?"

"假如可以的话,我想今天……中午过一点我要乘火车去纹别了。要是不方便,等我从纹别回来以后也可以。"

短暂的沉默之后,杏子答道:"今天可以啊,车子是几点钟的?"

"12点10分开车。"

"那,就到火车站附近碰面吧。那附近哪家咖啡馆您熟悉?"

"这个嘛,我一点也不熟悉……"

"火车站前有家很大的咖啡馆叫'明石家',很容易找的。"

"十一点钟左右在那里碰面可以吗?"

"明白了。"

"那就一会儿见了。请原谅,这么早把您约出来,真是不好意思。"

放下话筒,美砂的手心里因为紧张已经出汗了。

"这下好了。"

美砂像是完成了一件很了不起的工作似的,只觉得浑身疲惫。她拖着倦怠的身子,回到餐厅。

"怎么样,电话打通了?"

"那个人结了婚,名字改了,所以查起来花了点时间。"

一面回答夫人,一面心里却为自己竟然谎话脱口而出感到吃惊。

明峰教授家的早餐一向很晚。两个孩子正值放春假,而教授不上课的时候,差不多十点左右才笃悠悠地出门。

要一直这样,秘书也一定很轻松。美砂好像自己已然是秘书似的,开始想象着将来的事情。

九点多钟吃了早饭,美砂开始收拾行李。这次除了旅行箱外,还带了一个旅行用的折叠式西服挂袋。与上次一月份来时不同的是,天气已不是很冷,因而想稍许穿戴得漂亮些。当然也只是在屋子里,外出的话风衣自然是必不可少的。

十点钟收拾完毕,美砂走下楼梯,系着领带的教授回头冲她问道:

"哟,这就要走了?"

"我想去跟一个朋友碰面。"

"哪里?"

"火车站附近,约好了十一点钟见。"

"是吗?那,你和我一起出门吧。"

"可是您的时间不要紧吗?"

"噢,我没关系啊。是不是你不愿意跟我这个老头子在一起啊?"

"没有哇。"

结果，两人说好了一起出门。

美砂心中暗暗想，与杏子见面的事情应该不会被教授知道吧？想到这里，多少有点不踏实。

十点二十分，两人一起离家。雪仍在下着，不过已不是一月份的纷纷扬扬的细雪，而是大朵大朵的雪片，在阳光灿烂的天空中翻滚着，缓缓落下。

从教授家到巴士车站步行大概五分钟。从那里乘上巴士坐到市中心的四丁目，教授在那里下车换乘地铁。

"我就从这里去火车站吧。"

"等一下！去火车站也可以乘地铁的，下一站就是啦。"

被教授这样一说，美砂无奈，只好随教授一同乘坐地铁。

"那我告辞了。"地铁刚到札幌火车站，美砂赶紧向教授道别。

"路上小心，到了那边可不要乘什么冰啊！"

"知道了。"美砂应答着，却不经意间被最后一句话悄悄打动了。

走上台阶，来到地面，迎面就看见了"明石家"的招牌，靠马路这边是糕点铺，里面像是咖啡馆。这会儿是星期六上午，所以来往行人不多，但因为占据了车站前的宝地，店内还是顾客不少，相当嘈杂。美砂在进门右首靠墙的位置坐下，要了一杯咖啡。

看了看表，刚好十一点钟。

美砂喝着咖啡，眼睛注视着门口。

雪仍在下，轻轻地，缓缓地，好像无精打采、有点慵懒的样子。

十一点十分了。

她会不会不来？美砂不安了。再朝门口望去，正好门打开进来一位女性，身穿胭脂红色的和服外套，将沾着几点雪片的伞折起来。

正是仁科杏子。

一瞬，美砂装作没看见似的将脸转向墙壁。杏子好像发现了她，笔直朝美砂面前走过来。

"让您久等。我来晚了，对不起。"

"啊，不好意思，您正忙着吧？"

"刚要出门，不巧家里有客人来。"

杏子说着，脱下和服外套，在美砂对面坐下。

附近的女服务生立即过来，杏子点了一份柠檬茶，然后轻轻地将前额被吹乱的头发向上捋起。

今天杏子穿着一身蓝色的琉球绸丝和服，配一条盐濑横绫纹的腰带。白皙的脸庞在蓝色和服的衬托下，愈加突出。霎时间，美砂觉得仿佛就像流冰似的。

"突然间给您去电话，让您吃惊了吧？"

"没有，我觉得好像是在哪儿听到过的声音。您是从明峰教授家过来的吗？"

"是的。今天和您会面的事情请不要对教授说起，好吗？"

"当然，我不会说的。"仁科夫人亲切地点了点头。

服务生端来了柠檬茶。杏子用纤细的手拿起小匙，一面慢慢地搅动，一面问道："您有什么事情要问我？"

"我在考虑要不要接受明峰教授的邀请，做他的秘书，您觉得我可以做吗？"

"是您的话一定没问题，像我这样的人也做过呢。"

"教授像口头禅似的经常说起，说仁科太太是个好秘书呢。"

"我想教授是消遣开玩笑说的吧？"

"不是，是认真的。昨天和您分手后他也是这么说的。"

杏子轻轻啜了口茶。

"秘书工作都要做些什么呢？"

"我在的那个时候，包括接听打给教授的电话啦，查找文献资料啦，打打字啦什么的，大致就做这些事。"

"可我打字打得很差劲。"

"主要是打些简单的文件，所以打字不必那么好也可以的。"

"工作时间呢？"

"一般是早上九点到下午五点，教授的为人您也知道，不会盯得很紧的，所以做起来还是很轻松的。"

"可是，教研室里还有助手等其他人吧？"美砂开始一点点地引向自己想打听的事情。

"大伙儿都不错呀。"

"是不是还要帮他们干些活儿？"

"那顶多也是帮着查找文献资料或者简单的调查之类。"

"会不会跟着一起去纹别啊？"

"那个与其说是工作去，倒像是去旅游呢……"

说到这里，杏子轻轻伏下视线。在白昼的阳光下，她的额头显得特别白皙。看着她白皙的额头，美砂仿佛突然受到某种诱惑，想稍稍戏弄她一下。

"我对纹别特别喜欢！"

"……"

"上次去的时候，那个叫纸谷的人带我去观赏了冰原呢。"

霎时间，杏子的表情动摇了，她立即转过脸朝窗外望去。

"您知道纸谷先生吗？"

"嗯……"

"是个非常和善、亲切的人,对吧?"

杏子没有回答,只是望着落雪的窗外。乍一看,好像对这个话题了无兴致似的,但她冷淡的表情却反而让人觉得,她的内心一点也不宁静。

她仍没有忘记那个人……

出于女人敏锐的直觉,美砂一眼便觉察到了。

"这次去又能见到他了,真叫人高兴。"

短暂的沉默之后,杏子打破了难堪的静默,问道"您今天就去纹别吗?"

"是的,有什么要办的事情?"

"哦,没有。"杏子摇摇头,表情略带凄凉地笑了。

"从纹别回来后,我们还能再见面吗?"

"嗯……"

"要不要给您带点土特产回来?"

"啊,不要麻烦了。"

"我是不是说了什么让您不愉快的话?"

"哦,没有没有。"杏子说着,脸上露出亲切的微笑,"等您回来,请把您在纹别的事说给我听听。"

"那就是说,我们还能见面?"

"期待着下次再会面。"

美砂看着点头承诺的杏子的脸,心里将纸谷的脸叠在了上面。

三

美砂到达纹别是傍晚六点多。昼短夜长的北疆的鄂霍次克已经日落了，但落日的余晖还残留在天空的一隅。

藤野依约开车到车站来接美砂。美砂刚走出检票口，藤野立即上前握住了她的手。

或许此地青年男女在大庭广众面前握手的习俗很少见的缘故，加上美砂一副大都会时髦而俊俏的打扮更加惹人注目，两人的举动顿时引来了周围人的侧目。

美砂见状，慌忙松开手。

"大伙儿都等着哩，这就走吧！"

"我想先把行李放到旅馆里去。"

还是上次来时的同一家旅馆，美砂已经情况很熟了。

与两个月前相比，雪已经融化掉不少。原先堆积在道路两旁、高近一米的雪堆几乎不见了踪影，铺设的路面东一块西一块地探了出来。白昼因为太阳光的照射冰雪融化，到夜晚重又结冰了，所以车子速度开不快。

"今天晚上有什么节目啊？"

"基本还是像上次一样，吃吃暖锅、喝喝酒，不过今天既是欢迎美砂小姐，又是给纸谷过生日，也算好事成双吧。"

"今天是纸谷先生的生日？"

"严格讲应该是明天，反正顺带着就一起过了。"

美砂不由的埋怨起藤野来：要是早点告诉，自己就带份礼物来了。

"这么说，我也得送点什么礼物了？"

"不用啦，我们都给他准备好了。"

"是什么礼物？"

"围巾。他这个人落伍得很，一条围巾皱皱巴巴的还舍不得扔呢。"

这么一说，美砂记起来了：去东京出差的时候，纸谷西服外面套了件风衣，领口光秃秃的，好像确实什么也没有。

"可是，眼看已经春天了，围巾不是用不上了吗？"

"才不会哩。纸谷马上要去北极，围巾照样用得上啊。再说我们是趁冬装清仓大甩卖的时候买的，超便宜，一举两得啊。"藤野说着嘿嘿笑起来。这些一门心思放在冰上的男人们的友谊，毫不造作，不由也让人心生羡慕。

"让我也出一点吧。"

"反正已经买好了，你就算了吧。你来了，这就是送给纸谷的最好的礼物啦。"

"可是……"

"嘿，纸谷听说你来，高兴得不得了哪。"

"真的吗？"

"你不信？今天晚上吃的扇贝，就是他为了给你吃得新鲜，自己特意跑到雄武去买来的哩。"

"雄武？"

"在这北面，开车去二三十分钟，那里有个捕鱼的叫吉川，跟纸谷关系很熟。"

假如藤野所说是真的，那么两个人在一起的时候，纸谷表现出来的冷淡又是怎么回事？是为了掩饰不自然的感情吗？

车子很快便到了旅馆。

还是上次的那个服务员立即迎了出来，并且特意给美砂准备了上次同一间客房。

美砂来到房间，放下行李，又在镜子前整理了一下头发和妆容。换上放在西服挂袋里带来的蓝底白色格子纹的丝绸连衣裙，两耳戴上缀有小粒珍珠的耳饰。

"不错!"

美砂脑子里想着仁科杏子的脸庞,穿上风衣。

"让你久等了!"

走下旅馆的玄关,藤野正看着手表等候着。"大伙儿都空着肚子等着哩。"

美砂恍然产生了一种错觉,仿佛自己是即将去参加舞蹈晚会的女王。

车子到达流冰研究所的时候,四周已经完全暗下来了。上次来时夜色中从山丘上看到的白茫茫的冰原,现在冰已经开始融化,变成一片混沌难辨的黑暗。

美砂走进研究所食堂时,大伙儿一起用拍手来迎接她。到了这个地步,根本用不着再客气和矜持了。

"不好意思我又来了,请多多关照呀。"

美砂一面寒暄着,一面急忙低头施礼。

"这次来就不用回去了吧!"毕竟是第二次见面,大家都不再拘束。

"欢迎你来!"

最后是纸谷伸出手来。

"又来打扰了。"

纸谷握着美砂的手,用眼神做了个点头的示意。

"现在,就让我们正式开始欢迎晚宴!请大家入席。"

今天晚上是加贺担任主持人。

空落落的食堂中央,桌子上摆放着一口大锅和几瓶酒,另外只有些盐烤扇贝之类和若干只大碗。说是欢迎晚宴,似乎有些夸大其词了。

"首先,主宾请并排坐中间。纸谷、美砂小姐!"

"嗨嗨,我就不必啦。"纸谷拼命推辞着。

"不行!纸谷坐这里,美砂小姐坐这里。"

藤野将力辞不就的纸谷硬是推到中间主宾的座位上。

"美砂小姐也请就座吧!是不是讨厌坐在纸谷旁边啊?"

屋子里顿时哄笑成一团。笑声中,纸谷与美砂稍稍隔开点距离,并排坐在了一起。

"好,接下来让我们为欢迎竹内美砂小姐的到来和庆祝纸谷诚吾三十岁生日,干杯!"

"喂喂,是二十九!"

"哦,对不起,二十九岁!"众人的爆笑声中主持人高声叫道:"干杯!"

"干杯!"

大伙儿一齐喝下一大口啤酒,随后拍起手来。

"噔噔得噔……"

不知是谁用嘴哼唱起《结婚进行曲》的旋律。

"错了错了!"

"不过真的很配啊!"

"喂,别再哼了!"

笑声中,纸谷突然提高嗓门喝道。随着这一声喝,那个小伙子搔搔头皮,不好意思地笑了。

"下面,为庆祝纸谷先生二十九岁生日,献上纪念礼物!"

大伙儿使劲拍着手,纸谷从主持人加贺手中接过一个长方形的纸盒。

"谢谢,谢谢!"

"这可是最高档的礼物噢。"

"可以打开看看吧?"

"一会儿再看吧。"

"我收下了就是我的东西嘛。"纸谷说着撕开包装纸,打开盒子。"嘀嘀,这可真的太破费了!"

"别讽刺我们啦。"

众人又是一阵哄笑。

纸谷将蓝色与浅红色交错的围巾围在脖子上,站起身来道:"Thank You!"

"不要把它忘在北极哟!"

"用这个代替国旗留在那里怎么样?"

打趣调侃中,暖锅煮沸了,于是众人拿起家什开吃起来。六个男人的大汤匙一齐伸向锅中的场面,堪称壮观。

"这个扇贝很好吃的喔。"纸谷低声对美砂说,"我替你来盛吧。"

纸谷将扇贝盛到一只碗里,端到美砂面前。

"这是本地捕的吗?"

"是从稍稍前面一点的雄武捕上来的。"

纸谷说罢,拿起一个小瓶装的酒喝起来。自己特意跑去那里买来的,他却不说,看来他的确是个挺要面子的人。

尽管如此,当有人说他俩"真的很配"的时候,纸谷"别再哼了"的那一声喝真的好凶,在场的人似乎一下子被镇住了,闹得差点冷场。看上去纸谷像是真的发怒了,说者并无恶意,但是看得出纸谷对这件事情是相当在意的。

坐在纸谷的身旁,美砂开始胡思乱想起来。也许她想得多了,可对于一个陷入恋爱中的女人,也只能徒唤奈何。

席上渐渐热闹起来。春天的气息开始吹到鄂霍次克的尽头,人们不由地也同样开始精神焕发。

热闹了大约一小时,大伙儿开始自说自话地唱歌、侃山海经,那山海经也是有关科学调查的研究方法、教研室研究体制中存在的不足等枯燥的话题。纸谷是这个研究所事实上的负责人,所以大伙儿都围住他,争先恐后地同他搭话。

"关于这一点请说说清楚!"

一个人起了头,旁边的人立即随声附和:"对,这个问题一定要搞搞清楚!"看来年轻的研究员们在和纸谷较着真呢。

对于他们的谈话美砂是一窍不通,她只能呆呆地坐着,感觉自己好像被排斥在外似的。正在这时,纸谷摆脱开伙伴,回到美砂身边。

"扇贝怎么样?"

"太新鲜了!"

似乎纸谷一面在和别人谈论着,一面仍不忘记照应美砂。这或许正是他的体贴之处吧。

"喂,去把唱机拿来哟!"纸谷对藤野说道。

"怎么?要在这里听吗?"

"听听唱片,才有气氛嘛。"

藤野点点头,立即跑了出去。别看他脸上已露出微醺的红色,可步子倒是一点没含糊。

目送着藤野出去,美砂问纸谷:"明天空吗?"

"明天礼拜六嘛……"

"我想求你件事:明天可不可以带我去乘流冰?"

"流冰……"

"不行吗?"

"不是不行，只是太危险了。"

"不要紧的，我即使掉下去也没关系呀。"

霎时间，纸谷瞪大了眼睛，随即抬起右手，慢慢地捋了捋垂到脸上来的头发。"这个念头还是打消的好。"

"为什么？"

"因为不能去！"纸谷斩钉截铁地说完，一口喝光杯中的酒。紧闭的嘴唇，透露出无论说什么都不会答应的决意。

"那，今天你送我回去吧。"借着酒劲，美砂勇敢地说道。这会儿不说，或许再也不会有机会了。

"送到旅馆，行吗？"

美砂低声道："嗯……"

藤野拿来了唱机，放在桌子的一端。

"今天是庆祝纸谷的生日，所以先从纸谷想听的歌播起。"

加贺刚说完，藤野立即点播："那就先播艾达莫①的《落雪》！"

"来啦！"随着加贺一声喊，四下里喝彩声骤起，看来这首歌确是纸谷的最爱。

落雪了

今夜你不会来……

艾达莫低沉、略带哀伤的歌声，一下子令酒后闹哄哄的屋子里安静下来。

落雪了

---

① 萨瓦特洛·艾达莫（Salvatore Adam）：法语歌坛天王级人物，他一生演唱过无数的歌，在法国香颂历史上具有重要地位。《落雪（Tombe la neige）》是艾达莫的经典情歌。——译注

我心笼罩在黑暗中

这柔软的

白色的泪

枝头上的鸟儿

为诱惑哭泣

今夜你不会来

我宣布我的绝望

可是落雪了

回天无术

落雪了

今夜你不会来……

美砂忽然看见纸谷正和着歌声在轻声唱着，他闭起眼睛，仿佛在祈祷一般。

欢迎会临近尾声，已将近九点了。所有人都喝得酩酊欲倒，甚至有人吐字不清，说话都走调了。

尽管如此，所有人还是惦念着美砂，怕她闷得无聊不时过来跟她搭话，从流冰说到北海道的冬天，从东京说到外国……话题一转再转。

过了九点，藤野来到美砂身边轻声问："接下来大伙儿一起去喝酒，你也去吧？"

"去哪儿？"

"车站附近一家叫'鄂霍次克'的酒吧，从那里回旅馆也就一点点路。"

美砂朝右边望了一眼，那边纸谷正和雷达技师面对面说着话。

"其他人呢？"

"大家都去的。"

刚才和纸谷约好让他送自己回旅馆的，这样的话看起来麻烦了。不过，既然纸谷也去，只好随着他一起去了。

"好吧，我跟你们一块儿去。"

"外面下着雪，加上都喝得醉醺醺的，叫出租车吧。走过去的话，本来飘飘欲仙的感觉一下子就醒了。"

要是雪中和纸谷一路款步走去，那该多棒啊。美砂想起了刚才听过的艾达莫的那首歌。

十来分钟后，出租车来了。大家分乘两辆车，美砂也没有特意挑拣，却偏巧坐在了纸谷旁边。

"鄂霍次克"酒吧一进门左首是吧台，右首则有四五个包厢。或许是偏僻地方的缘故，店内显得颇为宽敞，不像东京的那么狭窄逼仄。

吧台上有五六位客人，研究员们同他们似乎都很熟，简单打过招呼后，七个人分坐两个包厢。

这次美砂有意坐在纸谷的旁边。

"这里也供应简单的餐点，要来点什么吗？"

"不，肚子已经撑饱了。"

"那喝的呢？"

小伙子们不再喝啤酒，而是要了威士忌。

"那我也稍微来点威士忌吧。"美砂挑逗地说道。

在研究所食堂已经喝了不少酒，可是一点没感觉到醉意，大概是因为想着等会儿纸谷要送自己回旅馆的事情，心里紧张的关系吧，可是这样一来闷在肚里不成喝闷酒了吗？所以美砂想让自己微醉可能会舒服些，尽管真喝醉了怪难为情的。

包厢里又热闹起来。大伙儿不再谈那些枯燥的话题，而是互相交流研究中有趣的失败教训之类。虽然都带了些醉意，但年轻人在一起依然热情高涨。

"对了美砂小姐，明天打算做什么？"坐在斜对面的藤野，醉眼蒙眬地问，"假如你愿意，可以坐车子去枝幸看看，从这里再往北，海岸辽阔，景色真的很不错哩。"

"哦，可是……"

美砂瞥了纸谷一眼，接着说道："如果可以的话，我想乘在流冰上出海去看看。"

"要是合适的冰块那倒没什么，可是稀里糊涂乘上去的话，随海水一起漂走可不得了啊。"

"带把桨什么的就没问题了吧？"

"那东西碰到强风是毫无意义的。像只鹿一样的被漂走可是划不来啊。"

"鹿？是怎么回事？"

"前些时，一只从山上出来找食物的鹿就被漂走了。"

"后来怎么样了？"

"大概被漂到知床半岛一带，然后沉到海里去了吧。"

真可怜。然而，一只鹿乘在流冰上究竟会是什么样的光景呢？想想就令人好笑。

"近来旅游者当中也有些人乱来的。前些时候，有个家伙居然跑来问我，说想乘流冰漂到知床半岛去，乘哪块好？"

"乘流冰能漂到吗？"

"漂流的方向基本上是朝知床那边去的，不过，只要风向稍有变化，弄不好就漂到俄罗斯那边去了。"

究竟是勇敢，还是鲁莽，这些旅游者真是叫人无话可说。

"真的想那样的话，就必须乘船漂流过去。"

就在藤野对身旁的加贺这么说时，刚才在一边一直没发表意见的纸谷转过脸来说道："乘流冰的事，我看还是打消的好。"

"可是上次，你不是说过我这次来的时候带我乘的吗？"美砂紧追不舍。

"今年流冰离岸比往年要早，所以很危险。"

"我又不会乘很长时间，就乘二三十分钟就可以呀。"

"那样的话，乘船也一样嘛。"

"我觉得不一样。"

"行了行了，不要再说了！"

"人家特意为这来的，真扫兴。"

一开始没想如此顶撞的，也许是喝了酒的缘故，嘴就有点管不住了。谁站出来周旋一下，把话题引开就好了，可是所有的人都愣在那里，一时不知道怎么办才好。

"那好吧。"

美砂说道，好像是说给自己听似的。与此同时，眼泪却一下子涌了出来。没什么特别的理由，就是有一种想哭的感觉。

美砂站起身，朝洗手间走去。

补了一下妆再回来，只见大家都安静地喝着酒。虽然都已醉得不轻，但刚才的那种热闹却不见了，大概是纸谷与美砂的争执使大伙儿冷了场。

"对不起，我失陪了。"

美砂说道，没有回到座位上。再这样坐下去，不知道还会说出什么话来。纸谷的话是没错，但正因为如此，才令人更觉难受。

"不用那么早回去呀！"

藤野劝留着，其他人也都露出遗憾的眼神。

"不过，已经挺晚了。"

"没关系的，旅馆就在旁边呀。大家还想接着一家家喝过去，好好玩一玩纹别的夜店哩。"

"不好意思，恕我不能奉陪了。"

"那我送你回旅馆吧。"

"还是我送吧！"

突然，纸谷站了起来，脖子里围着先前大伙儿赠送的围巾。

"谢谢各位的热情款待！"

美砂以低头致谢向大家道别，大伙儿则呆呆地目送她离去。

来到外面，刚才飘着的雪已经停住了，气温似乎降得更低了。

美砂走在纸谷右边，并肩而行。

这条街是饮食街，街道很窄小，只有不多的霓虹灯和灯笼忽闪忽闪着，几乎看不到什么人影。星星和月亮都隐在厚厚的云层后面，道路两旁积起的雪，在黑暗中泛着白刺刺的光。

"对不起……"

走过百来米，到了霓虹灯尽的地方，美砂低声说道：

"刚才我太任性了。"

"哦不……"

纸谷两手插在外套口袋里，一步一步缓缓地走着，显然是在合着美砂的步伐。

前面有几点光亮，那一带像是车站前的街道。从那里到旅馆，只有几步路了。

刚走出酒吧的一瞬，感觉吹在身上的风有点冷，而现在却几乎感觉不到寒意了。天地之间，仿佛只有两个人被包围在这北国边陲的黑黢黢的夜里。

"哎……我想求你一件事，"美砂望着道路前方的白雪说道，"带我去海边吧。"

"去海边……"

"我想看看夜色下的大海。"

纸谷停住脚步，像是在考虑似的将视线望向黑暗的夜空。过了片刻，他点头道："那走吧！"

"谢谢。"

纸谷转过身，又沿着来时的路往回走。

美砂跟在纸谷后面，相距半步。对面走过来两个喝醉酒的男人，嘴里咕哝着什么，从旁边擦身走过。雪中的道路上重又恢复了宁静。

两人往右拐入一条小路，不一会儿走到一条宽阔的大道跟前，那里似乎更加静谧，也更加冷寂。

"这里离海边还远吗？"

"这条路的后面就是了。"

纸谷插在口袋里的手肘轻轻碰到了美砂的手腕。

夜色渐次透明起来。四下里看不见一间宅屋，从左边飘来了海的气息，同时听得见轻轻的波涛声，宛若有人在悄悄呜咽似的。

夜风也不象想象的寒冷，而有了些春天的甘甜，残留的冬雪中，已经蕴含了春天的暖意。

左边是一排黑黢黢的房子，像是仓库一类的建筑物。房前孤零零亮着的街灯，愈加显出一种凄凉。

在仓库的尽头一拐弯，眼前便是旷阔的大海。一月份还被无边无际的冰原覆盖的海，此时只看见一片黑乎乎的平面。

然而低头细看，看上去黑乎乎的海面却涌动着无数碎浪。浪花拍击着堤岸，发出沉闷的声响。

"冷吗？"

"不冷。"

美砂不想破坏掉夜的宁静，所以压低声音回答。

"看那边，看得见一块一块白乎乎的东西吧？"纸谷手指着海的远处问。在暗黑的水平线尽头，漂浮着淡淡的白色斑块。"那是流冰。"

"漂到那么远啊？"

"今天的海风弱……"

流冰驻足在那里，似乎还没有确定行进的方向。

"真静啊。"

码头左右灯火绵延，全都像死了一般，一动也不动。也许，流冰之都此刻已经进入了沉沉的黑甜乡。

蓦地，美砂涌起一股冲动，想扑入纸谷的怀中，不管发生什么。在这样的夜色中，只要被紧紧抱住，就是呼吸停止了也心甘情愿。

这个念头不是遽然而生的，而是很早以前便孕育在美砂心中，只不过现在终于开始萌发了。

大概是夜色下的海和海上吹来的春天的风，唤醒了美砂心中这个念头。

美砂深吸一口气，然后悄悄觑视着纸谷的脸。夜空中，纸谷两眼直直地望着远方的海。

"抱紧我。"

美砂自己也被这大胆的举动惊呆了。明明是自己这么说的,可却不敢相信真是自己说的。

接下来的短暂片刻美砂记忆不起来了。脑子一瞬空白之后,美砂紧紧地被拥在了纸谷的臂弯里。

"不……"

稍稍抵抗了一下,美砂闭上眼睛,接受了纸谷的吻。

黑夜中感受着纸谷的热唇,不知道为什么,美砂的眼眶里盈出了泪水。或许是因为眼泪在黑暗中闪动着光,纸谷用粗大的手指替美砂拂去眼角的泪水。随后,猛地再一次紧紧抱住美砂。

温柔而粗壮的胳膊。

美砂将脸依偎在纸谷宽阔壮实的胸膛上。耳边听着海的波涛声,同时一种真切的感受在她脑海中苏醒:为了追求爱情,她不远千里飞到北疆边陲,在这一刻终于成了现实。

四

"回去吧?"

纸谷喃喃地说道,这是数分钟之后了。

美砂缓缓从纸谷胳膊中抬起头,朝大海望去。刚才看上去黑乎乎一片的大海,此时清晰可见远方的流冰。

两人沿着来时的路,又往回走,迈着相同的步调。不时的,道路被积雪覆盖,美砂需跳着绕开,不过现在可以毫无顾忌地挽着纸谷的胳膊了。

返回的道路与来时并无两样,但是美砂觉得简直就像两条路,原先死一般沉寂的夜，现在在静寂之中吞吐着生命之息。

或许是刚才交会的那一吻，令美砂心灵亢奋起来的缘故吧。

当他们朝大海走去时，道路似乎无际无涯的，而现在却方向明定。两人再次经过仓库，走到宽阔但空无人影的大路上。两旁的街灯，像大梦初醒似的照在四周的雪地上，将雪地映得一片明亮。

四周万籁俱寂，人都到哪儿去了？寒冬中冻得发硬的靴子踩在雪地上，声音刺耳；现在，踏在开始融化的雪上，发出轻轻的"沙沙"声。

夜空之下，或许还有别的什么东西正在融化着。

美砂有太多的话想对纸谷说，还有些事情想见到纸谷后跟他商量的，但是现在她不想开口说，她怕一开口，两人间好不容易生就的情愫会一下子断掉。

两人无言地走着，不一会儿来到明亮的大路上，前面已看见旅馆的霓虹灯招牌。这时纸谷才开口问道：

"明天怎么样？听藤野他们说，想请你去滑雪哩，去不去？"

"去是想去，不过我实在滑得太差劲了。"

"那倒没关系。就在附近纹别山的山脚下，有一个滑雪场，那里还可以租滑雪板。"

"你也一起去吗？"

"当然。"

"那，我跟你们一起去。"

"中午不到一点，我或者是藤野会来接你的。"

"好，我等着。"

不知不觉中，旅馆已近在眼前。左右商店街上的店铺差不多都已经门户紧闭了。

"那么，明天见。"

纸谷的手从大衣口袋中取出，美砂紧紧握住了它。

硕大而温厚的手。

"再见！"

美砂一面品味着那只手掌的感触，一面轻轻点头道别。

"再见！"

纸谷说着，又一次注视着美砂，然后像要努力挣脱似的，将自己的手从美砂手中抽回。

美砂望着纸谷的身影消失在雪路尽头，然后仄进旅馆。

第二天，天晴气爽。

窗外，在阳光的照耀下，积雪开始消融。

"昨天晚上没吃晚饭吧？"九点钟，女服务员给美砂送来早餐。

"在研究所吃了好多东西，肚子吃得饱饱的。"

"喝酒了吧？"

"喝了一点……"

美砂一面回答，一面仿佛昨夜接吻的事情被人识破似的，低下头去。

吃完早餐，正在给家里写信，电话响了。接起来，原来是藤野打来的。

"听纸谷说了，今天一起去滑雪，没问题吧？"

"是的。"

"中午之前我去接你。"

"麻烦你了。"

"乘流冰的事不考虑了吗？"

"那倒没有……"

事到如今，美砂自己也搞不明白，当初为什么那么执著地想乘坐流冰。仅仅过了一夜，美砂的态度好像发生了一百八十度的转变。

过了大约一小时，藤野来接美砂，还是开着上次捎她去网走时的轻型商务车。

美砂穿一件红色毛衣，下身是藏青色的长裤，脖子上围一条围巾。这是她为了乘坐流冰出海而准备的，当时可没想到会去滑雪。

"我这么穿可以吗？"

"今天天不冷，应该没问题。"

车子到研究所弯一下，载上集中在那里的小伙子们，然后驶向滑雪场。加上美砂，一共是四人。

纸谷要晚些才能去，另两个昨晚上也喝到很晚了，爬不起来了。纸谷不在，令美砂稍感轻松，同时心里又有点失落。

滑雪场位于纹别山的山脚下，是一片人工开出来的开阔的斜面。美砂因为不太会滑，所以没有登上滑雪场的最高处。站在半山的斜坡上，便可以俯瞰前方的大海。

苍青一色的海面上，浮着点点流冰，看来昨夜的风，还不足以将流冰吹回到海岸边。美砂望着阳光照耀下的大海，又想起昨天晚上的接吻，情不自禁地满脸绯红。

"纸谷昨天晚上喝得太多了，今天可能来不了了。"

正望着大海，藤野上前搭话道。

"喝了那么多吗？"

"送完你之后，又回去喝了好多，没人扶的话一个人都走不回去了。"

"那样……"

"是他自己提出说要来滑雪的，可是今天早上却说爬不起来了，真拿他没办法。"

"他不是酒量很好吗？"

"嗯，很少看他像这样喝醉呢。"

昨夜分手时，他好像没怎么醉嘛，之后为什么又会喝成那样子？美砂有点不放心。

研究所的小伙子们滑雪滑得都不错，其中最棒的数藤野。大约滑了一个小时，四人来到滑雪场山脚下的小卖部，吃了点东西。

"喂，再滑一会儿吧？"

年轻力壮的加贺似乎还准备滑两个小时。

"你不去吗？"

加贺想邀请美砂一同去，可是美砂却放心不下纸谷。"让我稍稍歇一歇吧。"

"那我们再上去滑一会儿。"

于是加贺和另一个小伙子扛着滑雪板又往山上去了。

"你怎么样？"

留下来的藤野好像很不自在，这儿只有他和美砂在一块儿，他不由地腼腆起来。

"我……要不要去看看纸谷？他现在应该起来了吧。"

"是啊，也差不多了吧。"

藤野的表情不置可否。他看了看手表，现在是下午一点。

"还是去看看吧。"

纸谷住的公寓房在研究所前面一条街上，面对着马路。美砂只知道大概的地方，不过公寓名是知道的，"富士见庄"，所以怎么着也能找到。

"那我送你去吧。"

"没事，我自己能找到的。"

"走着去有点路哩。"

藤野冷冷地说罢，朝汽车走去，滑雪板就那么杵在小卖部门前。

太阳高挂在天空。由于是星期天，中午过后大群的人流涌到滑雪场来。虽说是北国，但是能够尽情享受滑雪的乐趣，恐怕也就这一两周时间。藤野和美砂朝着与人群相反的方向，往对面的街道而去。走的话距离不算近，但开车却只有几分钟便到了。

"富士见庄"是一幢用砂浆黏合的两层砖木建筑。

"就在二楼的右边头上。"藤野坐在车里用手指了指。

"一起上去吧？"

"哦不，我想再去滑一会儿雪。"

一瞬间，藤野的表情变得异常认真起来。美砂也不好多说，便自己一个人下了车。

纸谷的房间门口贴着张白纸，上书"纸谷"两字。大概贴上去有好些时日了，纸张已经泛黄。

美砂四下看了看，然后轻轻按响门铃。须臾，不见屋内有人出来开门，于是又按了一下。

"谁啊？"

屋内传出略带嘶哑的声音，是纸谷。

"是我，竹内美砂。"

美砂凑近门答道，门从里面打开了。

"突然闯过来，不好意思。"

纸谷穿着薄棉睡袍立在面前。头发乱糟糟的，脸色稍稍有点苍白，一看就知道是刚刚睡醒。

"听说你不太舒服,所以我就想来看看。"

"谢谢。请进来吧。"

"可是……"

"哦,我正想起床哩。"

纸谷把门关好。门口脱鞋处丢着长统雨靴和防寒靴,美砂将它们挪到一边后,脱掉鞋子。

进入屋内,靠门口的左手边是厨房,灶台旁堆着些用过的玻璃杯和空啤酒瓶。房间约有八张榻榻米大小,中间空出一块地方摆张沙发用来招待客人,旁边放着一张桌子。屋里杂乱无章地摆放着书和香烟什么的,烟灰和烟头也随处可见。

怎么看都不像是有女人出入的屋子。

"你稍等等啊,我换一下衣服。"

纸谷说完,走进里间,拉上了隔扇。他刚才好像就是睡在里面的。

美砂重新环顾一下屋子内,只见桌子的左边立着两只书柜,里面那只好像都是些与工作有关的专业书籍,靠外边这只则塞满了小说、画册之类。书柜前面,订书机、气体打火机的充气罐、鸟的羽毛、海獭皮制成的钱包等杂物扔了一地。地上铺着蓝色的地毯,不过由于不怎么打扫,上面落了不少灰尘。

视线扫过之处,美砂忽然看见里面那只书柜的上面一格,竖着一张照片,大概是翻书时碰到了它,照片呈略略倾斜状,面对着这边。照片是在冰原上拍的,一个男人身穿大衣站立着,面前蹲着一个女人。

美砂悄悄走近一看,原来男人是纸谷,那个女的,正是仁科杏子。大概是傍晚时分拍的,两人身后的冰原上拖出两条长长的影子。

太美了。虽然毫无特别之处,只是一对男女的普通合影,然而却洋溢着一种柔美的诗意。

"不好意思……"

听见隔扇拉开的声音,美砂慌忙坐回到沙发上。

"昨天晚上有点喝多了。"

纸谷换上了黑色的裤子、藏青色的毛衣,他点燃了屋子中央的煤气取暖炉。

"冷吧?"

纸谷又走到厨房,将烧水壶座到煤气上。

"怎么样啊,滑雪?"

"太有意思了,他们还在滑呢。"美砂答道,她清楚自己的表情有点僵硬。

"我本来也想去的……"

"为什么喝得那么醉呀?"

"一下子喝得来劲了……"

纸谷喀哧喀哧地搔着头皮。然后,他突然想起来道:"我去洗把脸。"说着站起身来。

五

纸谷用接到洗脸盆里的水洗脸,他先用手掌舀一掬水使劲搓两三遍,然后用手巾一抹,便算完事了。真会凑合。

冷水洗过之后,纸谷总算彻底清醒了。

"帮你冲杯咖啡吧?"

"不用客气了。"

纸谷拢齐了速溶咖啡和奶精，但是却没有杯子，所有的杯子都用过却没有洗。纸谷从厨房灶台旁边拿过两只杯子洗起来。

"啊，让我来洗吧。"

"你是客人，你坐着，别动手。"

纸谷动作飞快地洗好杯子，擦也没擦便搁在桌子上放好。这时水也烧开了。

"让我来吧。"

美砂从毛手毛脚的纸谷的手里接过水壶，冲了两杯咖啡。

煤气取暖炉的热气散发到屋子里每一个角落，身上开始感觉到了温暖，刚刚冲泡好的咖啡的香气飘荡在屋里。

咖啡连个杯托也没有，可是却暖暖的，很好喝。

"我还以为你是不会喝醉的呢。"

"不不，也经常醉。"

"喝醉的时候，会想些什么？"

"不想什么啊……"

美砂朝左首的书柜方向望了一眼，照片上的仁科杏子正直视着这边。

"我帮你大扫除吧！"

"不要不要，我自己会做的。"

"不行啊，屋子这么脏。"

美砂不顾他反对，起身将喝过的杯子拿到水斗去洗。水斗四周摆满了空啤酒瓶子和脏杯子。

"抽空我会收拾的。"

"收拾屋子当然是女生擅长啦，你就歇着吧。"

"可是……"

"那，你就收拾一下桌子吧。"

美砂打开热水器，洗起碗碟杯子之类餐具来。

因为是去滑雪的，所以穿了毛衣和长裤，这样干起活来正适合，即使稍稍弄脏也不怕。

不过，屋子里脏得真够可以。无论是水斗还是橱柜，仔细看去，上面全蒙着一层灰。

美砂洗完餐具，又将不锈钢的灶台和橱柜从头到尾擦拭了一遍，再将刚洗好的玻璃杯摆在上面。纸谷则依美砂的吩咐，收拾桌子四周。

"吸尘器有吗？"

"有倒是有，不过好像不大好使。"

纸谷从当做卧室的里间的壁橱下面拖出吸尘器。看上去成色还不旧，可是插上电源后却吸不进去。

"是不是不行？"

美砂打开吸尘器的集尘盒一看，里面的积灰差点溢出来。

"你这里头从来没有清扫过吗？"

纸谷露出讶异的神情。

"真拿你没办法。"

美砂走到门外的垃圾桶前，把吸尘器集尘盒里面的积灰倒出来，然后再通上电。

"你看，不是好使了嘛？这里面也要经常清扫的呀。"

美砂一面嗔怪着，一面打开窗户，开始用吸尘器打扫起来。掠过雪原吹来的风仍有寒意，但毕竟已不像严冬的风那么阴冷刺骨，在寒意之中含着些许柔意。

打扫着屋子，美砂的心情快活得想哼上一曲。和喜欢的人在乡村租一间小屋，过平静的生活，自己干家务，他则倚在窗边，口里衔一支烟，望着窗外的田野愣神儿——这便是美砂曾经梦想的幸福世界。

"稍稍往那边让一下好吗？"

这男人无所事事什么都不干，杵在那儿反而碍手碍脚的，只好将他轰到东轰到西。但是，再过一会儿他将温柔相拥。将屋子打扫干净、布置得清新可人意，也是为两人的爱续写新的一页。

美砂时常幻想着这样的情景。

现在，眼见着这情景变成了事实：美砂忙忙碌碌地打扫着房间，纸谷叉着手，吸着烟，屋子里只有自己和纸谷两人。

用吸尘器四下吸过一遍，接下来又盛了一桶水，在各处擦拭起来。

"谢谢，差不多可以了。"

"没事，你坐在那里好了。"

此刻美砂的心情，仿佛自己就是纸谷的妻子一样。她打扫、整理的是自己和纸谷两人的屋子，是他们的爱巢，眼前这个大男孩不懂事弄乱了、弄脏了，自己在收拾残局而已。一想到这些，美砂便觉得满足了。

美砂将仅有的一块抹布沾水、绞干，从纸谷的桌子开始擦拭。吩咐他收拾一下桌子，可他只是将散放的书和资料等归在一起便算完事，真拿这个大男孩没辙。

美砂将它们挪到旁边，擦拭桌子，擦完桌子又擦窗框，随后返身转向书柜。

美砂的视线再次落在了仁科杏子的照片上。

为什么要把这东西放在这儿？美砂突然间对纸谷的愚蠢行为怒不可遏。

明明是自己心血来潮不请而至，并自说自话地打扫起房间的，如果因为看见纸谷与另一个女性的合影而对他动怒，显然是毫无道理的。假使纸谷因为美砂来了赶紧将照片藏起来,那反而倒说明有问题。

可是这会儿美砂根本就无暇去冷静思考,虽说是自己主动提出打扫房间的,但却是抱着一种自己与纸谷两人的爱巢的感觉打扫的,于是心里更觉委屈和不满。她一下子没了兴致。

美砂盯着照片,口里自言自语似的说道:"我知道这个人。"

霎时间,纸谷从沙发上直起腰,朝书柜望去。

"她是叫仁科杏子吧?我见过她,在明峰教授的办公室。"

纸谷一语不发,默默地从口袋里掏出一支烟吸着。

"她长得很漂亮啊。"

嘴上是在恭维,可是声音里却充满了敌意。

"她到这里来过吗?"

"……"

美砂强忍住没说出"你喜欢她吗"。虽然心里最想问明白的就是这句话,但到底问不出口。

其实美砂心里顾虑很深:假如问了,纸谷说不定会脱口而出地答道"喜欢",假如他这么回答的话,美砂等于将自己逼到了绝路。她慢慢地离开书柜,走到厨房,将抹布在水桶里洗了洗。

"她以前是明峰教授的秘书对吧?"

美砂好像要将心中的愤懑全都发泄掉似的,使劲绞着抹布。

"……好像已经结婚了?"

"……"

"嫁给札幌一个年轻的企业家……"

仍然没有任何回答。美砂将桶中的脏水倒掉,擦着手返身看了看。纸谷坐在沙发上,右手托着脸颊,望着窗外。在晚冬豁亮的阳光下,他的脸显得有点凄惘。

看着那张默不作声的侧脸，美砂心里恨不得再残忍地折磨他一下。

"我还知道她的家在什么地方，和明峰教授一起坐车送她回过家呢。"

"……"

"你想知道她为什么到明峰教授办公室去吗？"

纸谷回过头，眼睛里露出不可思议的神情，看着美砂。

"她来请教关于滑冰场的冰的问题的。"

美砂将从教授那里听来的片言只语串起来，煞有介事地发挥着。

"她丈夫是在札幌经营室内滑冰场的对吧？"

"是嘛？"

"你不知道？"

"嗯……"纸谷的声音带着点嘶哑。

"听说为了造出更好的人造冰，她丈夫还准备去拜访明峰教授呢。"

"……"

"看她那样在乎滑冰场的事情，看起来她非常爱她的丈夫呢，你说是吧？"

纸谷无话可说，只好默默地两眼盯着前方。烟头冒出的烟雾悠缓地向上升腾，在纸谷的胸前裂成两半。

美砂这会儿对自己刚才所说的话重重地敲打着纸谷的心而悄然感到一阵快意。谁叫这个男人忘不掉仁科杏子，那就让他痛苦去吧！痛苦着掉进地狱的深渊去吧！

"我回去后还要和她会面，因为她邀请了我和她丈夫一起吃饭呢。"

此时的美砂，简直可以说沉醉在这种折磨作弄的愉悦之中了。

"她丈夫年纪轻轻的，却非常有钱呢。"

"……"

"你有什么话要转告她吗?"

"没,没有……"

纸谷走到窗前,眺望着雪晴后的天空。午后的阳光照进来,将纸谷的身影长长地投射在屋内地毯上。看着纸谷的背影,美砂思忖自己是不是说得有点过分了?

"给你泡杯茶吧?"

美砂想和缓一下气氛,于是走进厨房,拧开煤气灶。左边的餐橱里有茶叶罐和茶壶,还有三只茶杯,不过各个杯沿都豁了口。美砂泡好茶,端到沙发前的茶几上。

"请喝茶。"

"谢谢!"

纸谷离开窗口,坐回沙发上。

"我有件事情想跟你商量。"

"……"

"上次在东京的时候也说起过,我一直在想,到底要不要来北海道给明峰教授当秘书。"

纸谷看了一眼美砂,然后重新低下头,品了口茶。

"一直待在父母身边的话,每天帮忙干些琐琐碎碎的家务活,总不是个长久的办法……"美砂也是在说给自己听,"我想也是时候去探寻一下自己的人生道路了。"

"那么,你家里同意吗?"

"母亲老是起劲地帮我张罗相亲啦什么的,希望我早点结婚嫁人,可是我现在还不想结婚。你觉得我应该怎么办啊?"

"我也说不太清楚，不过，如果有合适的对象的话，女人早点结婚嫁人也不错呀。"

"你也是这样想的？"

"毕竟，结婚对女人来说，是最大的幸福嘛。"

"你的意思是说，即使我不喜欢的人，也可以跟他结婚吗？"

"我不是拼命劝说你结婚的意思。不过，我觉得女人即使结婚前对对方有许多不满，但是结婚以后，慢慢的两人兴许会蛮合得来的。"

"可我不是那种随便找个人结婚的女人！"

说到这里，美砂忽然想：纸谷这番话是不是在说仁科杏子？

说不定杏子以前也曾向纸谷表示过，她不喜欢那个人，可是如今却摇身一变，为了丈夫工作上的事情，竟会特意跑去找明峰教授讨教。也许纸谷始终对女人怀着这样一种不信任：嘴上说合不来，但结了婚后还是不由自主地改变自己以迎合丈夫。

"人是各不相同，但是我不是那样的人。"

这一点美砂无论如何必须说清楚。她要让纸谷知道：自己虽然长得不如杏子漂亮，但是兰质蕙心，不是那种趋势拜金的女人。

纸谷又扭头朝窗外望去。阳光遽然阴沉下来，屋子里稍稍显得有些昏暗。

美砂望着纸谷眺望窗外的侧脸，心里已经明白：他仍然爱着杏子。

美砂说了许多关于杏子的话，但纸谷只是默默地听，一言不发，也一动不动，唯一的动作就是不时地朝窗外张望。他越是沉默不语，就越证明了他心里还爱着杏子；在这脏乱不堪的屋子里，一直到现在还仔细保存着他和杏子的合影，也是这种爱的确证。

"我到这儿来，是不是让你觉得碍事了？"

美砂忽然悲从中来。自己不远千里跑到最北疆来，究竟是为了什么？难道就是为了知道纸谷至今心里还念想着杏子？

"假如打扰了你的话，那我回去。"

"哪儿的话，你来这里，我们大家都很高兴。"

"是我们吗？"

为什么要说"我们"而不是说"我"很高兴？美砂绝不是为了藤野、加贺还有其他的人才到这里来的，她只是想让纸谷一个人高兴，其余人高兴也好、不高兴也好，这和美砂毫无关系。

"觉得碍事的话就照直说好了！"

"没有啊！"

美砂态度的突然转变，好像让纸谷很吃惊。为这样鸡毛蒜皮的小事情找碴儿，似乎有点蛮横不讲理，美砂心里明白，但是一下子爆发出来的感情却怎么也收揽不住。

本来充满期待，现在却遭此辜负，真有一种被出卖的感觉。

两个人身体相对，四目却齐齐看着窗子的方向。太阳从云层穿出，照射到屋子里，屋里重又明亮起来。

望着那一抹阳光，美砂真希望纸谷对自己说几句体己的话。"喜欢你"，仅此一句也足够了。假使这样的话难以表白，那么轻轻伸出手来搭在肩膀上也行。

昨夜不是相拥亲吻过吗？望着夜色下白茫茫的流冰，纸谷不是用宽阔厚实的胸膛，将自己紧紧揽在怀中吗？

为什么这会儿就不行呢？

是因为在杏子的照片面前，纸谷做不出来？还是必须像昨天晚上那样美砂说声"抱紧我"，否则他便不会做？

假如真是这样，美砂也实在可怜。那样的话，一个女生怎么可能一而再再而三地说出口来呢？那是男人应该做的事情呀。也许那便叫作男人的气魄？

为什么连这一点都不明白？

"我走了！"

美砂想以此作为最后的撒手锏，别看语气冰冷，然而内心在寻求温情，她期待纸谷因此而用温柔的话语来哄哄自己。可是纸谷却只露出一副疑惑不解的表情，什么也没说。

"到明峰教授那儿工作的事情，我还要好好考虑考虑。"

"……"

"我，说不定今天晚上就回去，我突然想起来有点事情。"

"可是，接下来……"

美砂拿起提包朝门口走去，纸谷不声不响地跟在后面。

他为什么不拦住我？

现在只要穿上鞋子、走出门外，就一切都无可挽回了！出了门，她就必定回札幌去了，可她并不想返回。她拼命努力地想要表明留下来，为什么纸谷一丁点儿也不懂呢？

"承蒙你关照了……"

"一定要回去吗？"

"哎。"

"几点钟的火车？"

"不知道。"

"查一下时刻表吧？"

"等回到旅馆再做决定。"

美砂所说全是信口而出的,他怎么就不明白呢?为什么不肯劝阻她甚至命令她"不许走!"。真是个糊涂、愚钝的混蛋!

"时间定下来后告诉我一声。这是电话号码。"纸谷递过来一小片纸。"你要是就这样回去了,大家都会感到遗憾的。"

"代我向大家致谢了。"

"我很为难啊。"

为难的话就抓住我别让我走呀!固执的家伙!榆木脑袋!美砂差点冲着纸谷叫道,但她强忍住了,低头说了一句:"再见!"

美砂的手触到了门把手。

"再见。"

美砂又轻声说了一遍,随后不顾一切地拉开门。一瞬,眼前一片白茫茫的世界映入眼帘。

混蛋!混蛋!混蛋!……

一面急急地奔下公寓楼梯,美砂一面在心里狠狠地骂道。

怎么竟有这样钝感、愚笨的人!对女人的心理一窍不通,自以为是、只想着自己的家伙!这种男人我再也不会理他了!今天晚上就回去!

美砂暗暗骂着,快步跑向旅馆。

尽管自己也知道这么做未免任性,但这天下午四点,美砂还是坐上了开往札幌的火车。

火车一路上直到远轻都是各站停车,从远轻与从网走方向开来的特快列车"鄂霍次克号"接续,晚上十点就能到札幌。

"伯母,我今天回札幌,不过可能会到得晚一点。"

出发前,美砂在旅馆给明峰夫人挂了电话。

"哎哟,这么快就回来啦?出了什么事?"

"唔,玩得非常高兴。我大概十一点钟左右到您家,不好意思,给您添麻烦了。"

美砂没有多说,便结束了通话。

由于出乎意料的事情造成了美砂的仓促返回。当初计划至少在纹别住两夜,心情好的话甚至可能四五夜,从雄武到网走,一路悠闲地转上一圈,好好欣赏一下北国旷野的风光。可是现在,计划完全被打乱了。

不过老实说,美砂对这次匆忙离去除了遗憾之外,也感觉到些许欣慰。

虽说为一点些小事情猜忌、赌气进而离开,但是那也是她和纸谷两人之间的秘密,且不论这样分手是好是坏,分手的经过只有两个人知道。

更何况,纸谷还到火车站来送她。

美砂曾经幻想过有朝一日纸谷到火车站为自己送行的情景,现在这终于成为现实。

"刚才,是什么事情不高兴了?"

这个纸谷真是感觉迟钝得可以,他挂念着美砂为什么要突然离去,于是这样问道。

"唔,很开心呀。"

虽然分手令人感伤,但是纸谷急急赶到火车站来送行,还是让美砂心里很满足。

"这是早上捕捞上来的毛蟹,如果不嫌麻烦的话,带着路上吃吧。"说着,纸谷将用报纸简单裹着的大毛蟹递了过来。

"谢谢。"

电话告诉他自己要回札幌才没多久,不知道他是从哪里弄来的毛蟹。

"下次请再来。"

"真的可以吗?"

"嗯。"纸谷使劲地点了点头。

美砂说服自己相信他这一次。

美砂什么也没说,站到了纸谷身旁,纸谷好像很难为情似的干咳了几声。这时发车的铃声响起,广播里在提醒送行的人们退回到白线后面去。

"那么,"美砂伸出手,纸谷那双大手有力地握住了它,"再见了!"

美砂再次注视着纸谷的脸,像要确认什么似的。纸谷的眼里流露出一丝痛苦的神情,望着美砂。他领口裹着昨晚大伙儿为庆祝他生日送他的围巾,外面只穿了件外套,那副漫不经心、不修边幅的样子,让人感觉特别凄楚。

"再见!"

美砂望着眼前那宽阔的胸膛,想起昨夜里曾依偎在那胸膛,被紧紧地抱住,被温柔地吻过,耳边还响着轻轻的海涛声——收获了这份难忘的记忆,美砂此行还是值得的。

尽管因龃龉而分手,但是分手的一瞬间却与昨夜相同。

美砂心里不想离去。

纸谷脸上也露出遗憾的表情。

那种依依不舍、留下许多眷恋的分手,又令美砂感到满足。

六

"我要留在北海道工作!"

从纹别返回的途中,美砂不知是在哪一段路上明确无误地做出了这样的决定。是在远轻,还是接近旭川的时候?反正是火车在黑夜中急速行驶的时候。

远处只见一盏孤灯。北海道的列车线车站与车站之间的距离很长，夜色中的车窗外，几乎看不到一点光亮，刚才看见的孤灯也渐渐远去，外面一片漆黑。

车内接近满座，一开始甚至还有站立的乘客，这会儿所有乘客都坐下了。

不管母亲说什么，我一定要离开家……

说实话，这次旅行得知纸谷心里还未放下仁科杏子，这对美砂来说是个打击，或者说原本只是一种隐约的担忧，然而看到两人的合影，使她不得不正视这种担忧。一瞬间她甚至想：自己大老远的跑到这里来究竟为了什么？简直像个大傻瓜。

可是这次纹别之行，与纸谷的接吻是令人难忘的。不管纸谷心里是否犹豫、动摇，两人在大海注视下的那一吻却是不容怀疑的事实，美砂的身体比她的心更加深深地铭记着。美砂明白，应该忘记过去而珍惜现在，即使纸谷的记忆中还存有过去的女人，且随它去，重要的是"现在"。

这样一想，美砂便觉心情渐渐平复下来了。

"我一定努力！"

口中自然而然地说出这样一句话。她有种预感，自己将要去开拓一个崭新的未来。

那天夜里，美砂十点半回到明峰教授家。

两个孩子都不在，可是夫妇二人尚未就寝，正坐在起居室里看电视。

美砂在表抒纹别之旅的感想之前，先说出了自己的决心："无论如何请伯父允许我在您身边工作吧！"

"哦，那好啊，不过你母亲那边……"

"反正我已经决定了,请您答应我。"

"但是我可不想被你母亲怨恨哟。"

"家里面嘛我会跟父亲和母亲去说的。问题是,伯父打算什么时候录用我呢?"

"是呀……"教授困惑地望着夫人,"现在倒是正好缺人,什么时候都可以,可……"

"那就让我下个月开始上班吧。下个月是四月份,新学年刚开始,不是正好吗?"

"要说新学年,已经没剩几天了呀。"

"我先回家一趟,收拾一下行李,然后马上就回来。"

"你这样做真的不要紧吗?"夫人很担心地问道。

"这种事情,只要拿定了主意,就一定要趁热打铁马上去做。"美砂一面说给明峰教授夫妇听,一面也是在提醒自己。

假如错过了意气风发的现在这个时机,可能再也无法脱离家庭、独立闯一番了。再说像这种事情,如果不气势凶猛地一气呵成去做,怎么可能成功呢?

"可以吗?"

"我是没什么不好哪。"

"那我明天就出去找房子。"

"哎哟,美砂你不住在我们家吗?"

"本来也想那样来着,可是毕竟会给你们添麻烦的,不太方便呀。"

"哪儿的话,我还以为你会一直住在家里,所以才不怎么担心呢。"

"可是,既然离开了家里,还是想一个人锻炼锻炼。"

美砂当然清楚,住在明峰教授家可谓万事便当,假如以此作为条件,兴许母亲也会同意她独自一人道北海道来工作的。

但是既然离开家出来,美砂还是想借套房子,一个人自力地生活。虽然在无亲无友的札幌,一个人独自生活是有点凄苦,可只有那样才能毫不拘束,更加自由自在,而且,她也可以时不时地招待一下纸谷呢。

"可是,重新去借套房子住的话,从家具到取暖设备,可够戗啊!"

"不管怎么样,我还是想试一试。"

"住在家里的话,吃饭都不用花钱呢。"

"行了,不用多说,既然美砂这么说了就让她去试试吧。"

"伯父,真的请您多多关照。"

美砂说着诚恳地向教授低下头。

假如正式接受这份工作的话,教授就再不仅仅是伯父而且是自己的上司,在明峰教授家里时倒还好,在其他场合就必须公私分开,注意彼此的身份。

"不过,你母亲究竟会不会答应你离开家啊?"

"她就是说不行我也一定要离开。"

"如果这样的话,你就先填一份履历吧,我要交到学校去的。"

"怎么填呢?"

"我拿份样本给你参考一下吧。"

教授站起身朝书房走去,夫人却忧心忡忡低问道:"可是真的不要紧吧?怎么突然想起非要到札幌来呀?"

"我对这儿早就充满憧憬了呢。"

"那个我知道,可是……是不是喜欢上什么人了?"

"什么什么人啦?"

"札幌的哪个男人呗。"

"您说什么呀?我又没生活在这里,怎么可能有什么喜欢的男人?"

"这倒也是。"夫人歪着头想了想,随后点点头。

翌日,一大早便下起了雪。

已经四月份了,但似乎冬天还想逞一逞余威。不过尽管如此,比起一月份的严冬来,毕竟是强弩之末,冷不到哪儿去了。连飘飘洒洒的雪片也是大大的,翩翩舞动着缓缓落下来。

将近中午时,美砂趁夫人不注意,悄悄给仁科杏子打了个电话。

"啊,回来了?"

或许是美砂自己的心理作用在作祟,电话里杏子的声音听上去好像有点冷淡。

"已经充分享受到了鄂霍次克大自然的壮美。如果您方便的话,今天能不能见个面?"

"是呀……"

"我随便几点钟都行的。"

最后,约好下午两点在上次会面的咖啡馆见面,美砂挂断了电话。

美砂预计在札幌还要待两天,这期间,想把租公寓的事情定下来,这样一回到东京,马上就能将东西托寄过来。

连住的地方都决定了,谅母亲也没有办法再反对了。

中午刚过,美砂离开明峰教授家,乘巴士前往火车站。

雪还在下个不停,但是一落下便被行人踩过,或者被车子轮胎轧过,立时就融化得无踪影了。不管怎样落,也不像冬季那样轻易积起来了。

巴士驶过南一条时,车站前面有一家房屋中介,朝马路的玻璃橱窗上贴满了贴纸,上面飘落着几片大大的雪花。

美砂中途下车，走进了那家房屋中介。

一套公寓房是六张榻榻米的房间加四张半榻榻米的厨房，月租两万五千日元，另一套带浴室的要四万日元。价格不算低，但是跟东京比起来，已经是非常便宜了。

"现在正是跳槽、搬家的时期，倒是有一些不错的房子，如果您有兴趣的话，我来给您介绍介绍吧？"

一位四十来岁的中年男子热情地接待了美砂，把各种类型的房屋介绍给她，基本上预算在每月三万上下。

"我过一会儿再来。"

美砂将自己的租房要求告诉对方，然后便离开了。

一旦自己出来找房子，立即便有一种自己做主、自立生活的感觉。美砂情不自禁地精神亢奋，心情也为之振奋。

美砂重新乘上巴士，朝火车站方向赶去。

到约会的咖啡馆是两点差五分。美砂拂去落在头发上的雪，推开玻璃门走进去，仁科杏子已经坐在正面靠里的座位上。她今天穿的是一件白色的编织连衣裙，脖子上围着条绿色的围巾，与穿和服相比，另有一种成熟的风韵。

"把您约出来，不好意思。"

"哪儿的话。您一路辛苦了吧？"

两人站立着互致问候，随后面对面坐下。

"让您久等了吧？"

"我刚好事情提早办完了，所以直接过来了。好久没有来这种地方了，一个人放松放松也不错呀。"

杏子面前摆着咖啡，于是美砂也客随主便点了一杯咖啡。

"您很忙吧?"

"每天慌里慌忙地就这么过去了,也不知道在忙些什么。"

美砂对杏子的话感觉很不可思议,作为一名青年企业家的妻子,看上去生活很优裕,莫非也有什么忧愁?

"对了,纹别的感觉怎么样啊?"

"正好流冰开始离岸,看上去非常壮观美丽呢。"

"已经四月份了嘛。"

"去的那天,凑巧正好是纸谷的生日,大家一起围着火锅举行了个庆祝晚会呢。"

"……"

"那天晚上大伙儿一直喝到很晚,非常高兴。"

杏子轻轻点了点头。美砂看到那张故作镇定的面孔,不由地又嫉妒起来。

"他呀,喝醉了很有意思呢,大声唱着歌,忽然又变得罗曼蒂克起来。"

"罗曼蒂克……"

"他对我说,要带我到海边去。"

"那,去了吗?"

"去了……"

美砂自己也觉得有点恶作剧了,但还是故意露出一副陶醉的眼神,同时观察着杏子的反应。

"第二天,大伙儿一起去滑雪,只有他喝得宿醉,爬都爬不起来。"

"……"

"没办法,我只好去看他,才发现他一个人睡在那样脏的屋子里。"

杏子的眉毛微微动了动。

"那个人真是够呛,生活邋里邋遢的,又没有规律,没有节制。他以前应该不是这样的吧?"

"呃……"

"我只好帮他打扫房间,还帮他全部收拾了一遍。"

杏子低着头,视线朝下,脸上露出了痛苦的表情。

她果然还爱着纸谷,虽然已经结婚,而对方仍身在北方的天涯海角,可还是依旧挂念着他。

"您能听我说一句吗?"

"您请讲。"

杏子抬起脸。美砂望着她痛苦的眼神,低声但却坚定地说道:"我想自己是喜欢上纸谷先生了!"

仁科杏子的脸一瞬抽搐了一下,随后缓缓地转开去,漂亮的鼻尖低垂着,宽宽的额头上反射着日光灯的白光。

看来美砂的话的确起了作用。但美砂还想进一步确认,于是她望着杏子的脸庞继续说道:"我这次去纹别,就是为了去见纸谷先生的。"

"……"

"我回来的时候,他还到火车站来送我呢。"

杏子沉默了片刻,然后好像突然想起来似的问:"您这次打算给明峰教授当秘书,也是因为这个吧?"

"也有这个原因,但不是全部的原因。我是想在一个没人知道我的地方,独自一个人生活着试试,闯闯看。"

"……"

"以后真的当了教授的秘书,还望您多多关照,我有许多东西要向您请教呢。"

"我可没有什么好指教的。"

"可是,仁科太太是前辈呀。"

"哦不,作为一个秘书我还不合格呢。"

"哪儿的话呀。因为有仁科太太这样优秀的前任,我倒不知道该怎么做才好呢。"

"关于这个,不去说了吧。"

杏子制止住这个话题,然后用小匙轻轻搅动着杯中的咖啡。

"有机会的话,我想与仁科太太的丈夫见见面,他一定是个非常优秀的人吧?"

"……"

"听明峰教授讲,他经营着一家滑冰场吧,我下次一定要去见识一下。"

"请啊。"

"仁科太太您不滑冰吗?"

"运动我可不行。"

"滑冰场的经营可太了不起了。那里能进行比赛吗?"

"正准备改建成那样呢。"

"那么,您上次就是为这事去找明峰教授商量的吧?"

"我对丈夫工作上的事情也弄不太清楚,他只是让我去找教授问问看……"

在这数分钟之后,两人分手了。走出咖啡馆的时候,小雪依然在下,杏子说还要去购物,于是冒着雪一个人消失在商店街。

美砂一面下楼梯朝地铁站走去,一面在后悔,自己刚才对杏子说出的喜欢纸谷的那句话。如果不说出来的话,今后两人还可能继续顺利交往下去,因为那句话,杏子的态度霎时间变得疏远了。

看来她到现在还一直爱着纸谷呢……

"假如真是这样，那绝对不容许"，美砂暗暗下定决心。

大概是因为白天的缘故，地铁里空荡荡的，乘客很少。美砂坐上地铁，乘到南一条站，又来到刚才进去打探过的房屋中介。

因为先前大致讲过要求了，中介公司已经为美砂准备了两套比较合适的房子，一套位于大学旁的北二十条，另一套是在靠近明峰教授家的圆山。大学旁边的那套是六张榻榻米加四张半榻榻米，月租三万日元，圆山的那套同样面积，租金则要三万五千日元。

"先看一看再决定吧，我这就开车领您过去。"

美砂依言坐上了车子。

看过之后，美砂弄清楚了两处房子各自的优劣。单从居住环境来说，自然是靠近西部山岗地带、四周绿树葱茏的圆山那套房子好，所以租金也高出一些，那里离明峰教授家也近，不过考虑到学校上下班，还是大学旁边那套更加便利。

大学周围由于住家多，建筑拥挤，显得非常逼仄，居住条件好不到哪里去。美砂一旦到札幌来工作，势必与母亲大吵一场，根本就别指望家里还会寄钱来接济自己。所以，最终美砂还是决定租学校旁边的那套。

美砂先付了两万日元定金给中介公司，并告知明峰教授的家作为联络地址。等到离开房屋中介，美砂也被自己如此性急吓了一跳，不由地苦笑起来。

从市内的北部到西部，两处房屋看下来，天色已晚。雪已经停息，雪后的天空映着暗红色的晚霞。

美砂往明峰教授家走去，但是突发奇想，决定到杏子丈夫经营的室内滑冰场去看一眼。

上次坐在出租车内路过，因此知道大致的方位。美砂像个札幌人似的，沿着黄昏的街道款款而行。走过一条热闹而宽阔的大道，前面是薄野，再往前走一段，街道右边峙立着一座像口倒扣着的巨大的锅状的建筑，那便是札幌滑冰中心。

美砂站在入口处，朝里面张望。

上次路经时，四周和门口都灯火辉煌，人群熙来攘往的，今天却大门紧闭，霓虹灯也熄灭着。美砂颇觉奇怪，于是走近门口，看见玄关的右首贴着一张告示：

"本中心定于近期暂时关闭，将于宫森建造一座更具规模、北欧风格的标准室内滑冰场新馆，给各位使用者带来不便，谨表致歉，并敬请期待九月新馆建成。谢谢！"

告示的内容仅此而已，最后是落款，具名为："札幌室内滑冰中心社长 仁科恭平"。

美砂看完告示，又对着这座像死一般冷寂的建筑望了许久，重新朝地铁车站走去。

当天晚上，明峰家的晚餐主菜是一锅清炖小鸡，看来教授很喜欢吃暖锅、砂锅菜，冬天经常吃这类东西。

吃完饭、收拾好碗筷，美砂把找公寓的结果告诉了教授夫妇。

"你说什么？！"夫人吃了一惊，大声问道，"真的去租了？"

"早点决定下来，也好让母亲早点死心嘛。"

"可是，这样不要紧吧？"夫人担心地望了望教授。

"既然已经决定了,也没办法了呀。"教授道。

"伯父,我可是真的要来了哟。"

"我这里当然是 OK 啦,就看你怎么顺利地离开家了。"

"他爸……"

夫人嗔怪地看着教授,可教授到底是个男人,对这种事情似乎一点儿也没太往心里去。

"既然都这样了,我只好希望你能干得长一点喽。"

"我一直都在这儿干下去!"

"美砂你可别勉强啊。"夫人好像也明白事情已无可挽回,她啜了口茶,但还是稍许有点不放心。

"伯父,今天在街上碰到仁科杏子了。"

"喔……"

"好像是出去买东西吧。我跟她打招呼,告诉了我要在您这儿当秘书的事情。"

"今后要在这儿居住生活哩,同她成为朋友的话也很好啊。"

"回来的时候,顺便到她丈夫经营的滑冰场去看了一下,没想到关掉了,说是要在宫森那边再造个规模更大的呢。"

"他是想把现在的这块地卖掉,在别处重新再建一个,可是碰到点问题。"

"怎么了?"

"嗯,也不是什么大不了的事情……"教授掐灭烟头,接下去说道,"既然要再建造一个更好的,他想干脆造一个最漂亮的,能够在那里面举办世界杯……"

"别看年纪轻轻的,考虑事情眼光到底是不一样呢。"

"有远大的梦想当然不是坏事,可一旦真的要做起来,就碰到各种各样的问题了。如果造一个普通的室内滑冰场是很简单,可是要造成能够举办世界杯的滑冰场,光是地下的排管工程就必须动相当多的脑筋才能解决哪。"

"地下还要埋设管道吗?"

"要用装满氯化钙的管道来冷却呀。"

"那么说,是从地下把地面上的水……"

"理论上讲,要想造出世界标准滑冰场用的冰,从室内的冷却设备到蒸馏装置等,是缺一不可的。"

"蒸馏装置派什么用处呢?"

"用来制备滑冰场内的水呀。"

"不是普通的水吗?"

"普通的水的话会含有杂质,滑冰场的冰是从下面往上冻结的,所以水里如果有杂质的话就会浮到表面上来,为了确保冰面平整,要花费很大的工夫,把冰表面的这些杂质去掉。"

"那是怎么去掉的呢?"

"用一种专门的冰面平整机在冰上面反复铲磨。"

"原来造冰这样复杂啊。"

"那当然不像用冰箱来做冰块那样简单啦。"教授笑笑,喝了一口茶,"近年来,大的滑冰比赛基本上都是在室内进行的。"

"室外不行吗?"

"也不是说不行,不过室外的话会因为气温的关系,条件很容易变化,不好把握。而在室内就可以自由调节温度和冷却度,造出最好的冰来。"

"滑冰用的最好的冰，到底是指什么样的冰呢？"学无止境，美砂仿佛自己已然成了低温科学研究所的一名职员，因此打破砂锅问到底。

"简单来说，就是纯度要高，不会随时间而变化，大致冰的温度在零下两三度是最适合比赛的。"

"冰也有温度呀？"

"当然有，冰也是各种各样的，从零度到零下三十多度的都有哩。"

"我还以为只要是冰，温度全都一样呢。"

"根据调查，到目前为止的世界滑冰纪录，大多数都是在零下两三度的条件下创造的，所以标准的滑冰场也都是按照这种条件来设计建造的。"

"哦……"

这么看来，作为专门研究冰的科学工作者，研究的内容真是千奇百怪、与众不同哪。

"那么说，仁科太太的丈夫就是想建造这样漂亮的滑冰场？"

"他的目标是这样，但是要投巨资才可能做到。再说滑冰比赛也不是经常举行的呀。"

"那平时做什么用呢？"

"当然是对一般公众开放啦。"

"为了每年一两次的比赛，大张旗鼓搞那些大规模的设备，是不是不值得啊？"

"这个嘛，我看他还是想博一个名哪。"

"博名？"

"假如在那里举行全国滑冰比赛，创造出世界纪录的话，岂不是声名大振嘛？"

"可是伯父反对他的计划，是吗？"

"谈不上反对，不过我觉得，作为个人经营的企业，还是不必去考虑什么正式比赛，而是造个供一般顾客使用的滑冰场得好。"

虽然仁科恭平的详细计划还不甚清楚，但他似乎是既想博取声名，同时也不放弃一般顾客，达到一举两得的目的，足见北国青年企业家的气魄，然而从像明峰教授这样的专家的立场来看，似乎蕴涵了巨大的风险。

"杏子太太是怎么想的呢？"

"她呀，对丈夫所做的一切事情都不会干涉，上次来找我，也是因为她丈夫说想跟我见个面，所以她只是来和我说一声而已。"

"这样说来，杏子太太的丈夫也会到研究所来吗？"

"估计以后会时不时地来吧。"

美砂一面点头，一面想象着自己与杏子的丈夫相见时的情景。

树影

一

美砂的新生活开始了。

五月初,美砂再次来到了北海道。

原先计划好四月份正式开始的,但实在太急促了。假如四月份起在札幌工作,她从北海道返回后,隔几天就必须再飞回去不可。而在这期间,必须彻底说服父母亲,并且收拾好行李。

延迟了一个月,美砂终于有时间慢慢向父母详细解释,最后取得了他们的同意。

母亲开始时还是坚决反对。即使是深明事理的父亲,在美砂离家的那一瞬间神情也显得失魂落魄。

"以后要是后悔,我可管不着啊!"母亲甩出这么一句话。

连好朋友康子也反对美砂的北海道之行。"没必要非得不远千里去那种地方呀。"康子用一种看疯子一样的眼神,望着美砂劝说道。

"可是我要去。"

除了这句话,美砂再也说不出其他理由。事到如今,美砂真的不知道怎样才能解释清楚自己究竟为什么要去北国。

然而周围的人越是反对,反而越加激起美砂的勇气。自己一个人孤军奋战的悲壮感,转而成为坚固她决心的动力。

以前从未有过这样的体验。即使心里不赞成,但只要父母说"东",她就决不会朝"西",每次总是顺从父母的意愿。她根本没有胆量和勇气去开拓自己的人生道路。

最终父母同意美砂去北海道,是因为终于拗不过她,不得不服输了。

怎么会变成这样？美砂对自己感到非常的不可思议，在不知不觉中，自己变了，在还没做好心理准备的时候。也许是一段刚刚开始的感情改变了自己，是一次感觉美妙的接吻让自己变得坚强了。

五月的札幌是鲜花的季节。

先是梅花盛开，紧接着樱花也绽放了。在札幌，这两种花的花期几乎前后相连，人们心理上以为是梅花先开，但实际上是两者同时开放。

美砂住的公寓位于从火车站出来、越过立交桥、向北大约两公里的地方，具体讲，是北二十条西七丁目。

札幌市中心的街道分布像个大棋盘，以大通街道与一条名叫创成川的小河的交汇处为起点，往南往北各街区称为条，往东往西各街区称为丁目。换句话说，美砂住的地方，从这个起点起往北走二十个街区、往西走七个街区便是。

这一带是战后才开发的住宅区，但随着最近数年的建房热潮，居屋家宅越来越密集。如今再稍往前面一点，新建成了大麻、新琴似等几个大型住宅区，于是这一带也变成了市中心。

以前从这里到市中心只能乘坐有轨电车，最初是用车顶的导线杆从架空电线导电，后来改为弓架式的集电导电器，再后来演变成两节车厢相连的列车式电车。如此仍然满足不了乘客的需求，于是以冬季奥运会为契机，开通了地铁。

美砂的公寓至地铁北十八条站步行只需五分钟。坐上地铁到市中心要五分钟，再加上等候的时间，二十分钟也足够了。

当然每天上下班的地方并不是市中心。从公寓出来，向西步行两三分钟便是北海道大学的校园了。北海道大学的校园南北从北十七条至北二十三条，东西从西五丁目至西十四丁目，札幌市西北部这整个一大片地方都是它的。校园里面不光有各个院系的办公楼和教学楼，而且还有农场和马厩，以占地面积来讲，在全国首屈一指。

低温科学研究所在校园的北部，以前与校内中央大道旁的理学系相邻，后来移到了这里。研究所是一幢钢筋混凝土的白色四层建筑，风格雅致，小巧玲珑。

美砂从家里笃悠悠地走到研究所，也只需十二三分钟。每天早晨，上班的人群匆匆赶往地铁车站，朝市中心涌去，只有美砂一个人相反而行。

在充满朝气的花影下，款步穿过绿油油的校园，令人心情愉快。九点上班，美砂早上八点半出门，时间还绰绰有余。

早晨校园内几乎看不到学生，来往的都是在学校工作的职员，然而在空旷宽阔的校园内，分散于各处，一点儿也不引人注目。

北海道大学一如它"榆树之园"的美誉，到处栽满了榆树，而且都是树干粗到两个人才能勉强合抱起来的巨树，树上枝叶繁茂，在刚刚发芽茵绿的草坪上投下浓密的树阴。

每天早上呼吸着充满了新绿的空气，美砂真切地感觉到自己确实身在北海道。住的公寓、满眼的绿色、呼吸的空气，全都与东京不同，一切都是那样的清新、舒爽。

美砂的工作从九点钟开始。办公室在三楼图书室的一角，面积约十六七平方米，中央是一张大桌子和黑板。虽然称之为图书室，实际上这里也是研究员和学生们休息的场所。

在朝南的窗口旁，有一张美砂专用的办公桌，每天早上一到，她先从桌子旁边的衣帽柜拿出白色的工作服换上。穿上工作服，站在更衣镜前自我端详着，美砂觉得自己似乎一下子变得了不起了，就像是个美容师或者医生那样。

虽说美砂并不参与研究工作，没必要穿工作服，但毕竟是研究所的一员，上班时间穿工作服也算是惯例。

身材小巧、脸架子稍大的美砂穿上白衣非常合适。

"哟，这么可爱的研究员哪！"明峰教授首先开玩笑道。

美砂自己也感觉确有几分可爱。雪白的工作服，竟出人意料的妩媚。

美砂一面朝镜子端详，一面想象着杏子身穿白色工作服的样子。自己穿上就显得这样可爱，杏子的话一定更加漂亮，而且还洋溢着一种聪颖的气质。

换好工作服，美砂九点钟开始打扫图书室。先将绿色的地板扫除一下，接着擦拭桌子等，然后用钥匙打开门进入隔壁的教授办公室，同样打扫一遍。

等美砂打扫完毕，研究员们也陆陆续续到了。

低温科学研究所的成员中，明峰教授是负责人，下面有今井副教授、细野和平山两位讲师以及三位助教，此外还有吉冈、秋叶等几个在读研究生，大家到了之后都先到图书室露一下脸，然后再去各自己的办公室。海洋学教研室下面除了副教授办公室，还有另外两个研究室，每人在里面各有自己的办公桌。

白天美砂的工作主要是接听打给明峰教授或是教研室的电话、帮助查找各类文献资料以及打字等，此外，每天早晨和中午为大家泡泡茶、干干杂务，总的来说并不复杂。

研究所的成员都很和蔼，特别是教授，时时刻刻费神照顾着美砂。第一天上班，他一看见美砂，立即关切地上前询问："昨天晚上睡得好吗？一个人没有哭鼻子吧？"

"才没有呢,睡得非常好。"

美砂嘴上爽朗地答道,其实心里不可否认感觉非常难受。晚上,从教授家回到自己住的公寓,打开黑乎乎的屋子里的电灯时,她一下子孤寂得不知道如何是好。父母此刻正在做什么?想着想着就想哭鼻子了,她终于体会到,自己一直追求的自由,原来与孤独竟像是孪生姐妹。

自己为什么会在这里?为什么此刻只有独自一人?美砂一瞬间还以为是在做梦,就像爱丽丝的冒险一样,在睡梦中飘然来到了一个陌生的地方。

可是美砂立即便知道自己不是在做梦,因为她听到了窗外轻轻的风声,远处的汽车声也清晰可辨,自己挪动一下身体,就会有个身影随着她一同晃动。

千真万确,美砂现在是身处北国札幌,独自忍受着难熬的孤寂,正坐在孤零零一人的屋子里。

所有这一切,全都是为了纸谷诚吾,为了离纸谷更近一点,美砂才抛开一切追到这里来。想到这里,美砂情不自禁地顾影自怜起来。

可是,他到底明不明白自己的衷肠呢……

希望他能与自己心心相印,灵犀相通——最后,美砂闭上眼睛,心里默祷着。想到纸谷,她才能驱走孤独,慢慢地入睡。

明峰教授也无法明察美砂的内心。"缺什么东西尽管说。今天晚上不来一起吃饭吗?"

"不了,今天就不过去了。"美砂爽脆地谢绝了。

要想真正地独立生活,就不能老是向教授家撒娇领宠,第一天就乐颠颠地去的话,以后就难约束自己,不远千里来北海道租房子也就毫无意义了。

况且美砂还有许多事情必须做。首先回到家，要整理托寄来的行李，衣服和餐具都还没来得及整理呢。接下来还想买一块地毯铺在地板上，窗帘也得换个稍稍厚实点的；墙上也要装饰一下，布置得稍稍女性化一点……一个人正经八百地过日子，光这些事情也够忙活一阵子的。

工作方面，大伙儿都热心地指导她，从文献的查找方法到打字机的使用等，美砂很快就熟悉了。

迄今为止，美砂基本上就是囿于家庭这个狭窄的生活圈子，要想说说话对象也就是母亲，顶多是几个朋友，实际上算不上真正接触过社会。因此，美砂在大学里所看到的、听到的，对她来说，一切都是那样新鲜，她从不知道在自己以往的生活圈子之外，还有如此充满生气的世界。

从这个意义上讲，美砂对自己来札幌工作一点也不后悔。夜晚，当她躺在床上，孤独向她袭来的时候，只要想到白天充实的生活，很快就克服了。研究所里的职员们从上到下，对美砂也都爱护有加，每天清晨睁开眼睛起床时，愉快的时刻又在等待着她，足以使她忘掉孤独。

"来北国没有错。"美砂在五月的明媚的校园里，深深吸一口气，想到假如能够在校园里遇到纸谷，那该多好啊。

二

札幌没有梅雨季节。

在没有梅雨的六月，街上盛开着紫丁香花。

从美砂的公寓通往低温科学研究所的路上，也到处满是紫丁香花。美砂喜欢紫丁香花的花香，就像它柔柔的浅紫色的花一样，它的香气也充满了某种谨恭的神秘感。

美砂穿过夹道的紫丁香花走进研究所。

六月份第一个星期一，明峰教授的日程安排是：十点半在研究所会议室有一个讨论学术的碰头会，下午三点起到理学系参加教授联席会议，四点钟当地一家报纸的记者前来采访，内容是关于预定于七月初出发的北极圈联合科学调查队。

十点钟明峰教授一到，美砂立即将时间安排告知了教授。

"知道了。不过，昨天晚上仁科先生打电话来，说今天下午五点钟左右要来这里。"

"仁科先生？是杏子的丈夫吧？"

"还是关于那个滑冰场的事情。报社记者的采访大概半小时差不多可以结束了，万一时间晚了，你让他先在图书室等一下。"

教授交代完，便去准备上午的碰头会了。

美砂目送着教授离开刚转身回到图书室，一个月前刚从纹别回来的藤野走了进来。

"去哪里了？"

藤野说着竖起右手的大拇指。在教研室里，这个手势代表明峰教授。

"去开学术会议的碰头会了。"

藤野点了点头，自己煮起了开水。"我也想去哪。"

"这次只有纸谷一个人去吗？"

"低温科学研究所只有一个名额，本来希望再增加一个名额的，可是不行。"

藤野似乎为没能选上调查队员而感到很遗憾，作为一个冰的研究人员，当然期望能亲自去北极看看那里的冰河。

"这次的队员不只是日本人吧？"

"这次是美国、加拿大、芬兰还有日本四个国家共同进行的研究,日本方面的人选就是由学术会议全权决定的。"

"T3是什么意思?"这是美砂从送到教研室来的关于联合调查队的文件中看到的,可是不明白它的含义。

"哦,是一个岛的名字。"

"有这么个岛吗?"

"是不是觉得好像没有吧?事实上地图上是找不到的,但确实有这么个岛,不过整座岛都是冰构成的。"

"那不是会融化掉的吗?"

"不会融化。它是由流入北冰洋的大冰河冲到海里的岛,面积大概有五平方公里。整座岛都是大冰块,夏天的时候会因为融化而变小,但是没等完全融化掉冬天又到了,岛又变大了。就这样反反复复,一直浮游在北冰洋上,消失不掉的。"

"所以才没印在地图上吧。"

"因为它全是冰,跟平常概念中的岛完全不一样。不过只从外观上看的话,那里所有的岛都被冰雪覆盖着,看上去都一样。"

"冰有多少厚?"

"厚的地方大概有四五十米吧。"

"那调查队员要在冰上生活吗?"

"联合调查队的目的是要调查整个北极圈的海洋以及环境,这次好像主要是以T3为中心吧。"

"那种冰形成的岛不会裂开吗?"

"偶尔也会的噢。一直到前不久还存在的T1岛,听说就是中间出现大裂缝,结果裂成了两半哩。"

"那岂不是很危险？"

"当然不能说是很安全的啰"。

"太可怕了！"美砂叫起来，随即赶忙用手掩住了嘴巴。

纸谷要到那样危险的地方去做什么呀？美砂为了掩饰自己的不安，走到电热水壶旁冲了一杯咖啡。每天早上的咖啡就像这样，一面喝着一面跟研究员们闲聊。明峰教授不在的时候，不由自主地感觉到轻松。

"要在那儿待上几个月吗？"

"好像是七到八月两个月吧。"

美砂内心是希望纸谷不要去那样危险的地方，让藤野取而代之。这样固然对藤野不太好，可是他本人既然愿意去，也就不算什么坏事。

"纸谷去那儿的事情，是不是已经定下来了？"

"对于流冰，他毕竟是数一数二的嘛。"

美砂到这里来之后才知道，教研室的职员们并不全都是研究流冰的，就像教研室名为海洋学教研室一样，涉及的范围远不止流冰，例如明峰教授是专门研究洋流的，副教授专门研究海水性质，平山讲师则专门研究海洋浮游生物的生成，每个人都有各自擅长的领域。

"这次集中的全是研究流冰的研究人员吗？"

"那倒不是。海洋学的专家当然少不了，其他的应该还有地质学啦、考古学啦、生物学等方面的专家一起去。因为虽然说是冰，但毕竟是冰河，对它进行调查的话，还可以弄清楚古代的历史以及植物分布等。"

整个冰河向大海中滑移，浮游在海面上，而科学研究者们在它上面进行各种各样的研究。美砂试着将纸谷的身影放进这幅画面中。

"怎么去那个岛呢？"

"先到阿拉斯加的安克雷奇,再从那里到巴罗。"

藤野说着指了指身后贴在墙上的地图。在阿拉斯加的最北部、北纬七十度线再往北的地方,标着 BARROW 这个地名。

"然后从那里坐直升飞机上岛。"

"可是,那个岛不是浮动的吗?"

"说是浮动的,也只是顺着洋流的方向浮动而已,大致的方位还是能知道的。"

"那里一定很冷吧?"

"那当然,到底是北极啊。不过,因为现在是夏天,所以基本全都是白夜。"

日光对于在明晃晃的冰上生活的研究者来说究竟意味着什么,现在的美砂还完全无法想象。

"不会感冒吧?"

"不要紧的,大伙儿都习惯了。对了美砂,你好像很关心纸谷嘛。"

"哪儿的话,没有啦。"

"反正有点怪怪的喔。"藤野恶作剧地笑笑,随后又加上一句,"又可以去 T3,又有美砂小姐关心,纸谷真是交上好运啦!"藤野丢下一句叫人捉摸不透、不知道到底是认真的还是在开玩笑的话,走了出去。

屋里只剩一人时,美砂走到窗边,望着翠绿的草坪,又想起了纸谷。

离开东京的家来到札幌的那个夜里,美砂用公寓的电话把自己的情况告诉了纸谷。"明天起就到大学上班了!"

可是纸谷只回了声"哦",再没有说别的。

"以后也得请你多关照了。"美砂说。

纸谷客气地答:"不不,请你关照。"至于"你现在住在哪里"、"一个人生活不要紧吧"之类关心的话，纸谷一个字也没有提起。

美砂把公寓的住址和电话号码告诉了他，随后又问："下次什么时候能在札幌见到你呀？"

"现在还没定下来，大概六月份会去趟札幌。"

"七月份要出发去北极了对吗？"

"就是去讨论那件事情。"

纸谷语气淡淡的，听上去似乎他早将一个月前两人在漂浮着流冰的夜色下的海边接吻的事情忘得一干二净了。

"那我就期待着和你见面啦。"美砂说完，挂断了电话。

怀着满心期待，原以为他一定会喜出望外，没想到他并没有显得高兴。尽管客客气气的，却让人不免感觉有点生分。

又是一个月过去了，纸谷依然音信全无。有时也会寄邮件给明峰教授或教研室，但都是事务性的文件和报告之类，丝毫不涉及个人的事情。

美砂不禁悲从心头起。

自己不顾父母亲的反对，毅然决然来到札幌，只是为了能接近纸谷，哪怕更近一步也好；独自在公寓里忍受着寂寞和害怕的夜的煎熬，也是因为相信能和纸谷相见。可是，纸谷好像对此毫不体察，也不过问一声。

要是他能像我思念他这样思念我就好了，至少十分之一也行……

美砂抚平心绪，离开窗口回到桌旁。

整个下午工作不太忙，美砂接了几个电话，去中央图书馆查找并取回教授交办的文献资料，将其中的部分内容录打下来，其间还有三位客人来访，美砂给他们端茶送水。傍晚时分，报社的记者按时前来采访明峰教授，但因为教授联席会议拖晚了，明峰教授返回已经四点半了，采访立即开始,直至五点钟尚未结束。

"美砂,已经五点了,你可以先走了。"

中途教授离开座位,特意出来关照美砂一声。

"反正我回去也没什么事情。"

"是嘛?"教授喃喃着,回到自己的办公室去了。

中午休息时,藤野来邀美砂:"回家的路上一起去喝点啤酒吧?"但是被美砂回绝了,倒不是因为另有什么事情,而是她想起仁科杏子的丈夫要来研究所拜访。

"老爷子还在吗?"

五点一过,藤野又进来了。美砂点点头示意教授还在里间,藤野缩着肩走了。他刚出门,紧接着有人敲门。

美砂打开门,只见一个身材高大的男人站在面前。

"您是仁科先生吧?"

美砂一眼判断出来客就是仁科恭平。

"明峰教授现在正在接待客人,马上就结束了,请您在这儿稍等一会儿。"

仁科恭平点点头,四下扫视两眼,走了进来。他的个头将近一米八,体格健壮,大概学生时代参加过体育运动。

美砂示意他在桌子前的椅子上坐下,然后泡上一杯茶。仁科恭平谢过,随即抬起脸,问道:"是竹内小姐吧?"

"是。"

"我从妻子那里听说过你。"

美砂局促不安地低下头。

仁科恭平三十五六岁,与纸谷一样身材魁伟,不过感觉与纸谷有些不同: 在女性面前完全没有拘谨害羞的样子, 甚至可以说有些厚脸皮, 但却不令人讨厌, 待人和蔼, 没有距离感, 这或许也是北海道男人的一种类型吧。

"你是什么时候来这里工作的?"

"从五月份起。"

美砂一面回答, 一面偷偷地朝他的胸部瞟了一眼, 灰色的西服, 黑色领带, 显得干练而潇洒。

仁科恭平喝了口茶, 站起身走到美砂身旁的窗边, 朝外张望着。"夕阳中的北海道大学真漂亮啊!"

被他这么一说, 美砂也情不自禁地朝外望去。

右边群山上方的天空挂着晚霞, 巨大的榆树在绿草坪上投下长长的影子, 校园结束了初夏的一天, 此刻正欲潜入夜的宁静中去。

"哦, 这是我的名片。"

仁科恭平像是突然想起来似的, 从胸前口袋里掏出名片, 名片上印着: "仁科兴产董事长　仁科恭平"。

"马上就要建造一个新的滑冰场, 所以来向教授请教。你以前滑过冰吗?"

"没有。"

"等造好了请过来玩, 我一定会邀请的。"

这时, 教授办公室的门打开, 记者们走了出来。教授办公室与图书室是相通的, 用一道门隔开着, 来找教授的客人都是从图书室进出。

"请进吧。"等记者和摄影师出去后, 美砂向仁科恭平招呼道, 于是他施了个礼, 推门进去。

美砂望着那宽阔的背影, 又想到了杏子。

纸谷和仁科身上都充满了男人味，果敢利落，不过仁科好像是那种热情爽朗的人，而纸谷的性格则稍稍有点儿闷，有时给人感觉忧郁，有时又给人感觉冷冰冰的。

杏子真的爱哪一个男人呢？

如今想这些事情似乎毫无意义，但美砂还是忍不住去想。

大约二十分钟之后，仁科从教授办公室出来，紧接着教授右手夹着皮包也走了出来。

"对了，你要不要也一起去？"仁科出其不意地说道，"我想请教授一块儿去吃饭，你看怎么样？"

见美砂迟疑，仁科接着道："薄野有一家味道很不错的寿司店。反正已经下班了，没关系吧。"

"去吧？"教授也在旁怂恿道，于是美砂答应一起去。

"对了，再叫上我妻子，四个人一起吃吧。可以借用一下电话吗？"

仁科走到电话机前，拨打电话。美砂赶忙收拾好手提包，在镜子前整理一下头发。

"明峰教授和他的秘书也一起去……你来不了？……"仁科在通着电话，他并没有特意压低声音，"是吗？那就下次再说好了。"

仁科挂断电话，稍感歉意地解释道："妻子好像有点累，今天只好失陪了。"

"这个嘛不必勉强。"教授说完，三人一同走出房间。

出了研究所的正门，一辆白色的进口轿车停在那儿。是仁科开来的车子。快要没至群山山脚的落日的斜晖，将浓浓的红光染在白色的车身上。

"请上车。"

仁科请明峰教授和美砂坐在后座，自己坐在了驾驶座上。

车子一路直接开到了薄野一幢大楼底楼的那家寿司店。

虽说有关工作的话题已经结束,但仁科筷子上夹着鱼刺身,还是忍不住滔滔不绝地谈起了即将建造的新的滑冰场的事。"我想五年以内,在那座新的滑冰场里举办世界杯比赛。"

教授主要是在听他讲。两人谋面时日尚短,除了滑冰和冰以外,也无法聊及其他共同的话题。

一个多小时后,三人从店内出来。

"还想再陪你们去一家酒吧喝点什么,怎么样啊?"仁科问道。

教授谢绝了:"已经太谢谢啦。我还有点东西必须弄好,明天要用的,只好就此失礼了。"

"那就下次再约时间吧。"仁科低头施礼道别。

剩下教授和美砂两个人,教授问美砂去不去家里弯一弯,美砂觉得回到独自一人的公寓甚是寂寞,便点头同意了。

两人很快坐上一辆出租车。

教授点上一支烟,喃喃地说:"唉,那样的年轻人真是没办法啊。"

"年轻人?您是说仁科先生吗?"

"嗯。想法是不错,可惜考虑得太简单了。他读大学时是有名的滑冰运动员呐,不过到底还是没有真正吃过苦啊。"

美砂在一旁只是听着,但她也隐约地觉得,仁科尽管洋溢着运动员的执著劲头,可的确有点过于沉醉在自己的想法中了。

"这样下去,杏子也够呛啊。"

"可是,作为仁科先生的太太,她什么都不缺,不是蛮好的嘛。"

教授没有接茬,只是咬着香烟,望着前方。

三

一到六月十五、十六日北海道神宫祭日，札幌市民齐齐换上了夏装。女学生们脱下了黑色长袖水手服式学生装，穿上了白色的短袖水手服式的学生装，女人的和服也由有衬里的和服换成了单层和服。

北国大地也好，北国的居民也好，这是他们最为生气勃勃、美丽多姿的季节。

美砂已经开始适应这个城市了。市区内的话，去任何地方她都没问题，只要告诉地址她就能知道大致的方位。

在研究所，除了藤野、斋藤等男性朋友外，美砂还结识了其他教研室的秘书野田荣子、横山美良等女性朋友，并且在公寓里也交上了朋友，因为她是大老远从东京来的，大伙儿对她都非常亲切友好。

一开始的那种孤独寂寞已经不知不觉地烟消云散了。

纸谷从纹别来这里，是六月份最后一周的星期三。

这天下午，事先毫无预告，纸谷动作迟缓地推开了图书室的门。

"啊！"

美砂惊诧地叫出声来，纸谷只应一声"嗨"，同时举起右手招呼道。

他背一只大大的双肩包，上身穿了件衬衫，胸口敞开着，裤子肥大，显得有点晃荡，脚上蹬着双笨重的登山鞋。

"这是怎么回事？"

"我刚刚到这里。"

纸谷将背包放在地上，顺手解下挂在腰间的手巾擦了把汗。

"教授呢？"

"现在有事去校部了,再有一个小时就回来。"

"那我就稍微休息一会儿。"

纸谷坐到椅子上,然后解开背包,从包里取出用报纸包着的蟹。

"吃不吃?今天早上刚捕到的。"

报纸里包着十来只大毛蟹,横七竖八地叠着。

三月份纹别一别至今已经有三个月了。美砂自那以后回到东京,随后五月份来札幌,与纸谷一直还没见上一面。

"马上要去北极了吧?什么时候出发?"

"后天。"

"后天……"

"明天晚上在东京举行组团式,后天夜里从成田机场出发。"

"那,在札幌只待今天一晚上?"

"是的。"

纸谷喉咙发出"咕嘟咕嘟"的响声,美滋滋地喝着水。

这个人怎么这样沉得住气啊?后天就要出发去世界之极北冰洋了,而他现在才刚刚笃悠悠地从纹别出来。这样他在札幌、东京都不能好好休整,急急忙忙赶到东京,然后便直接飞往阿拉斯加了。

"都贮备好了吗?"

"差不多……"

"还有什么要买的?"

"没啥买的。"

纸谷自信十足地点点头,随即开始吃起自己带来的毛蟹来。

"很新鲜,很好吃哪。"

"今天晚上怎么安排的?"即使毛蟹再新鲜,可美砂更加关心的是纸谷。

"还没定下来,我睡在藤野那儿。"

"那怎么……"

美砂刚要说下去,立即停住了。她本想让纸谷睡到自己新租的公寓来,可是在这儿实在不方便说。

"你今天晚上有空吗?"

"我当然……"

"那一起吃饭吧?"

"可是,藤野他……"

"叫上他一起没问题吧?"

"我是没关系。"

临出发前的最后一晚,美砂希望只和纸谷两人一起吃顿饭,可是他好像并不在乎。

"我等会儿跟教授会面,再到低温研究所的其他教研室去转一圈,然后再回这里来。"

"知道了。"

约定好再碰头,美砂稍稍定下心来,便去通知其他人。

研究所里只有藤野、秋叶等四人在,大伙儿听说纸谷来了,都兴高采烈地来到图书室。

"哟,终于来啦!"

"还带着毛蟹来,真是值得钦佩的好前辈啊。"

"算是提前开庆功会啦。"

大伙儿七嘴八舌地一面说着,一面大口吃起毛蟹来。美砂担心地想:在图书室里吃毛蟹,教授回来看见了不会挨骂吗?可是大伙儿谁都不在乎。从事野外考察的科研人员，在这些方面竟出人意料地散漫洒脱。

美砂也尝了一只，的确很好吃，比札幌薄野一带卖的毛蟹新鲜多了。

"这才好吃哪。"纸谷挑了一只蟹黄饱满的蟹递给美砂，"动手慢的话都给大家吃光了。"

众人下手果然神速，堆成一座小山似的十来只毛蟹，转瞬之间便分崩离析，报纸上全是碎壳了。

"给老爷子留一只吧！"

纸谷提议道，于是藤野挑出两只大的蟹划拉在一边。

"真是太爽了。大概什么时候能到T3啊？"藤野羡慕地问道。

"七月六号从巴罗出发，应该是七号到吧。"

"那七夕要在北极过啰。"

"听说今年出现了裂缝，T3好像变小了。"

"等到了那里不会消失掉吧？"

"要是不见了，那就再找一个T4出来嘛。"

小伙子们爽朗地笑开来。

今年冰结成的岛屿好像变得小了，美砂在旁听了都情不自禁地有点担心，但是他们却一点儿也不在意。

"今天晚上怎么安排？"藤野一面嚼着毛蟹一面问。

纸谷偷偷朝美砂看了一眼，说道："想请她一起吃饭呐。"

"那我们就不要打扰了吧？"

"喂！别往歪里想好不好？"

"可是，说不定美砂小姐会觉得我们讨厌哩。"

"不会，没有的事……"

美砂摇着头，心里却对藤野明目张胆的使坏很生气。

这天晚上,大伙儿一块儿去了位于道厅北侧一条小路上一家名叫"围炉"的烧烤店。进门左首摆着一只大炭火炉,上面正热气腾腾地烤着多线鱼、比目鱼、扇贝等。

众人似乎从学生时代起就与这儿稔熟了,一位和蔼可亲的老大爷高兴地欢迎一行人。

一共是六个人,吧台上坐不下,于是便进入靠里面的半封闭式包间,围桌而坐。

清酒和啤酒很快送上来了,大伙儿先干了一杯。鱼是老大爷推荐的"不知时",老大爷介绍说,"不知时"是一种大马哈鱼,因为它的汛期不像一般的大马哈鱼那样在秋季,而是初夏被捕捞上来的,所以被冠以这个名字。

"现在这个时候脂肪厚,最好吃。"

被老大爷这么自得地一介绍,经不住送到嘴里品尝起来。果然一接触到舌头,立即像化了一样酥软可口,有股甜味,因为是刚刚捕捞上来的新鲜鱼,烤的时候连盐都没放。

大伙儿吃着喝着,话题自然而然地又扯到纸谷的北极之行上,还有人托纸谷带些海豹的毛皮,或者将北极的冰放在干冰装置中带回来作礼物的。

兴许是空腹,或者是纸谷坐在自己身旁的缘故,美砂很快便醉了。

一个半小时后,一行人离开烧烤店,准备再去薄野一带去喝点,于是美砂向众人告辞先回家了。因为这样待下去,也不可能与纸谷两人单独相处,再说也担心万一酒后说话走嘴,引起不必要的不愉快。

"是嘛,那太遗憾了。"

走出店时,纸谷脸上露出失望的表情说道。

"明天几时出发?"

"千岁机场,十二点钟的飞机。"

"那明天碰不上了,自己一路保重啊。"

"谢谢。"

纸谷朝美砂伸出硕大的手。在小路的昏暗路灯下,看不清纸谷的脸,只觉得样子似乎有点疲惫。

跟大伙儿分手之后,美砂借着微醉带来的快意,独自回到公寓。

读着晚报,她歪斜在沙发上。

这个纸谷,到底应该说他是亲切呢,还是说他冷淡呢……

在酒醉的慵懒中想着事,不一会儿美砂便迷迷糊糊睡着了。虽说已是初夏,但夜晚仍有点透心的凉。将近十二点,美砂醒来,她换了睡衣,上床睡了。

不知什么时候,美砂突然被一阵敲门声惊醒了。

由于是木造公寓,外墙只涂着一层砂浆,所以半夜三更的敲门声特别响。美砂一下子跳起来,在睡衣外面披了件外套,向门口走去。

"是哪位?"

"是我,纸谷诚吾……"

声音突然停顿,随即传来"咚"的一声,像是人倒在门上。

美砂慌忙从里面扭开锁,把门打开。

与此同时,纸谷巨大的身躯顺着打开的门重重地跌滑进来。

看样子他醉得很厉害,头低垂着,垂下来的头发遮住了脸。纸谷向玄关口的脱鞋处倒过来。

"喝得多了。给我一杯水……"

美砂赶紧拿一只玻璃杯倒上水,递给纸谷。纸谷接过水,一饮而尽,然后喘着粗气:"对不起。"

"你怎么……"

"突然一下子想见你……"

"先把鞋子脱了再说。"

纸谷跟跟跄跄地进入屋子,随即瘫坐在门口的地板上。

"今天晚上,可以在你这里睡一晚吗?"

"没关系……"

"我就睡在这里好了,明天一早就离开。"

醉成这副样子,实在不忍心让他回去。可是,女人独住的屋子里要留宿一个男人,美砂又踌躇不决。自己喜欢纸谷,对他留宿自然没有抵触,不过两人睡在同一个房间里,总有点害怕。这不是喜欢不喜欢的问题。

"不用什么东西,就睡在这里没关系。"

纸谷说着,又大口大口喝起水。

"不行啊,那儿怎么能睡觉?到这边来休息吧。"

美砂的屋子是一间半样式的,靠门口是间四张半榻榻米大小带厨房的房间,里面是六张榻榻米大小的日式房间。美砂在日式房间里铺上地毯,支了张床,作为睡房。

美砂架着摇摇晃晃的纸谷,扶他到床前。

"睡哪里都……没问题……一直在冰上睡觉的。"

"早点休息吧。我来帮你把衣服脱一脱。"

"不,不用,绝对不要紧……"

嘴上这样说,可是胳膊却怎么也无法从袖管里脱出来。美砂只好从后面帮他把袖管拉下,就像在帮一个小孩脱衣服一样。

"没有睡衣喔。"

"那个不需要，不需要。"

纸谷只脱掉外套和裤子，便像摔倒一样地躺到了床上。"对不起。对不起。"嘴里像梦呓似的，随即马上响起了轻轻的鼾声。美砂将蹬乱的被子拉上，帮他盖在胸口。

在哪里一直喝到这么晚呢？美砂看看表，是凌晨两点钟。

夜半的突然到来吓了美砂一跳，但是想想他喝得这么醉，还是跑到自己这里来，心里又有几分欣慰：烂醉如泥中还记得自己，这令美砂感到高兴。

然而，藤野他们怎么办？会不会他们知道纸谷今夜来这里？要是让藤野他们知道两人共处一室，那可是了不得的事。

纸谷却不知美砂的心事，他兀自轻轻打着呼噜。

"真拿他一点儿也没办法。"

美砂将纸谷脱下的衣裤用衣挂撑起来，然后朝四下张望。自己接下去睡哪里？总不能和纸谷挤在同一张单人床上睡觉吧？从家里又只带了一床被子来。

思来想去，最后美砂从壁橱里拿出一条多余的毛巾毯，裹在身上，坐在屋子角落里，打算继续睡。

六月末的拂晓时刻，天气虽还有点透心凉，但是穿件外套外加毛巾毯，还不至于着凉感冒。美砂灭了电灯，靠着墙壁，蜷缩在床脚的屋子一角。

一开始，神经出奇兴奋，怎么也睡不着。渐渐地，终于迷迷糊糊地睡去。

不知过了多少时间，美砂忽然一激灵，只看到床上一个黑影在动。

"怎么了？"

"水……"

美砂赶紧起来,从冰箱里拿来冰镇的大麦茶。纸谷张开手指抓住杯子,一仰脖子,喝下一大杯。看来酒醒了,因此喉咙才感觉特别干渴。

"真好喝。"

"再给你倒一杯吧?"

"不要了……"

昏暗中纸谷轻轻摇了摇头。可是紧接着,突然间伸出他那粗壮的胳膊,不管三七二十一,一把将美砂娇小的身体搂住了。

"别……"

美砂一面压低声音叫道,一面摇头。她缩起身体,想从纸谷的胳膊着挣脱出来。可是纸谷的胳膊搂得紧紧的,就像被一条铁链锁住了似的,根本无法挣脱。

散发着酒气的脸孔凑了过来。

"不要……"

美砂头左右摇摆着,竭力躲开,但是纸谷双腕更加用力,嘴唇不容分说地压了上来。

"啊!……"

美砂惊叫一声,随即呼吸停止,被夺去了双唇。

在美砂的脑海里,远方的海潮声和看到白色流冰的那个夜晚又复甦了。这是两人的第二次接吻,美砂心底感到某种平静和安详。

这晚美砂的又一次抵抗,是在局促的单人床上。纸谷的手朝美砂胸前伸过来的时候,手的动作稍迟缓,好像带着点不知所措,但却是果敢而坚定的。

仿佛在表白"这次我再也不会放过你了!"的决心。

美砂再次缩起身子想逃脱，但霎时间心里另一个意念在劝服自己：算了，不要拒绝他罢。这既是给自己的一个理由，也是自己一直的期待。

美砂意识模糊、不清楚发生了什么的一段时间很快过去了。羞怯和惊恐，令美砂不敢去回想。

然而当一切结束的时候，窗外已隐隐发白，初夏的黎明早早来临了，刻在美砂记忆中的只有这些。

美砂打了个盹儿，浅睡过去了。

纸谷紧紧地将美砂抱在胸前，假如分开，便有一个人要滚落到地上。所以两人也不得不抱得这么紧。

依偎在纸谷怀里，美砂感觉到不可思议：男人的身体原来竟是这样的温暖、甜蜜，与其毛茸茸、刺饿饿的外表感觉完全不同。

仅此一夜，美砂的感受发生了巨大的变化。

纸谷仍然发出轻轻的呼噜声酣睡着。此刻身边的纸谷不再是那个科研工作者纸谷，而是与自己肌肤相亲的纸谷。

美砂望着微明的屋子，不知为何流出了眼泪。

早晨，美砂翻身下床时已经七点多了。纸谷还睡着。

美砂尽量不吵醒纸谷，蹑手蹑脚地走到化妆镜前。大概是因为睡眠不足，脸上略显浮肿，眼睛周围也出现了淡淡的黑圈，然而却精神焕发，充满了对崭新的一天的期待。

美砂洗完脸化好妆，来到厨房间准备早餐。她先用生菜做了盆色拉。冰箱里还有点火腿肉，于是煎了个火腿鸡蛋。接着在电烤炉上烤面包。牛奶也现成的，只要再煮点开水冲两杯咖啡就行了。美砂一面切着卷心菜丝，一面情不自禁地轻轻哼起歌来。虽然全身还感觉倦怠，但心情无疑是灿烂的。

纸谷打算什么时候出发？十二点钟从千岁机场起飞的话，最晚十点半必须从札幌航站楼启程。看他一件行李都没拿，一定是存放在什么地方了。现在虽说还不到八点，但差不多也该起床了。

美砂擦干了手，走到床边。

"纸谷、纸谷……"

一面唤一面轻轻拍了拍纸谷的肩头。突然，觉得好像是一个妻子正在唤醒丈夫似的，美砂不由地感到一阵难为情。

唤了两遍，纸谷慢慢睁开了眼睛。还带着醉意的惺忪的眼睛，直直盯着美砂。

"已经八点钟了。"

"噢……"

纸谷点着头，两只粗壮的胳膊再次紧紧抱住了美砂。

四

纸谷始终以一副一本正经的表情吃着早餐。

一夜之间，两人由若即若离的他人，变成无以复加的亲近的事实，让两个人都有点困惑和紧张。

喝完咖啡，纸谷说了声"太叨扰你了"，便起身站立起来。

现在是九点。纸谷等会儿要去取临时寄存的行李，然后去航站楼，再从那里乘坐巴士往千岁机场。

"学校那边……迟到了吧？"

"不要紧。"

九点半时，两人一起走出公寓。明媚初夏的阳光，照得美砂很刺眼。

沿着公寓前的小路来到大街，两人必须分手了，纸谷朝市中心方向，美砂则往大学的方向。

"那么再见了……"

"注意身体。"

两人的视线紧紧交织，随后轻轻点头致意。接着，纸谷朝地铁车站走去，美砂向看得见白杨树的大学农场方向举步。

走出几步后，回头一看，纸谷也正返身朝这边看着。纸谷不好意思地笑笑，然后挥挥手，大步走去。美砂走到开放着紫丁香花的街角，再回头看时，纸谷的背影已经不见了。

这样的分手太草率了。

既然已经迈出那一步，此刻的分手似乎理应更加浪漫、更加富有余韵。心里还有许多想说的话，但美砂只说出一句："注意身体。"

不过，美砂还是满足了。停住脚步，四目相视，仅此两人的情感就足以交流相通了。身体的结合，使得言语也会变成多余。

这天，美砂一整天心里都没着没落。她看着手表挂念着：纸谷现在到千岁了吧？飞机已经起飞了吧？

脑子里已经被纸谷填满了。

以前也经常记挂纸谷，可都没有像今天这样强烈，尽管想起，但克制一下还是能忍住。可是现在，似乎不是头脑、而是身体在记挂着纸谷，头脑在对自己说要克制，可是身体却依旧飘摇荡漾、摇曳多情。

美砂觉得自己好像变成了另一个人，自己本来约束得住自己，可现在似乎失去控制了，另一个人潜入自己的身体，骄蹇不驯自作主张地行动着。

明知这样不行，可还是被他牵着鼻子走。

下午三点，藤野和研究生吉冈走进图书室。

"哟，美砂小姐今天这是怎么了？"

"什么呀？"

"看上去光彩照人哪！"

"说什么哪……"美砂慌忙走到水斗旁边。

冲上咖啡，两个人站着喝着，藤野又突然想到什么似地说道："纸谷大概已经到东京了吧？"

"昨天晚上他是住在你那儿的吧？"

"本来说是的，可是乘到一半他说要下车，我记得他好像在大道一带下了车。"

"那，他去哪里了呢？"

"说是去一个熟人那儿，谁知道他到哪里去了。"

"不要紧吧？那时已经快一点钟了吧？"

"不，差不多两点了。"

"没有误了飞机吧？"

藤野稍稍担心地望了望窗外。窗外晴朗的天空，从中午起云层开始密起来了。

"昨天晚上喝得可是不少啊，我到现在这儿还在痛哩。"吉冈说着用拳头敲了敲后脑勺。藤野的样子看上去好像也没有完全清醒。

美砂装作不知情，听着两人的对话。根据刚才两人所说，纸谷昨天晚上先与大伙儿一起喝酒，最后撇下大家，独自一人来到美砂住的公寓，而大伙儿尚且被蒙在鼓里。

"可是，纸谷好像醉得很厉害哩，我还是头一次看到他醉成那样子。"

"中间不停地猛喝了一气嘛。"

"到底是要去北极了,心里高兴吧。"

"不,不是因为那个。"藤野话中有话地弹了一下烟灰,接着说道,"还记得那个叫仁科的男人吗?"

"是那个说自己经营滑冰场的?"

"仁科先生也在吗?"美砂被他们的对话吸引了,忍不住插嘴问道。

"喝到第三家的时候吧,在一个叫'情话'的酒吧里碰到的。他好像是跟公司里的同僚一起来的,半当中看见我们,就跑到我们这桌来了。"

"纸谷和仁科先生没见过面吗?"

"大概没有吧。"

"纸谷跟那个男人之间有什么故事吗?"

吉冈还是在读的研究生,去年才进教研室,所以有关仁科杏子的事情他一无所知。

"不不,没什么特别的故事。"

"那后来怎么样了?"美砂急于想知道后来事情发展的经过。

"仁科掏出名片递给纸谷跟他打招呼,到此为止倒还没什么,可是后来硬要托纸谷帮他带北极的冰回来。"

"纸谷答应了?"

"一开始没答应,后来被他实在缠得没办法,只好答应啦。"

"好像还说钱不在话下,多少都出得起之类的。"

"这倒也算了,还说什么妻子也会很高兴的。"

"就因为这个所以喝醉了?"

"这就不清楚了……"

美砂想起昨夜纸谷出现在自己公寓时的样子。当她打开门、纸谷倒进来的时候，与其说是醉了，不如说是烂醉如泥更加准确。

事情果若如此，那么她究竟是因为什么原因到自己公寓来的呢？是一开始就决心来的？还是喝醉后突然间想起自己，借着酒鼓起勇气来的？这一点，今天早上美砂一句话也没问，心里原是想问的，但怕纸谷为难，于是打消了。不管出于什么理由，美砂只想好好珍惜他最终来了的事实。

可是听了现在的对话，也可以理解为：纸谷似乎是因为受不了仁科的纠缠才来找美砂的。尽管可能不是直接的原因，但却是为此才喝醉的，所以与仁科的见面多少有点关系。

如果仅仅是因为见不到杏子，而来找自己发泄其空虚、寂苦，对美砂来讲无疑是痛苦的。美砂想着想着，不禁心灰意懒了。

"你怎么了？是不是哪里不舒服？"

"没有。"经藤野一问，美砂笑笑，赶紧转身去洗杯子。

那天，美砂一到五点便准时下班了。

楼梯口的信箱里有张明信片，美砂赶紧取出来，一看是母亲寄来的。上面告诉美砂说，另外寄了一个包裹，送来些夏天穿的衬衣和浴衣；虽然札幌不像东京那样暑热，但美砂每年老是疰夏，所以要当心身体；还有，夜里睡觉不要着凉，等等，唠唠叨叨地写了不少。

虽然离开时差不多像母女吵架后离家出走一样，但母亲还是无时不在为美砂担心着。

美砂突然间非常想回东京，回到家里，尽情地在母亲面前撒撒娇。

可是一步跨进屋子，心情立即一转。

天亮时分，纸谷确凿无疑地睡在这里；七八个小时以前，自己和纸谷在这儿一起吃的早餐，纸谷那宽阔的肩膀就在眼前。

美砂仰面朝天躺在床上，望着天花板出神。

不管纸谷是因为什么理由而喝醉的，但两人的结合是不容怀疑的。不愉快的琐碎事情多想也无益，还是应当珍惜眼前的事实。

这样一想，美砂终于定下心来。

在纸谷回来之前，还要再添置些盆子、茶杯等；筷子和牙刷也得有纸谷的那一份；床稍嫌窄了些，但至少可以并排放两只枕头；最好给纸谷买几件让他能够在屋里穿的居家便服；烧菜做饭的水平也得再提高……定下心来之后，脑子里便涌起了各种计划。

虽然纸谷不在显得有点寂寞，但只要一想到纸谷还会回来的，这点寂寞就算不得什么了。想象着与纸谷的两人生活，美砂忽然感觉到自己蛮幸福的。

"Belong to me……"

情不自禁地，嘴里轻声哼出几句英语歌词来。

就这样又过了几天。美砂一心等待纸谷的信，可是左等右等也不见来。在东京只待一天，紧接着又要飞往阿拉斯加，兴许没时间写信吧。

这段时间里，美砂时常会呆呆地发愣。交代给她的工作也忘得一干二净，等问起时才恍然记起。

愣怔的时候脑子里还是被纸谷占据着。为什么对纸谷如此念念不忘，而对其他男性却毫无兴趣？即使身边有男性，美砂也不会主动地去搭话、去接近。

美砂对这种好似上火的症状束手无策。她想强使自己冷静下来，可是只要一空闲下来，心思又自然而然地飞到纸谷身上去了。

美砂暗自思忖：女人的身体真是不可思议，仅仅一次以身相许，便会连大脑到身体都成了男人的所属。

可是……他会不会像挂念他这样挂念我呢？他日思夜想的恐怕只有冰而已。

想到这里，便觉些许泄气，自己这样拼命地惦记他实在太傻了。

可是依旧抛不开。即使头脑冷静下来，可身体却好像从芯里面在燃烧、在渴求着纸谷。

分手后第十天，纸谷终于来信了。

信是写在便笺纸上的，字写得不光歪斜而且出奇的大，就像纸谷人似的。

美砂小姐：

你好吗？我现在在安克雷奇，在这里待了数日，一面让身体适应一下北极的寒冷，一面等待飞往巴罗的飞机。目前的计划是后天启程。

考察队里有来自美国、加拿大、芬兰的各国成员，大家在一起非常热闹。我用蹩脚的英语和他们交流，还一起喝酒哩。

想要什么礼物？海豹皮制的手提包之类怎么样，还是喜欢围巾？

出发前一晚突然闯到你的公寓，实在抱歉！其实倒不是什么预谋好的，只不过喝醉之后突然想到要见你。那种心情，自己也无法控制。

不过那天夜里的事情我是绝不会忘记的。来到遥远的阿拉斯加后，我越加切身地想念你。

札幌的夏天比较凉爽，但还是要注意身体。接下去要从巴罗飞往T3了,到了那里恐怕写信就不方便了。

预定九月初返回。

再见!

信的末尾落款是"诚吾"。

美砂注意到,纸谷没有署纸谷诚吾,而是只署名省略了姓,这显示了他的诚挚和亲切。

苍海

一

　　从七月十日起，学校开始了暑假，学生们一直要休息到八月末。

　　虽说放假了，学生的身影一下子稀稀拉拉起来，但是研究所的职员们仍然要照常上班。本来科研工作与寒暑假就是风马牛不相及的。

　　然而没有了学生，课程和讲座也告一段落，相应的稍许空闲了一些。低温科学研究所内各教研室的职员也根据情况，分别开始了十天至两周不等的休假。

　　美砂从七月末至八月中旬休假两星期。因为这期间明峰教授也休假，作为秘书基本上没什么事情。

　　休假的第二天，美砂乘白天的航班飞离了千岁机场。

　　一般人暑期中都是从东京飞往北方避暑，而美砂刚好相反，是从凉爽的北海道飞往东京。看起来颇为奇怪，但是对于家住东京的人来说，这样做也是没办法。

　　自从五月初来北海道，至今已经相隔三个月了。时间虽不算很长，但美砂却好像有一种久违的感觉。

　　父母亲和弟弟健司高兴地欢迎美砂回家。尤其是母亲，将美砂不在期间所发生的事情不厌其烦地讲给美砂听，同时也追根究底地打听美砂在北海道的事情。美砂将住的公寓以及工作上的事情讲了一些给母亲听。"生活比想象当中的好得多"，看到女儿健康朝气的样子，母亲也放下心来。

　　当然母亲怎么也不会想到美砂已经变成真正的女人了。美砂本想和母亲谈谈，可是自己几乎没有什么交男朋友的经验，这样的话题不知道怎么说才好。

"那你打算一直在北海道待下去？"母亲忍不住问道。

"是啊，就这样一个人生活下去。"

"简直是说昏话！女人怎么可能永远一个人生活呢？"

"妈妈，你的观念太陈旧了。"

"这不是新啦旧啦的问题。自古以来，女人都是这样一条路过来的，肯定不会错的。康子也是的，人家现在可幸福啦。"

美砂赴北海道期间，康子同那个医生结了婚，据说现在住在荻窪的一幢高级公寓里。前些时候来信还提到，要是美砂回东京的话千万跟她联络。

"我是同意你去个一年左右的，明年夏天还是回来，找个好人家结婚吧。"面对三个月不见的女儿，母亲还是不忘记叮嘱一番。

阔别东京三月，对美砂来说一切都太亲切了。以前高楼、汽车和人群拥挤不堪令人讨厌的街道，现在却觉得充满了勃勃的生气；让人闷热难耐的夏天的炎热，现在也不觉得受不了了。看起来，美砂从根上讲原本就是个东京人。

第一天在家悠闲地放松，第二天美砂去跟以前的朋友会面。大学时代关系最亲密的六人死党中，三个已经结婚，另外三人仍然独身。美砂似乎觉得未婚的朋友更加亲切。

和在杂志社工作的相泽洋子见过面，又去造访了帽子设计师川津塔子之后，第三个会面的是康子。

美砂电话一打过去，康子立即赶来新宿赴约。两人在诺宝大厦门厅前碰头，然后到地下一楼的餐厅小聚。

康子看上去很幸福，她喋喋不休地向美砂讲丈夫和她一起外出旅行以及日常生活中琐碎的事情。美砂听了，才发现康子与自己已经渐行渐远了。

女人一结婚,为什么话题就变得如此狭窄呢?她的话美砂一点儿兴趣都没有。

康子邀请美砂去她的新居去看一看,美砂婉言谢绝了,径直回家。

接下来在家里无所事事地休息了两天,周末随母亲一起去蓼科的别墅。在那里住了一个星期,回到东京,假期只剩三天了。

美砂开始为秋天做准备,她买了几件开襟羊毛衫以及做厚裙子的料子,将家里的咖啡具和多余的碗碟等也统统装进了旅行箱。回札幌时,美砂的旅行箱装得满满的,手里还提着两只大纸袋。

"妈妈,到北海道去看看吧,真的是个好地方呢。"

"等到秋天的时候去吧。"

母亲一直送她到机场。美砂跟母亲握了握手,便登上飞机。这次再往北海道去,美砂已经没有了最初的不安,北国有自己的小屋在等待自己归去。

一个半小时以后,飞机降落在黄昏的千岁机场。风有点冷。白天气温还将近三十度,夜里就像高原一样,一下子就冷下来。越过火山灰地、横扫平原而来的风,已经在孕育秋的萧索气息了。

傍晚六点多,美砂回到了札幌的公寓。半个月没住人,屋子里弥漫着一股浑浊的热气。美砂打开窗户,换一换新鲜空气,然后开始打扫起来。打扫完,又将旅行箱里的东西拿出来整理。

这一切都完成后,美砂拨通了明峰教授家的电话。

"伯母,是我呀,美砂。我回来了。"

"哟,喝了妈妈的奶又获得重生了吧?"

"我一个人也能在这里生活呀。我从家里带来一点点礼物,明天给你们送过去吧。"

"那真谢谢你了。"夫人轻轻笑了,随即好像突然想起似地说道,"对了,前两天接到一份电报,说纸谷在那边受伤了呢。"

"真的吗?"

"好像说是掉到冰河的裂缝里,性命倒没什么要紧,不过手和脚骨折了。"

"那怎么办?"

"这个我家老头子知道,我就不太清楚了。"

"伯父现在在吗?"

"他刚好出去了,九点左右回来。"

"我现在马上就过去!"

美砂高声说道,挂断了电话。随即,穿上刚刚脱下的裙子,套上鞋子。

到明峰教授家是九点刚过。教授十来分钟前已经回来了,刚脱下西服,正在换浴衣。

"今天回来的?"

教授一面束着腰带一面走进客厅。美砂将母亲准备好的紫菜和味精礼盒递过去,马上迫不及待地问道:"听说纸谷先生受伤了?"

"两天前刚接到电报,具体情况还不太清楚,好像是掉进冰河的裂缝里了。"

"裂缝……"

"大的冰河的裂缝称作裂隙,要是掉到那里面,可能就没救了。还好他掉下去的是比较小的裂缝,算运气好的。"

"可是怎么会掉到那里面去的呢?"

"白天天气晴朗的话不会有问题,可是刮起暴风雪的时候,小的裂缝就看不见了，一般这种时候是尽量不到帐篷外面去的。可是有时候如果刚好要外出观测，就有可能碰到这种情况。"

要是老老实实待在帐篷里就不会发生意外了，一工作起来就什么也顾不上了，都是纸谷这种性格惹的祸。美砂强忍住焦急的心情，继续问道：

"那工作……"

"脚骨折了，当然是没办法了。看样子要在巴罗的医院里住上一阵子，接受治疗哩。"

"那不能回来吗？"

"现在还不清楚。我昨天写信去告诉他们了，叫他们先打上石膏固定，等情况稳定下来立即就回国来治疗。"

"是纸谷先生自己来电报告诉的？"

"是一起去的日本组金杉组长发电报来告诉的，T3 上面没有 X 光设备，骨折到什么程度现在还不知道。"

"那巴罗的医院里应该有外科医生的吧？"

"那个村子人口有两三千人哩，应该没问题吧。"

美砂还是放心不下。纸谷现在是不是正在病床上忍受伤痛的折磨？还有，受伤的脚会不会被截肢？美砂越想心里越不安。

"虽然是阿拉斯加，毕竟还是美国嘛，用不着担心的。"

"纸谷跟冰打了这么长时间的交道，不会有什么问题的。"

教授和夫人一起安慰着。美砂点点头，她忽然意识到，两人的眼睛正充满疑虑地看着自己哩。一听说纸谷负伤，刚从东京返回的美砂失魂落魄急忙就赶来了。尽管没有多说什么，但是教授夫妇两人一定觉得奇怪。

美砂赶紧低下头，心里顿觉一阵羞臊。

"再过两三天,应该还会有更详细的消息发回来的……"

夫人泡了一杯咖啡,又端出自己亲手做的布丁让美砂品尝。随后话题一转,问了她一些关于东京的情况、家里的情况,可是美砂脑子里几乎是一片空白。

教授和夫人似乎也觉察到了,美砂脑子里这会儿装满了纸谷的事。

大约一个小时后美砂站起身来准备告辞,要是在平时夫人一定会留她住下来,但是今天只叮嘱了她一句:"不必担心啊。"

走出明峰教授家,西边黑黢黢的群山之上月亮高悬着。掠过空无一人的街道轻轻吹拂过来的微风,仿佛在提醒人们:已经是秋天了。

美砂沐浴着微凉的秋风,心理却在想:好想这就赶到受伤的纸谷所在的阿拉斯加去。

二

八月的大学校园里一片闲寂。

教研室的职员们也有一半正休假,另一半每天过了十点钟才笃悠悠地来上班。校外的人也以为反正教授们不会在,所以很少有人来造访。

现在的时光真的是优哉游哉,明媚的阳光下甚至令人想打盹。

然而美砂却被这悠闲的时光折磨得痛苦不堪。

假使工作忙得不可开交,反而可能忘记掉。可空闲下来,呆坐无聊,又怎么能控制住自己不牵挂纸谷。

接到纸谷负伤的消息已经一个星期,可纸谷却什么也没告诉美砂。

怎么回事?是在巴罗的医院里做手术了,还是伤情太重,连写信也不方便?美砂的心思全被牵至遥远的异国去了。

"纸谷怎么样了？"

心里想不要提的，可还是忍不住去问藤野。

"他呀，本来就是个懒得写信的人，没什么大不了的。"

这次的事件让藤野彻底窥透了美砂的心思，但他并没有直接挑明，而是用关切的眼神悄悄看了她一眼。美砂也不是为了受用他的关心，但确实与藤野比较谈得来。

"要是安克雷奇的话，有日本的贸易公司驻在那里，还有NHK的支局，大概情况可以知道。但是巴罗几乎没有日本人，很难联络上呀。"

"跟他一起的还有其他日本人吗？"

"好像有个叫平野的，是北海道大学选派去的。不过，那里同巴罗之间飞机航班很少，所以我想消息可能会晚一些才能传过来。"

看来再问也是白问了。最好是美砂亲自飞去阿拉斯加，可她一个人去不现实。美砂只好打消这个念头。

她脑子里又浮现出与纸谷最后分手那天的情景：

"那么再见了……"

两人的视线紧紧交织，走出几步后，回头一看，纸谷也正返身朝这边看着。纸谷不好意思地笑了笑。等美砂走到开放着紫丁香花的街角再回头看时，纸谷的背影已经看不见了。

焦急等待的第二封信寄到学校，同上一封电报隔了十天。是和纸谷在一起的平野队员寄出的，他看来已经返回巴罗了。

信中说，纸谷的受伤是因为乘狗拉雪橇前往观测点时，遭遇暴风雪，看不清道路，所以才落进冰河的裂缝中的。这次事故中，与纸谷同行的京都大学的大谷队员脸和手受了点挫伤，而牵引雪橇的狗则有一条不幸遇难。

纸谷的伤是右小腿骨折，腰部也有点撞伤。右腿的伤在巴罗的医院立即接受了手术，手术很成功，现在绑着石膏，伤痛的感觉已经不那么强烈了。据医生说，再住院十来天，伤口稳定，用石膏重新固定一下，就可以回日本了。

纸谷顶着暴风雪，前往一个位于突出的尖岬的观测点，那儿有可能与本岛分离，他是明知危险前去回收观测器材的。事故发生时，纸谷也非常紧张，不过幸亏了他，观测器材才被安全回收。

目前平野陪伴在医院里，之后将委托给住在巴罗的日本人丸谷先生，平野两天后将搭乘直升机返回T3去。

读了信，美砂稍许安下心来，终于确认了生命没什么大碍。不过根据信中所说，被送到巴罗医院后立即做了手术，说明伤势不轻。

"看上去挺慎重的，这么看起来纸谷也够大胆的。"

"表面一副老成稳重的样子，可实际上内心还是很要强的哩。"

藤野他们一面读着信一面议论纷纷。

"现在再说可能是事后诸葛了，不知道为什么，我就觉得这次纸谷好像要出事。"

"为什么？"

"也讲不清楚什么理由，反正这段时间纸谷好像有点鲁莽冲动、豁出去了的感觉。"

"嗯……"

"一喝起来就喝到醉得一塌糊涂，有时候又突然莫名其妙地沉默不语。"

听着藤野他们不经意的对话，美砂陷入了沉思。

现在回想起来，美砂似乎也有同感。出发的前一夜，醉得站都站不稳,突然闯进公寓,兴许就是这种鲁莽冲动的表现。这样说起来,那么他对美砂的索求,还有这次的负伤,也都是豁出去、自暴自弃的结果。

可是,纸谷的信上明白无误地写着:"那一夜的事情我是绝不会忘记的"。

教研室的各位职员开始给纸谷写信。能动了就早点回国;如想到有什么需要的,不论什么都给送过去,千万别客气,等等。最后,每人还写了两三行激励的话。

"用日本酒处理伤腿,立即就会好的。加油啊!"藤野这样写道。

美砂写的是:"祈祷早日康复!"本来想写的话太多了,但由于是在众人面前,只好就写了这么句老套而平淡的话。

不过,美砂将地址抄下来,回到家后又重新给纸谷写了封信。

在学校时有许多话想说,可是一旦握起笔来,却不知道如何写了。最终,写下了自己从东京回札幌的当天晚上得知受伤的消息,吃了一惊啦,大家都在为纸谷担心啦,自己买了更加明亮的窗帘,换下公寓里的旧窗帘啦,等等。结尾又加上一句:"盼望你早日归来!"

一过八月,北海道便刮起了秋风。七月末回了一趟东京的原因吧,美砂觉得炎热的天气没几天,难捱的夏天便过去了。学校旁边那家游泳池,人头攒动的好光景也维持了不过一个月。

进入九月之后,天空愈加蔚蓝澄澈,学校农场旁边的玉米和番茄等,个头一下子拔高了许多。到处可以听到螽斯的鸣声。天高气爽的天空下白杨树高高挺立。

北国的秋天,小跑步似地不期而至。

纸谷返回日本就是在这个深秋的九月中旬。受伤是八月中旬左右,从那时起已经整一个月了。

傍晚乘飞机抵达千岁机场的纸谷，膝盖以下绑着白色的石膏，腋下拄着丁字拐，被空姐搀扶着走出来。

"辛苦啦！"

藤野、吉冈等人一齐欢呼起来。纸谷"哟"地一声，微笑着，算是跟大伙儿打过招呼，随后径直走到明峰教授面前。

"给您和大家添麻烦了，真对不起。"

"比我们想象的要精神嘛！"教授与纸谷的手握在了一起。

纸谷再次低下头，然后转向美砂。

"你回来啦。"

"谢谢……"

一瞬，纸谷不好意思地笑了笑，随即又将视线转向藤野一伙。

时隔两个半月，纸谷的脸看上去又苍白又清瘦，大概是住了一个来月医院的缘故吧。

然后，众人乘坐停在机场大楼前的车子朝札幌市内驶去。纸谷的行李基本上都放在巴罗了，随身只携带了一只挎包。

"要不要躺下来？"

"哦，没问题。"

后座上，纸谷弯着膝盖端坐着。身旁坐的是美砂和教授，藤野坐在前面的副驾席上。

车子一启动，教授便询问道："腿的情况怎么样？"

"这儿脚腕稍稍往上面一点点的地方，大骨头和小骨头都折断了，不过做了手术，用钢钉固定住了，上面再绑上石膏，现在感觉已经不怎么痛了。"

"在外国动手术够呛吧？"

"痛倒还在其次，语言不通实在吃力。还好医生们对我全都蛮亲切的。"

"我们还在担心巴罗是不是有像样的医生哩。"

"那儿有个哈珀医生，加利福尼亚大学毕业的，对日本人特友好，是他给我做的手术。"

"亏得他了。那边的医院怎么样？"

"病房很干净，护士小姐也都很亲切，不过吃的尽是西餐，真够呛。"

"不许走出医院吗？"

"那里只是个小村子，出去也找不到日本料理店的。"

"所以人瘦了。"

"大概是这个原因吧。"

纸谷轻轻抚摩了一下脸颊。略略消瘦的两边脸颊上，薄薄地长出一片胡须，黑碴碴的。

"不过还真快啊。我们原以为你做了手术，要回国总还得有段日子哩。"

"哈珀医生也说我这个月是回不了国的，可是我求他，请他想办法让我早点回来。"

"看来就算纸谷也会想家啊。"

"一个人躺在医院里嘛……"

不论医生如何亲切，到底孤身一人躺在异国的医院里，难免心中空落落的，说不出是种什么滋味。

"需要多长时间才能完全康复？"

"石膏嘛说是再有一个月左右就可以拆了，但要想自由自在地走的话，恐怕还是得两个来月吧。"

"不会留下什么后遗症吧？"

"应该不会吧……"

"还是叫人不能完全放心哪。"

"我想也可能是因为我提出要回国,所以哈珀医生故意说得严重一点,吓唬吓唬我的吧。"

车子在穿过广袤原野的高速公路上行驶。快近黄昏了,远处群山的上空被染得通红。纸谷启程去北极时刚刚长出一层新绿的树林,一过盛夏,现在已经变成了浓密的深绿。

"不管怎么说,能活着回来才是最值得高兴的。"

听了教授的话,纸谷立即深有感触地点了点头,这也是所有人的真实感受。试想在那样的地方,假使一步偏差,此刻纸谷的身体就已经在冰河下成为活体标本了。

"出发之前喝的那场酒管用了吧?"

"瞎扯!就因为那场酒所以才骨折了。"

"不对,你喝的那点酒帮了你大忙哩。"藤野强词夺理道。

傍晚六点多,车子开至大学的附属医院。不知不觉间,白昼已经变短,医院前面的院子里,投下了医院大楼长长的影子。

教研室已经事先通知医院整形外科腾出了一间病房。病房在三楼,是个双人病房,同室病友是个六十来岁的老人。

藤野等人到办公室办理入院手续去了。病房里只剩下纸谷和美砂两个人,美砂轻声道:"我去给你买些日常用品来吧。"

纸谷的挎包里只简单装了些替换衣物,睡衣和洗漱用具等都没带着。防寒衣物、靴子、观测用的一些设备等则留在了T3基地。

美砂到医院前面的商店买了睡衣和洗漱用具,又买了些水果和一本周刊杂志,然后匆匆赶回来。

病房里却不见了藤野等人。
"他们人呢?"
"说是这么多人在这里,太吵了,所以先回去了。"
纸谷说着笑了起来。看来藤野他们是为了给美砂创造和纸谷单独说话的机会,所以找个借口走了。
"我把水果放这儿了。"
美砂拉开床头柜的抽屉,将柚子和葡萄放了进去。
"睡衣的尺寸应该可以,你换上它吧。"
"谢谢。"
纸谷坐在床上,脱掉衬衣。美砂转过脸望着窗外,等纸谷换好衣服才回过身。
"怎么样?"
纸谷穿着条纹睡衣,两手张开着。
"很合适嘛。"
"这样才感觉是真正回到了日本哩。"
美砂将纸谷丢在床上换下来的衣服叠好。
"没想到发生了这样的事情,害得我什么礼物都没给你买。"
"没关系。对了,我把公寓的房间重新布置了一下。"
"是嘛?换成了什么样子?"
"窗帘和地毯全换掉了。等你康复了,一定要来看看喔。"
隔壁的老人轻轻翻了个身,将脸转向另一边。他准以为两人是对年轻的夫妇哩。
"回到日本就不会语言不通了,真好啊。"
纸谷笑着开了个玩笑。正在这时,病房门轻轻敲了一下,护士走了进来。

"今天医生已经回去了，明天会给您做一次详细诊察的。"护士说着，朝美砂看了一眼，"呃，对不起，探望时间已经过了。"

"不好意思，我马上就走。"

护士点点头，走出病房。

"挨剋了。"

"跟美国一个样。"

"那，我回去了。"

"是吗……"纸谷脸上露出一丝不舍的神情。

"我明天会再来的，你有什么东西需要买的？"

"没什么要买的了。不过，想请你把教研室的《流冰》杂志带来。"

"知道了。那么再见。"

"再见。"

纸谷的大手突然从被子里伸出来。美砂紧紧握住了那只有力的手，随后走出病房。

三

晴朗的天空，几片白云东一朵西一朵的孤零零地飘浮着。空旷的校园里，高大的白杨树遮天蔽日。北国的现在，秋意正浓。

在这样秋高气爽的季节里，美砂感觉心情愉快。

每天早上七点半起床，八点去学校，九点钟开始一直到中午在图书室做她的秘书工作，与以往并无二致。可是，一到休息时间，美砂便一溜烟地朝纸谷住的医院跑去。

大学附属医院同低温科学研究所一样，也在校园内。从位于校园北部的研究所出来，沿着枫树夹道的校内中央大道往南走五百来米，向左拐个弯，就看见医院的西楼了。

纸谷的病房就在西楼的三楼，三零六号房。从研究所到病房，走得快的话，七八分钟就到了。

"喏，给你纸巾、毛巾，还有周刊杂志。"

美砂每天给纸谷带去他需要的物品。毛巾还可以使用，但是用得有点脏了，于是美砂又买了条新的。

"水果还有？一点儿都没少嘛。水果含维生素C，对身体有好处的，不吃可不行呀。"

美砂说着，立即动手将柚子切成两半，和一把汤匙一起递到纸谷面前。纸谷从床上坐起，老老实实地吃起来。

"下次用这条毛巾。哎呀，这件背心得洗了。"美砂将背心和短裤装进放纸巾和毛巾的纸袋里。"干净的放这儿了，等会儿换一换。"

不知内情的人听了这番话，准当成是妻子在叮嘱丈夫了。事实上，同室的病友、那位土田老人就称呼美砂为"太太"哩。

第一次被这么称呼，美砂和纸谷都吃了一惊，两人面面相觑，随后不由得笑起来，感觉实在太好笑了。

美砂原想纠正的，可是不好意思说，只好不吭声。纸谷也只是笑笑，并没有说什么。于是，老人见到美砂便仍然自说自话地称呼她"太太"。

刚开始时还觉得好笑，可是渐渐地美砂感觉自己仿佛真的变成了纸谷的妻子。不管形式上如何，美砂对于纸谷来说，的确是像妻子一样的存在。

藤野等人好像也知道了美砂频繁地往医院跑的秘密，有时会向她打听一声:"好几天没去看纸谷了,他怎么样啊?"

"还好,可以拄着拐杖在医院里自己走了。"

美砂也不刻意回避。过分回避的话,反倒显得不自然了。

藤野等人已经知道两人互有好感,而且也知道纸谷入院这件事,让两个人的关系比以前又亲密了一步。然而,他们并不知道两人之间已有肌肤之亲。他们想象不到出发奔赴北极的前一夜,醉醺醺的纸谷是睡在美砂的公寓里的。

明峰教授夫妇俩也注意到了两人的关系,但是什么也没有说,他们想静观事情的发展。

客观地讲,了解纸谷过去的教授夫人并不赞成美砂与纸谷接近。尽管谈不上反对,但是站在夫人的立场,她也许觉得纸谷毕竟有过那样一段过去,所以还是不要过于接近他为好。

当然夫人并没有明确告诉美砂,不过这种情绪还是会不由自主地流露出来,从她的眼神里,从她的语气中。例如,夫人讲"纸谷怎么老是碰到麻烦呢",这句话本身倒并不是指责纸谷,但是言外之意,却仿佛是在提醒美砂什么。

夫人不明确说出来,倒让美砂越发的心中飘忽。说不清什么道理,反正越是感觉到夫人那种眼神,美砂心里就越是向着纸谷。

周围的人耿耿于怀于纸谷的过去,而美砂却似乎反而因为他的过去而被吸引——好友不得不走上自杀的道路,爱慕的女人也离己而去,一个人永远背负着这样沉重的伤痛,难道不让人感到悲情、并为之动容吗?

不管怎样,现在的美砂感到非常充实。

白天和夜晚,美砂每天跑两次医院,细心地照顾纸谷。纸谷如今完全在美砂的手掌心里,离了美砂纸谷就感觉不便。对纸谷来说,美砂已经是自己不可缺少的人。仅仅这样，美砂便感到满足了，她从中印证了自己的存在。

札幌的街头飘溢着烤玉米的清香。随着秋天一步步走近，这种清香也是即将到来的冬天的序章。

美砂和藤野并肩坐在街道旁的长椅上，一起吃着烤玉米。这是九月末一天的黄昏时分。

身上已经开始感觉到凉意了。美砂在衬衣外面套了件开襟的羊毛衫，藤野则穿着藏青色的西服。在不知情的旁人眼里，两人似乎是一对恋人，正在悠然地享受着秋天的深邃气息。

然而两人却毫无此意。

研究所的工作结束后，藤野要到街上的书店买本书，美砂则是想去侦察一下哪儿有卖新款毛衣，于是两人才结伴一路同行的。购完物，两人在一个看得到大花坛的餐厅稍稍吃了点东西，随后走到大街上，买了两支烤玉米。

或许藤野曾经对美砂有过超出一般好感的感情，但是自从知道她喜欢纸谷之后，似乎已经将那种感情收住了。心底究竟如何不得而知，但至少表面上看是这样。

"纸谷什么时候可以出院？"

藤野一面啃着玉米一面发问。提到纸谷的事情，美砂也从不回避，因为在他们之间不需要忌讳什么。

"骨头已经长好了，差不多下个星期就可以出院了。不过医生说，出院后还要接受一段时间的按摩和运动练习。"

"还不太能走动吗？"

"因为骨折的地方靠下边,所以脚腕动起来不太灵活。走平缓的坡道,他还要把脚横过来走,不然就不行。"

"这么说,出院后还要一直接受按摩治疗了。"

"可是,他住在纹别呢。"

"纹别那里也可以接受按摩治疗的。"

"当然不是说不可以,不过还是在现在住的医院里接受按摩不是更好吗?"

"要是这样的话,就叫他住在我那里好了。"

"可是膝盖和脚腕还不能自由地弯曲,生活方面不太方便呀。"

美砂是希望纸谷出院之后住到自己的公寓来。

"不过要说起来,好得还真快啊。"

"医生说脚腕周围的骨折是最难痊愈的呢。"

"看来阿拉斯加的医生还真的棒哩!"

两个人说了一阵不痛不痒的话,然后在街上道别。藤野说是约好了要到住在真琴似的朋友那儿去。

剩下美砂一个人,她慢慢地朝地铁车站走去。

夜幕已经降临在街道上。霓虹灯一面发出"滋滋"的声响,一面在美砂头上闪烁着彩色光芒。现在过了下班高峰时间,地铁站入口处人影稀少。

美砂顺着台阶拾级而下。走到一半,忽然注意到两道视线自下而上在注视着自己。

"啊!……"

从下面走上台阶的是仁科杏子。

"好久不见。"

杏子身穿蓝色的上下两件的套装裙，腰间束一条白色腰带。兴许是美砂从上往下看的缘故，她的双颊似乎少许有些消瘦。

"您去哪儿？"

"刚才在下面的店里买了点东西。您如果不介意的话，一块儿喝杯茶吧？"

美砂没什么急事，于是两人并肩一起走出车站，来到街道拐角的一家咖啡馆。

"真的好长时间没见了呢。上次见面还是三月份吧？"

"好像是吧。"

"您一向还好吗？"

"嗯……"

美砂点着头，心里却在想，纸谷的事情要不要告诉她。

好不容易收拾起一份感情，现在过着平静的生活，没必要再让她心里起什么波澜。

可是一面这样想，美砂一面却又想告诉她纸谷的事情，让她吃一惊。

"其实……发生了一件小事情：纸谷在北极受伤了。"

"啊……"杏子将端在手上的咖啡杯子放在桌上，看着美砂，"什么时候？"

"已经有差不多两个月了。掉到冰河的裂缝里，脚骨折了。"

"那，现在呢？"

"住在北海道大学附属医院里。手术是在阿拉斯加一个叫巴罗的地方的医院做的，九月中旬回国的。"

"治好了吗？"

"骨头是基本上长好了,但是以后还要接受好长一段时间的按摩才能彻底康复。"

杏子忧心忡忡地望着窗外。

美砂怀着一丝幸灾乐祸的心理,看着她的侧脸。

即便你现在心里还惦记纸谷,也已经丧失这份权力了,已经做了别人妻子的人,就不该再想着以前的男人……

美砂在心里暗自嘀咕着,将话题转向别处:"滑冰场的事怎么样了?"

"哎……"

"进展得很顺利吧?上次,您丈夫到学校来好像对明峰教授讲过一些滑冰场的事。"

杏子没有接茬,她像突然想起来什么似地盯着美砂:"这么说,纸谷先生还要住在医院里?"

"不,再有个把星期就可以出院了。"

"那之后呢?"

"大概会回纹别去吧,好像还没有彻底想好。"

杏子点点头,视线落在桌子上,没有再作声。

风花

一

十月的第一个星期六,纸谷终于出院了。

纸谷本来希望直接回纹别的,但是经不住医生和明峰教授等人的建议,他在札幌还要再待上一阵子,接受按摩治疗。

膝关节的石膏拆得早,已经可以接近正常地弯曲了。但是脚腕的动作仍不理想,脚腕内侧仍有轻微的疼痛感。像这样程度的按摩康复,在纹别也并非做不了,不过从慎重出发,还是留在了札幌,请大学附属医院的大夫进行按摩治疗。

至于研究所方面,现在不是流冰的季节,所以相对较空闲,不需要他操什么心。治疗兼修养,纸谷在札幌要待上个把月。这样一来,住的地方就不得不考虑。

纸谷的老家在函馆,在札幌没什么亲戚。美砂虽然心里希望纸谷住到自己公寓来,但是始终却说不出口。

教研室的同事们纷纷邀请纸谷到自己家小住一月,但都被纸谷谢绝了。他向以前念大学时曾经借住过的人家租了一间公寓屋,就在学校正门附近。屋主虽已年过六旬,但他还记得纸谷,一个月的押金和礼金都没收。

六张榻榻米大的屋子虽然挤了点,但是就睡个觉也足够了。

纸谷没有去同事家住,而是在大学附近租了一间单人小屋,这让美砂松了口气。因为距离美砂的公寓很近,不必顾忌别人的眼光,虽说只有短短一个月,但两人总算可以在一起了。

出院的日子定下来的第二天,纸谷的病房里送来了一只大果篮,还有一束康乃馨和百合花。

那天,因为明峰教授到东京出差去了,美砂一直在病房里待到下午一点多。中午来病房陪纸谷说说话,已经成为两人的每日必修课了。

将近一点半的时候,美砂刚想回研究所,房门打开了,一个男青年捧着花走进来。

"三零六号房的纸谷先生吧?有您的快递。"

青年说着,将果篮和花随便地往门旁的圆椅上一放。

"请在这里签个字。"

"是谁送的?"

纸谷惊讶地欠起身子,看了看送来的东西。果篮大得足得两只胳膊才能合抱起来,篮里装满了网纹甜瓜、葡萄,用透明塑料纸漂亮地包着。

"没有说名字。"

"花呢?"

"对方付了花钱,让我们一块儿送来的。"

店员似乎急着要回去。

"哦,请稍等一下。那位托你们送果篮的人什么样子?"

"穿着和服,非常漂亮。"

"是位女士……"

"是的。那我告辞了。"

店员低头致意,随后拿起签过字的纸片走了出去。

绚烂的鲜花以及果篮,与房间里的白墙显得很不协调。

"真奇怪……"纸谷看着花束喃喃地道。

美砂小心地拿起包在白纸里的花束,顿时一股沁人的花香飘过来。白色的百合与红色、粉红色的康乃馨搭配得非常和谐,单单这一束花大概就得小一万日元。

"是位女士送的呢……"

"……"

看来纸谷的确还没闹明白是谁送来的。

"清清楚楚说的是三零六号房的纸谷先生嘛,肯定不会错的。是不是纹别那边有什么人来札幌了?"

"不像……"

"是位美女呢。"

美砂语含揶揄地说道,可纸谷似乎还没觉察。

"我回去了。我帮你把花插到水里吧。"

美砂拿起花束,刻薄地将它插在水斗的杂物筒里,然后走出病房。

从病房到研究所的路上,美砂一直在想,到底是谁送的果篮和花束。

眼下,纸谷的周围没有女性的影子。从纸谷入院起,美砂就片刻不离地在床边照料,从采买东西到洗内衣裤都是她一手干的,因此她非常坚信。

可是,突然间有个女性像风一样地出现,给纸谷送来鲜花。

尽管还不能确定,但美砂从看到花束的那一瞬间起,就隐约地感觉到,送花的女士可能就是杏子。

身穿和服的美女——没错,一定是杏子。

与杏子在咖啡馆会面是前天。美砂当时对她说起纸谷受伤的事,杏子好像还不知道,听了之后吃了一惊,美砂将话题转向别处之后,她还在继续打听纸谷的病状。

也许后来,杏子往医院里打电话,问过纸谷的住院病房号。知道病房后,便买了果篮和花束,请店员专程送来病房。一定是这样的。

可是，她为什么……

想来想去，还是有些地方想不明白。

明明是早已两下分手的人了，杏子为什么给纸谷送来这些东西呢？如果是因为听说纸谷受伤而表示慰问，为什么又不愿留下姓名？没必要遮着掩着的呀。是因为顾忌到我，还是她直至今日心底仍然爱着纸谷？

……

……

美砂望着映满晚霞的窗外，心事重重。一缕不安悄悄在她脑海里扩散开来。

一个声音在说："不会吧？"另一个声音却说："也许呢。"

下班时间已经到了。走廊里传来藤野等人的说话声。

美砂重振一下精神，望着布满赤色火烧云的天空，喃喃道："真讨厌。"

傍晚，美砂回家前又到纸谷病房弯了一遭。只见花束仍旧插在水斗的杂物筒里，而果篮却已被拆开，网纹甜瓜少了一只。

"哎哟，已经吃了？"

"嗯，太甜了。是不是啊，大爷？"

隔壁病床上的土田老人看来也受请吃了，所以腆着笑脸直点头。

"是谁送来的都不知道，就这样吃了好吗？"

"虽然不知道是谁送的，反正是送给我的嘛。真的很好吃，你也尝尝。"纸谷满不在乎地又伸手去揪葡萄。

"花放在这儿真是太可怜了。"

这之前，美砂也时不时地买些花来装点一下病房，但一般只是百合花或康乃馨两、三枝而已。像今天这样奢华还是第一次，往窗边一放，顿觉病房里明亮了许多。美砂把花的枝条稍许剪短一些，将它们插在窗边的花瓶里。

"送这样漂亮的花的人到底是谁呢？"

看着满满一花瓶的花，美砂越来越嫉妒起杏子来。

"还是想不出来吗？"

"很遗憾……"

"是个女士，有点可疑哪。"

"喂喂！别胡思乱想啊。"纸谷慌里慌张地将刚送到嘴边的葡萄又放了回去。

"可是，难道不奇怪吗？"

"真的不知道是谁送的啦。"

"哎，会不会是她呀？"

"谁？"

"呃……"

仁科杏子的名字已经到了喉咙口，美砂好不容易才将它憋了回去。她既想说出这个名字看看纸谷的反应，相反又感觉到有点恐惧。过去的姑且不去管它了，如今纸谷似乎已经将它忘记了，又为何再要在一池静水中激起涟漪呢？

"你不吃吗？这个好像是叫什么'麝香葡萄'吧？"

纸谷将盛着葡萄的盘子朝美砂递过来。美砂拿起一颗大大的葡萄，送进嘴里。

"好吃吧？"

"嗯……"

美砂一面细细品着葡萄的甘美,一面揣测起杏子的用意来。

即使不留姓名,美砂还是立刻就想到了。站在杏子的立场上考虑,应该也能想象到美砂会猜出来,那么她为什么置之不顾仍然要赠送花束和果篮呢?

莫不是她想以此来向我挑战?

我还没有忘记纸谷——白色、粉红色和红色的鲜花,看上去仿佛就是在做此倾诉。

"你怎么了?在想什么?"

美砂吃了一颗葡萄便默不作声了,引得纸谷用疑惑的目光看着她。

"哎,出院以后没事还是不要到街上瞎转悠的好。"

"怎么了?怎么突然间说这个?"

"还不是因为你只要一叫,马上就会颠颠地跟着人家去嘛。"

"偶尔出去喝两杯总可以吧?"

"可是……"

到街上万一遇见杏子就麻烦了。没等伤病彻底痊愈,美砂又新多出了一份担忧。

二

十月初,纸谷按照预定出院,搬进了学校前面一栋叫"新木庄"的旧式公寓里。

美砂的生活忙得更加不可开交了。

不过,这与其说是忙,还不如说是一种充实。

纸谷新搬入的公寓里什么用具也没有,看上去空荡荡的。只有从屋主那儿借来的一只小桌,还有就是美砂拿过来的咖啡壶具和放在水斗旁的几只碗碟。壁橱里的一床被子也是借的,贴身的替换衣物团了个团,塞在一个纸袋里。

美砂买来了扫帚、簸箕等,不料纸谷却认为多此一举。

"反正就住个把来月,用不着嘛。"

"哎哟,那这一个月当中就不打扫屋子了?"

"一个人住,不会那么容易弄脏的。"

"即使不弄脏,也会积灰的呀。"

兴许是住了将近一个月医院的缘故,虽然纸谷嘴里嘀嘀咕咕的,但最终还是顺从了美砂。外人见此情景,一定会把美砂错认作是妻子的。

在美砂的张罗下,纸谷的屋子总算可以住人了,不过吃饭问题还是得到外面去解决。

纸谷每天的安排是,上午十点钟开始到医院接受近一个小时的按摩和运动训练,之后便没什么事了。说是手术后要保证休养,但身体不残不痛的,整天这样也很无聊,因此纸谷从医院出来,总要到研究所来转转。

"天气一下子凉快了好多哪。"

纸谷这样说着,轻轻走进只有美砂一个人的图书室。

"今天晚了嘛。"

"今天看病的人多,等了好一会儿哩。中午休息时间到了,去吃饭吧。"

美砂放下手头的工作,两人一块儿朝学校教职员食堂走去。

"天气凉快下来了,我想在家自己做暖锅,你来吃吗?"

吃完面包,美砂一面喝着牛奶一面问纸谷。

"你做的好吃不好吃啊?"

"那你就来帮忙做嘛。"

"行啊,那就去吧。"

纸谷每天要在外面用餐,晚饭也得找地方解决,大多数时候他是在公寓附近的小饭馆吃,长此以往营养颇成问题。

"打了好长时间的石膏,骨头都萎缩了,不尽量多补充点营养可不行啊,医生不是说了吗?"

想到出院时医生说的,美砂已经数次邀请纸谷来自己公寓吃晚饭了,不过他常常回绝,要么说"今天晚上和藤野他们约好了,去吃烤鸡串",要么就是说"今天要和屋主老大爷一起喝几杯"。

美砂怀疑纸谷是在躲避自己,想想不禁有点伤心,但似乎又不是这样。其证据就是,纸谷每天中午必定到研究所弯一弯,和美砂一块儿吃午饭。有时候纸谷也会主动来说"上街吃饭去吧",约美砂外出吃晚饭。两人在一起时,纸谷也很照顾美砂。出院后的第一个发薪日,纸谷还送给美砂一只手提包和一双鞋子,说是"反正休息着没什么花钱的地方",为此他还装作若无其事地向美砂打听她的喜好,然后悄悄地买了来。

纸谷不是在躲避美砂,但对于去美砂的公寓却踌躇不决。

纸谷到美砂的公寓来,是他出院后的第三天。

为了庆祝他出院,美砂特意做了生鱼片和砂锅炖鸡。纸谷高兴不已,连声说:"好久没有吃到这样美的家庭料理了。"等吃完饭,却显出一副手足无措的样子。

收拾完碗筷等之后,两人坐在天色暗去的窗边,不知道是谁先起的头,两人抱紧在了一起……

自那以后,半个月中,美砂和纸谷有过三次肌肤之亲,每次都是纸谷来美砂公寓吃饭之后发生的。

最初有点不知所措,但是数次云雨之后,美砂渐渐感觉自然了。因介意纸谷躺在身边而睡不着,现在也变得满不在乎了,甚至将头枕在他宽阔的胸膛上才能安心入睡。

美砂深为自己的变化而吃惊。

在与纸谷亲热之前,美砂自以为男人是粗暴、任性和自私的,现在才感觉到,男人是多么的温柔、亲切;以前断定男女性事是肮脏的,现在却觉得,原来性事是如此的纯真和丰富多彩。

说实在的,这段时间来,美砂开始渐渐悟得性的欢悦了,虽然还不甚得要领,但是体内深处隐约体会到一种桴鼓相应、荡气回肠的感觉,她的身体慢慢地、然而切切实实地被纸谷唤醒了。

美砂想,纸谷之所以对来自己公寓显得踌躇不决,可能是觉得这种邀请就意味着对他的身体有所企求吧。

一开始没有这种念头,确实是出自关心他的身体才邀请的,然而几次肌肤相亲之后,便渐成习惯,纸谷每次来美砂的公寓,吃了晚饭,必定相拥,必定欢爱,然后便留宿在她屋子里。

也许是美砂想多了吧,总觉得纸谷好像在回避这种程式化了的日子,美砂约他,大概每两次就有一次他会找个理由回绝掉。

当然,美砂并没有向纸谷追问过理由,纸谷也从没坦率地说过什么,只不过美砂茫茫然的一种猜想。兴许纸谷在害怕什么?他害怕进一步深陷于两人的这种关系?

可是白天,从纸谷的脸上却丝毫看不出这种阴影。他一如既往,充满生气,同时一副笃定悠然的样子。

是自己多虑了?

白天,两人在一起吃饭时,或是看着纸谷在图书室一本正经看书的模样,美砂忽然觉得自己似乎是在自寻烦恼。即使他有时回绝自己,不来自己的公寓,也实在没必要朝那个方向去瞎猜想。

然而一到夜晚,美砂独自一人念想着纸谷,便觉无比冷清寂寞、"伶俜萦苦辛"。她是希望常常能跟纸谷在一起,可纸谷却很少主动给美砂打电话。

每个漆黑的夜晚,纸谷一个人在做什么呢?

两人抱紧在一起的时候,美砂认为自己紧紧抓住了纸谷,可是分开时,她又毫无自信了。自己抓住的,只是纸谷的外表、纸谷的躯壳,而纸谷的内心,她却似乎一点儿也触不到。

美砂越想就越感觉纸谷令她难以捉摸。她心里有种不安,觉得两人总有一天会分开。

现在又邀纸谷来自己公寓一起吃晚饭,也是因为这种不安所驱使。

"那么,六点钟左右,能来吗?"

美砂仿佛是要拂去不安似的,又叮问道。

"知道了。要我买点什么带过去吗?"

"东西我会买的,你不用买。"

"现在正好是刚捕捞上来的三文鱼上市,新鲜得很喔。"

"你就瞧我的吧,保准给你做出一顿鲜美的晚饭来。"

一听说纸谷肯来,美砂早已心花怒放。

两人之间的秘密,不要说美砂的父母,就连明峰教授夫妇和研究所的同事们都不知情。不知不晓间,一个秘密慢慢地、然而却是坚实地在长大。

十月中旬,美砂应约来到明峰教授家。这次不是教授来请的,而是夫人白天直接打电话给美砂提出的。

"你这是怎么了,最近根本就见不着你了？今天晚上过来一块儿吃顿晚饭吧？"

夫人的声音依旧是那样的明快，毫无做作。

美砂上次去明峰教授家是九月中旬左右，已经一个来月没有登门了。

刚来札幌那阵子，美砂几乎每天去教授家，都成习惯了，一天不去，便会心里发痒。而这段日子美砂一心都扑在纸谷身上，的确有点怠慢教授夫妇了。

"难得也露露面，让我见见你嘛。"

话说到这个份上，美砂就不好推辞了。于是她赶紧应道："好的，我一定去。"

这通电话，似乎与教授没什么关系，是夫人自己打来的，至少表面上看起来是这样。

美砂下午五点从学校直接赶往教授家。教授下午到道厅去开会了，会后还有个餐会，要晚些回家。

美砂来到教授家时六点钟还没到，可是四周天色已经骏黑了。夫人高兴地将美砂迎进屋内，然后很快便端上了早已准备好的晚餐。明人也到朋友家去了，今天只有夫人和美砂两个人吃饭。

两人面对面坐下。主菜是夫人拿手的砂锅炖鸡。

"就咱们两个女人，喝点啤酒吧？"

夫人从冰箱里拿出啤酒打开。这阵子夫人圈子里好友当中，也有不少人喜欢上了喝酒。

边吃边聊将近一个小时，夫人的脸颊上泛起了红晕。虽说是"比以前能喝多了"，但毕竟是女人，喝酒不是强项。美砂也感觉身体好像飘了起来一样。

"对了,我问你,现在有没有喜欢的人呀?"夫人窥视似地看着美砂。

"我?"美砂迟疑着喃喃了一声,随即回答,"没有啊。"

夫人将杯中剩下的啤酒一饮而尽,说道:"要是我说错了,你可别见怪啊。"

"什么呀?"

"那个叫纸谷的,你觉得他怎么样?"

"我只不过去看流冰的时候,他对我照顾很多,我觉得他人挺好的,可……"

"就这些?"

美砂点点头,心里略略不安起来:"是不是谁说了些什么?"

"那倒没有,只不过我想知道你心里的真实想法嘛。"

夫人将空酒杯端在手上,把玩似地转了好一会儿,然后接着说道:"你真的没有喜欢上纸谷吗?"

"……"

"喜欢上一个人,可是件大事情呀,旁人自然不好说什么……"见美砂不作声,夫人便只当美砂默认了,"我不是要瞎操心管闲事,毕竟纸谷和你都已经是大人了嘛。"

话说得很有节制,但是听上去,她显得颇有自信,已然察知两人的事情。

是谁告诉的呢,或者这种事情自然而然就会传开来的?美砂默不作声地低头盯着桌子。

"这只不过是我自己的想法,你不要往心里去,听过也就算了啊,和纸谷最好还是不要走得太近。"

"为什么?"

美砂轻轻抬起头来，她的表情流露出刚才她一直在竭力克制着。

"确实像你说的，纸谷是一个好人，可是到底发生过许多事情……"

"许多事情，是指仁科太太的事情吧？"

夫人点点头，继续说道："虽然已经过去不短的时间了，但是总归会在心里留下些记忆的，你说呢？"

"伯母，您的意思是说纸谷现在还爱着仁科太太吗？"

"当然我不是从纸谷那里直接听到什么，究竟怎么个情形不好说，不过，假如是为了忘记过去的人，而使你成为牺牲品，我觉得你就太可怜啦。"

"牺牲品……"

"万一他们两个，现在还互相爱着的话，那怎么办？"

"不会吧……"

"不管怎么样，我只希望你能够真正得到幸福。"

夫人说到这里，两手叉起，用一种痛苦的眼神看着美砂。

纸谷与杏子两人难道真像夫人所说，直到现在还深爱着对方？一听说纸谷住院，杏子马上给他送去果篮和花束，从这一点来看，杏子可能还爱着纸谷。美砂说到纸谷的时候，她装作事不关己的样子，其实竖起耳朵听得仔细着呢，这也显得很不自然。

至于纸谷又如何呢？在他纹别的屋子里，的确放着与杏子的合影，但是光凭这一点不足以说明他仍爱杏子。也许，那只是作为一种对过去的记忆而保存，并没有更多的含义。

现在美砂最深信不疑的，莫过于最初那一夜，她依偎在纸谷胸口时听到的那句话："我爱你"。那是最清楚无误、美砂用自己的耳朵听到、并用自己的身体感受到的表白。

"伯母，您这么说有什么依据呢？"美砂稍有点扫兴地问道。

"依据嘛,当然没有什么一本正经的依据,但是总归有点担心呀。"

"可是杏子不是已经嫁人了吗?"

"当然那个仁科先生性格开朗,决不是个坏人,只不过是有点孩子气,挺任性的。这次建造新的滑冰场的事情也是,好像并不顺利呢。"

"但他说过要造的。"

"听说杏子一开始是反对的,果然因为资金出现问题,看样子这季是造不成了。"

这样说来,仁科恭平确实这段时间很少现身学校。五六月份时,他的语气好像立马就能建造完成似的,可是后来就很少谈滑冰场的事了。

"杏子表面上看起来很文静,但是骨子里出人意料很强的呢。"

"他们两个之间是不是出现问题了?"

"那倒不是,不过两个人的性格实在相差太大了。"

"那伯母的意思是,让我对纸谷不要心存什么想法,对吗?"

"我不是想搅和你们或者什么的。只是,恋爱对女人来说,是性命攸关的大事情,所以我是希望你能慎重些。"

美砂点着头,但心里并没有完全赞同夫人的话。事实上,即使要想结束,可两人的关系已经发展到了不可收手的地步。

"哎哟,你看我光顾说话了,我再去拿瓶啤酒来。"

"不用,我已经不能再喝了。"

"那我给你冲杯咖啡吧。"

夫人起身朝厨房走去。美砂望着夫人的背影,暗暗对自己说道:不管夫人说什么,事到如今,只有朝前,绝不能收手。

北国的秋天是短暂的。

就在前不久还觉着夏天刚刚过去，可现在，早晚吐一口气息，已经看见一抹白雾了。进入十月后，不开暖空调就不行了。

纸谷的脚康复得很顺利。到了十月中旬，走路的姿势已经基本接近正常了。虽然爬陡坡或者走远路时，脚后跟和跟腱处还是会感觉钝痛，但这没有什么治疗办法，只能慢慢地自然恢复。骨折的地方为接合骨头而钉入的金属片还留在里面，不过医生说现在不必急于取出，等明年春天有空的时候再来札幌取出也没关系。

"十月二十七号是礼拜天，我准备那天回去。"纸谷说。

"可是，流冰还没来呢！"

虽然知道接受按摩治疗最多也就一个月，但真的要走了，美砂还是觉得太急，巴不得纸谷再多待几天。

"流冰十二月份才来哩，不过在这之前，必须把我休息期间的有关数据整理一遍，还有观测器材也要准备好呀。"纸谷的心早已飞回鄂霍次克海去了。

为什么男人能够这样毫无牵挂地抛下恋人，投身到工作中去？换成自己，绝对做不到像这样一点儿都不留恋地撇下纸谷的。是因为自己对纸谷的爱胜过他对自己的爱，还是这本身就是男人与女人的差异所在？对自己如此的缠绵不舍，美砂不禁感到有点伤感。

然而，正是女人为爱情而燃烧生命、男人为事业而倾注狂热，男女间才得以调匀和谐的吧。假使男女都热衷于爱情，两个人势必走向破灭的道路。美砂就是这样来说服自己、送纸谷返回纹别的。

二十六日，纸谷在札幌的最后一天，两人一同走在街上。

白天穿件西服足够了，但是太阳西沉后，不套件风衣就感觉身上冷兮兮的。从人行道旁的法国梧桐树上，飘落下不少枯叶。

"纹别那边一定很冷。"

"不怕的。"一心等待着流冰的纸谷,对即将到来的严冬一点儿没有畏惧的样子。

"去哪里?"

"去哪儿都可以,最好是人少点的地方。"

两人并肩走在寒风中,来到五丁目大街南角一幢旧砖瓦建筑内的一家餐厅。

店堂中央生着一只红色的暖炉,桌椅是古色古香的,还特意做成树皮似的纹样。

"喝点香槟吧?"

"好啊。"

两人接过酒保拿来的香槟酒,端起酒杯。

"首先为我的彻底康复……"纸谷说道,"还有为了你的健康,干杯!"

"我的身体好着呢。"

美砂笑了,两只酒杯轻轻地碰在一起,发出悦耳的声音。

甜中微微带点酸味的金色玉液,滋润着干渴的喉咙。纸谷一口气喝干了杯中的酒,然后突然想起似地从口袋里拿出一个裹着精美纸张的细长盒子,递给美砂:"这是送你的礼物。这段时间蒙你悉心照顾,真的非常感谢!"

纸谷两手放在膝盖上,深深低下头。

"这样太见外了。"

"不,我是真心感谢你啊。"

美砂接过盒子。

"可能你不一定中意,不过为这我花了好多的心思哪。"

"太高兴了。我可以打开吗？"

"要是不喜欢的话，可以去另换一件。"

美砂慢慢撕开印着百货商店标志的包装纸，只见细长的桐木盒子中，一根珍珠项链静静地躺在黑色天鹅绒上，银色的链子下端，镂着花纹的底座上镶嵌着三颗大大的珍珠。

"哇——！太漂亮了，谢谢！"

"我也不知道该买什么好。"

珍珠是六月出生的美砂的生日宝石。纸谷假装不知道，却将这些细小的事情都记在心上。

"这样贵重的礼物，我真的可以接受吗？"

"托住院的福，我的工资剩下来也没地方花嘛。"

美砂将项链在胸前比了比，藏青色的连衣裙刚好衬托出珍珠的高贵气质。

"我一定会好好珍惜它的。"

"来，再干一杯！"

纸谷被说得不好意思起来，他拿起酒瓶，往美砂杯子里斟满香槟。

饭后，两人带着些许酒意沿着薄野一带散步。这天晚上，纸谷自然在美砂的公寓住下了。在令人欢愉的醉意中，美砂用整个身体再次感受了纸谷的爱。

第二天是个晴朗的好天。天高云淡，净莹似镜。蔚蓝色的晴空里，蕴含着一种仿佛窥到海底般的寒意。

过了这个周末以及接下去的文化节，北国的秋天便告结束，进入漫长的冬季。竖起耳朵静听，已经能够听到远处的晴空传来了冬天的脚步声。

晴朗寒冷的星期天早上，美砂和纸谷一道往火车站去，乘坐九点半发车、驶往网走的火车。坐这趟车就不必在远轻再换车了,直接就可以乘到纹别。到达纹别的时间是下午三点钟不到一点。

星期天早上的街道似乎还没有彻底从沉沉的夜中醒来。几乎所有的人家都门户紧闭,门缝里插着报纸。北海道大学周围一片岑寂,廓落的人行道上,只有几个散步的老人和清晨出来遛狗的人。

美砂和纸谷乘坐着摇摇晃晃的巴士,沿着静静的街道,来到火车站。

车站里聚集了许多人。不少是携妻带子早早就来的,大概是想抓住即将逝去的秋天再享受一番吧。

纸谷轻装出发,随身只有一只行李包。原本就没带多少行李,出发之前又将一件行李托寄回去了。

"回去以后第一件要做的事情就是打扫屋子哟。"

"知道了。"

"看上去挺干净的,其实积了不少灰尘,所以还要到处擦一擦。"

美砂恨不能自己随纸谷一道回去,帮他打扫和整理房间。纸谷一个人的话,说不定满是灰尘也照样睡在里面不在乎哩。

"下星期的周末,我去你那里看看吧?"

"那么远就算了吧,等寒假的时候再去也可以嘛。"

"记得不要喝太多的酒喔。还有,在冰上面可不要滑倒,要是滑下去可不得了啊。"

美砂像母亲关照孩子似地一一叮嘱,纸谷则不住地点头。

"因为是礼拜天,所以我叫藤野他们不要来送了,你碰到藤野替我打声招呼,还有教授。"

"我明白。"

一方面是因为纸谷事先关照过不要送行,另一方面更重要的,藤野等人之所以没来，一定是想为美砂单独给纸谷送别创造方便。

"那么，我上车了。"

快到发车时间了，纸谷说罢便上了列车，放好行李后又走下车，来到站台上，紧紧握住了美砂的手。

"注意身体。"

"哎，你也是。"

发车铃声响了，列车缓缓地启动。纸谷朝美砂挥动着那双大手，渐渐地，消失在站台尽头的朝霞之中。

"再见！"

美砂高声叫道。不过，纸谷已经听不到了。

列车的尾部最终变成了一个小圆点，向右拐一个弯便消失了。这时，美砂突然像失落了一件很重要的东西似的，一阵孤单空寂袭上心头。

冰湖

一

札幌的十一月，是秋天向冬天过渡的时节。

北国的街头一过了三日的文化节，树木几乎全部掉光了树叶，蔚蓝的苍穹也变成了寒气逼人的铅灰色。

阴沉沉的天空，有时飘下来雨夹雪，有时则透射出几缕微弱的阳光。天气晴朗的时候，从浓云的缝隙间钻出来的阳光，也仅仅给人带来极其短暂的舒畅和安闲，午后起直到夜里，又是阴冷的雨雪下个不停。被雨雪蹂躏不止的树木，蜷缩在街道的角落里，颤动着衰飒的躯体，朝上看去，只有尖棱的枝杈在晚秋的天空中摇曳着。

即使晴朗的日子，天空也没有了一个月前那种天高云淡、净莹似镜的感觉，细雪珠随着阳光一同在飞舞，而夜幕则像要赶紧将天空包围起来一样，迫不及待地从四面八方压过来。冷雨与短暂的晴互相交替，互相颉颃着。就在这种抗衡中，冬天的脚步越来越急促。

十一月末的一天，美砂站在研究所图书室的窗前，眺望着被雨水濡湿的大学校园。曾经一度紫丁香花盛开，白杨树傲然屹立，郁郁葱葱的校园，如今变成了一片茶褐色。树木、道路、庭园和屋宇，全都屏气抑息，收敛起生气，静待冬天的来临。

美砂一面俯瞰雨中的校园，一面想着纸谷。在那个晴冷的早上送纸谷去火车站，距现在已经一个月过去了。

坐在驶往车站的巴士中，在站台挥手告别时，美砂千叮咛万嘱咐"要写信来喔"，纸谷也默默点头答应。可是这一个月中，纸谷只在返回纹别一个星期后来过一封信，内容是说他的脚已基本上不痛了，身体很健康，仅此而已。

这期间，美砂给他邮过五封信，还打过两次电话。

电话拨通后，纸谷"哟"了一声，随后照例用他那笃悠悠的语调谈到他的工作。今年的流冰可能比往年要来得早，为了确定雷达观测的区域，正在联络乘直升机，等等，这些都是美砂从电话中得知的。

杂七杂八地聊了一阵，纸谷好像突然想起来似的，他嘱咐美砂，使用煤气式暖炉时千万要注意，忘记关掉的话会很危险的。

电话中的纸谷还是那样亲切和体贴。

不过尽管如此，写信的数量是五封与一封，这似乎也相差太大了。美砂每次在信的结尾都会写着"盼回复"，可纸谷就是不回信，兴许是他天性就懒得动笔的缘故吧。

"每个星期写一封信。"电话中美砂情不自禁地发起牢骚来。纸谷"唔唔"地答应着，随即又嫌麻烦地说："可是也没什么好写的呀。"

"吃饭的事啦读书的事啦，什么都可以写的嘛。"

"可是最近没读什么书呀。"

看来纸谷觉得，只要没发生什么大事情就没必要写信了。

"写写早上几点钟起床啦，晚上几点钟睡觉啦什么的也可以的呀。"

"那不像值班日志了嘛。"纸谷笑出声来。

"只要你想写，什么都可以写的嘛。"

事实上，美砂写起信来总要写上三四张便笺纸，包括学校的事情、藤野等人的事情、过冬的准备，等等，涉及的内容还真不少。

"反正就是态度问题，你根本就没把我放在心上。"

"没有的事，不过稍许有点忙嘛……"

"那是找借口。"

"反正健健康康的,不是就蛮好嘛?"

两人轻轻拌过几句嘴之后,美砂觉得自己可能有点过分。为什么非要为那些琐碎的小事唠唠叨叨呢?就像纸谷说的,只要知道对方健健康康的不就行了吗?一天不落地写信报告,这或许只是女人的期望,男人只会懒懒散散、悠然自得地过日子。再说不写信也不代表对方对自己的冷淡。

稍稍冷静下来一想便想通了,但说话的当口儿却忍不住。为什么不能更加冷静一点呢?美砂开始反省,自己这样强迫式的做法,只会令纸谷感到有压力。

可是下次电话中听到纸谷的声音,美砂又不由自主地发起牢骚来。

以前美砂不是这样的,她更加冷静、更加沉得住气,即使纸谷不写信来,她也能耐心地等待。可是现在,她连一个星期都等不及。

现在的美砂,脑子里已经装满了纸谷。从早上起床,到上下班的路上、做事的时候,无时无刻不在想念纸谷。她仿佛背负了一个叫作纸谷的巨大包裹在过日子。

美砂为自己这副样子感到不可思议,怎么会变成这样的呢?好友康子有段时间也是,一开口动辄就是谈论未婚夫的种种事情,可现在的自己还怎么有资格笑话康子?

她虽然听说过女人陷入恋爱的时候,会变得疯狂和极其愚蠢,可想不到竟至如斯。原来以为自己与沉溺于恋爱的女人是不搭界的,可现在自己竟也成了这副模样,真让人吓一跳呢。看来,任何人没资格对别人的恋爱指手画脚。

仁科恭平时隔三月之久又出现在校园,那是在这数天之后,一个雨夹雪的下午。

初夏的时候,仁科频繁地来拜访明峰教授,入秋之后便渐渐疏阔起来,很少看见他的身影了。

好久未见,仁科看上去人好像消瘦了些,甚至还有几分苍老。他穿着件苏格兰呢的竖条西服,系一根灰色领带,依然是无懈可击的潇洒、干练,但是表情却显得无精打采的。

"教授在吗?"

仁科恭平事先也没电话预约,突然间出现在了图书室门口。

"这会儿正在参加教授会议,大概半个小时后回来。"

仁科看了看手表稍稍想了一下,然后道:"我可以在这儿等他一会儿吗?"说着在桌前的椅子上坐了下来。

或许是从车上下来的时候淋到了雨,他的额头上湿漉漉的。

"您擦拭一下吧。"

美砂将一块毛巾递过去。仁科接过来,擦了擦额头。美砂给他泡了一杯红茶,而这时候的仁科只是呆呆地望着窗外。

"好久没见了,您一向还好吧?"

美砂想起来一个半月前,从明峰教授夫人那儿听到关于建造滑冰场的计划进展不顺利,现在这副落魄的模样大概就是因为那件事吧。仁科给人的印象一向是非常开朗健谈的,而眼前落落寡语的仁科简直就像是换了一个人。

"一直想过来拜访的,可老是因为工作脱不开身。"

"今天晚上好像要下雪呢。"

"这天气真叫人讨厌。"仁科喝了口茶,仍然目不转睛地望着雨下个不停的窗外。

"十一月份的札幌一直是这样的吗？"

"是啊。我最讨厌这秋天不是秋天、冬天不是冬天、模棱两可的鬼季节了。要晴就好好地晴朗几天，要下就干干脆脆下几天，像这样下下停停入冬的劲儿，实在叫人受不了。"

仁科的声音不大，但是明显饱含着一股子不满。

"下雪大概要到什么时候？"

"到十二月二十号以后，基本上完全就变成下雪了，然后就要一直下到三月份不停哩。干脆那样的话，倒反而死心了。"

"死心？"

"哦不……"仁科又看了一眼窗外，像是要听清雨的声音似地接着说道，"其实没么严重，我的意思是说，真的到了冬天，心里倒反而踏实了。"

仁科所说的暧昧不明、模棱两可的季节究竟是指什么呢？的确，现在的北国正处在从秋天向冬天转化的时令，成日阴惨惨的，而过了这阵子，漫长的冬天来临后，这片土地上所有的人们，都将面对一个既成的事实，无处可逃了。

但是仁科所指的好像不光是季节。

虽然美砂并不十分清楚，但是从他阴沉的表情，再与教授夫人所说的事情结合起来考虑，大概仁科现在在事业方面仿佛也正处在从秋天走向冬天的阴郁灰暗的状态。干脆到了冬天反而死心了，是不是表示事业失败、一无所获的结局？

美砂想着，心里涌起一种冲动，她想窥探一下眼前这个男人的内心世界。

"滑冰场的事情进展得怎么样了？"

美砂假装一副毫不知情的样子，恶作剧般地问道。

"我夏天的时候是有过那样的计划,可是现在看起来,不要说今年冬天了,到明年春天可能还完不成哩。"

"为什么?"

"我自以为已经蛮成熟了,看来还是嫩了点啊。"

"……"

"嗯,我太天真了,还是个没长大的小孩子哪。"

仁科说着,微微笑了。

果然像教授夫人所说的,建造滑冰场的事情进展不顺,不知是因为资金上的原因还是别的原因。虽然从美砂的角度是无法想象的,但是仁科确实遭遇了某种窘境,这点是毫无疑问的。

"可是,好不容易有了建造那样宏伟的滑冰场的计划……"

"我到现在也没有放弃这个计划,建我是一定要建的,只不过现在还不能马上实现。"

外面的雨下得更猛了,雨滴打在玻璃窗上,像一股股涓细的瀑布似的直泻而下。现在才下午三点钟,可是屋里就像傍晚一般昏暗。美砂起身走到门旁,打开电灯。

"再给您添点红茶吧?"

"哦,不用了。"说着,仁科好像突然想起什么似地问道,"你知道纸谷诚吾这个人吗?"

"哎,知道。"霎时间美砂吓了一跳,她偷偷觑了仁科一眼。

"这个人怎么样啊?"

"怎么样……"

"哦,其实我跟他见过一面,不过只是简单打了一下招呼。"

"纸谷怎么了?"

"他现在还是单身吗？"

"是的……"

"平常是住在纹别的吧？"

"是的。不过前段时间去阿拉斯加的时候受了伤，在札幌住了一阵子，一个月前才离开的。"

"果然如此。"

"您说什么？"

"哦，没什么大不了的事情。"仁科停住，又端起已经有点凉了的红茶啜了一口。

仁科和纸谷之间发生了什么事情？美砂再次偷眼觑视了一下仁科的侧脸。正在这时，图书室的门开了，明峰教授走了进来。

仁科立即从独自的沉思中清醒过来，他站立起来向教授施了一个礼，说道："我可以占用您一点时间吗？"

二

仁科恭平来大学的数天之后，美砂和藤野一道用餐。

自从第一次去纹别时，藤野开车送美砂到网走以来，藤野就成了美砂最适宜交谈的对象。藤野也约过美砂几次一同去吃饭，大多数是在学校附近的小餐馆或是寿司店。

但是这天，藤野带美砂去的，却是市中心一家叫"鲇川"的高级餐厅。

"来这么贵的地方吃饭，你不要紧吧？"

单身的藤野每到临近发工资的前几天，手头总是紧巴巴的。上个月也是，离发薪日差三天时向美砂借了三万日元，才总算捱到发工资。虽然没买什么特别值钱的东西,但他每天都在外面吃饭,加之喜欢喝酒,所以一到月底工资差不多全花光了。

"没问题,今天才第十天嘛。"

现在才十二月的头上,工资刚发了还不过十天,还没到手头拮据的地步。不过,这家餐厅看上去绝对又要用掉藤野不少钱了。

"我们各付各的吧。"

虽说是对方邀请的,但老是让男人付钱,心里感觉挺不自在的。如果是纸谷,两人已经身心结合在一起,那又另当别论。但和只是普通朋友的藤野,就没有道理老是让对方请客。事实上,美砂和其他男性同事一起吃饭的时候,大家都是各人付各人的那份。

"你的心情我理解,不过还是算了吧。"

"不行啊,要不我心里会不踏实的。"

"你这个人真顽固。"藤野一面看着菜单一面苦笑着道。

最终不置可否。两个人各点了一份烤牛里脊,另外要了一瓶红酒。他们有一段时间没有吃烤牛肉了。

"偶尔来这种地方吃饭也不错啊。"藤野四下张望了一圈,好像很欣赏的样子。

店堂内地上铺着高级地毯,桌子和椅子都是木纹的,正中央布置着蜡烛形状的橙红色灯饰,古典音乐低声流淌着,整个环境给人一种非常惬意和安详的感觉。

"你经常来这里吗?"

"不是,我只跟我叔叔来过一次。"

藤野的叔叔是札幌一家银行的高管。藤野缺钱的时候本可以到他那里去借,一准没问题,但因为是亲戚,藤野反倒开不了口。

"你怎么突然间想起到这里来？"

美砂刚才看菜单，一份烤牛肉便要六千日元，再加上红酒，两个人这顿饭吃下来得将近三万日元。

"一直在学校附近的便宜餐馆吃也不是回事啊。"

不管怎样，美砂觉得两人的身份不适合这样的高级餐厅。

藤野家里原来是小樽的海产品批发商，从小少爷派头长大的藤野对于钱实在缺少感觉，每天穿着同一件皱巴巴的西服，却配一只高级的宝石领带夹。看上去很注重打扮，其实另有一种慵懒和自在自得，而这倒反而成了藤野身上的优点。

酒保送来了红酒，替二人斟上，烤牛里脊也端来放在了两人面前。牛里脊刚刚烤就，端上来还发出"嗞嗞"的声音。

"来吧！"

藤野端起酒杯，轻轻碰了一下美砂的杯子。

"干杯！"

两人对视而笑，也没想好为什么而干杯。

好久没吃到这么高级而且烹制得如此合口的牛肉了，酥软的牛里脊口感十分到位。

"太好吃了。"

"以后多来吃几次，怎么样？"

"到月底不借钱的话，看来你又没法过了吧。"

或许是空腹喝酒的缘故，只喝下一杯美砂便觉得有些醉意了。藤野则闷头吃着里脊，大口喝着酒。过了一会儿，抬起头看看美砂，不好意思地笑了。藤野长着一张娃娃脸，二十五岁的人，笑起来还是一脸的天真烂漫，就像个孩子一样。

美砂第一次看到藤野就觉得他为人不错，从他的脸上就可以看出小时候的家庭教育。

自从认识以来，藤野一直待美砂非常亲切，也很体贴。一开始开车送美砂去网走时便如此，后来回到札幌的学校仍然一如既往，处处关心照顾着美砂。美砂有时候跟纸谷在一起，早上到学校迟到了，又是他帮着接听电话，让人以为美砂已经到校上班了。

虽然研究所的男同事个个都很好，但还数藤野对美砂最亲切，美砂觉得任何事情都可以跟藤野商量。

"你今年冬天不去纹别了吗？"

每年一到流冰季节，教研室的职员们约有半数都会到纹别的研究所去考察研究。去年，藤野和他下属的职员共五人去那里，在纸谷手下进行相关工作。

"现在还没完全决定，不过我想不去了。"

"为什么？"

"不为什么呀。"

"可是，以前不是每年都去的吗？"

藤野没有回答，将喝了酒以后微微发红的脸转向窗外。

不知道为什么，今天藤野似乎有点无精打采，提不起劲儿。一开始的时候还蛮高兴的，可是过了一会儿话便少了，现在对美砂的问话也爱理不理的。他喝了口酒，然后轻轻叹了一口气，好像有什么心事似的。

"怎么了，突然间叹起气来？难得一次来这样的高级餐厅吃饭，打起点精神来嘛。"

"我很好呀。"藤野不高兴地回了一句。他轻咳一声，随即盯着美砂的眼睛，问道："你寒假准备去纹别吗？"

"我是想去呀。"

"是纸谷在等着你吧。"

"这话怎么说？"

"你是去跟纸谷见面吧？"

面对这单刀直入的问话，美砂一瞬不知道怎么回答才好。她只好躲开藤野的视线。

"寒假里一直待在纹别吗？"

"东京的家里当然还得回去。"

"那是先去纹别吗？"

藤野为什么要问美砂这些？美砂对纸谷有好感，教研室里所有人都知道的呀。

"我是一直待在札幌。"

"这我知道……"

"那你也待在札幌好吗？就我们两个，一起去山上滑雪，怎么样？"

"可是……"

今天的藤野有点反常。说话的口气、看着美砂时的眼神，都与往日不同。不知道是因为什么事情而心存疙瘩。

"你这是怎么了，藤野？你喝醉了吧？"

"没喝醉，我是认真的。"藤野说着，又喝了口红酒。

十分钟后，两人离开了餐厅。

说不清楚为什么，两人就这样话语抵牾、不投契地走出餐厅。霎时间，一阵冷风扑面而来，美砂两手插入风衣口袋里，与藤野并排而行。

天气骤寒，似乎一场冬雪即将来临。

藤野竖起衣领，默不作声地快步走着。

美砂很少看见藤野如此少言寡语。

"哎，上哪儿啊？"

"稍稍走一走吧。"

"可……"

两人一起散步倒是没什么，可这样寒冷的夜晚，毫无目的地走让人有点受不了。

"谢谢你请我，这回让我请你吧。"刚才在餐厅，美砂想各自付各自的，可藤野硬是坚持付了账，不肯收美砂的钱。"我们到'基昂蒂'去喝点什么吧，好久没去那儿了。"

"基昂蒂"是一家学校教职员经常光顾的立式酒吧，纸谷和藤野他们带美砂去过那里几次，美砂跟那里的店掌柜以及女客们也比较熟。

"喂，往回走吧。"

"不！"藤野重重地摇了摇头，"再走走吧。"

前方看得见一团亮光，再往前一片黑乎乎的，像个洞窟。亮光的地方是G酒店的入口，它前面黑乎乎的一片则是道厅两旁的树丛。藤野朝着那片黑暗的地方走去。

这一带是道厅及相关的行政机构所在地，道路上几乎一个行人都没有，只有呼啸的寒风卷地而过。

"喂，好冷啊！"

信号灯由红转绿，走过马路，右手边便是植于道厅旁的树丛，在夜色中黑黢黢的着实瘆人。

"你到底要走到哪儿去呀？"

美砂又诘问了一遍，藤野终于站住了。

"美砂，"在街灯的光影下，藤野的眼睛直直地逼视着美砂，"我接下来要说的话,你肯认真听吗?"

藤野的声音在风中显得有点颤抖。美砂拉紧衣领,点点头。

"或许你不知道……"藤野望着黑树丛,好像感到心里踏实点一些,"我,喜欢你!"

"……"

"是真的。"

美砂低下头不说话。面对藤野的表白,叫她怎样回答好呢?

两人的身影直直地映在洒满枯叶的人行道上。

"你能明白吗?"

对他说声"谢谢"!还是对他说"你这么说叫我很为难"?无论美砂如何回答,都会伤害眼前这个纯真的青年;不管美砂说什么,听上去都像是虚伪的敷衍。

"美砂!"

藤野的黑色风衣,一点点向美砂的脸迫近过来。

"别……"美砂慌忙退后一步,看着藤野,"我要回家了!"

"你等一等。"

"可是……"

"是我不对。但是请你再陪我一会儿。"

美砂不顾藤野的恳求,转身朝着亮光的方向走去。

为什么藤野会突然对自己说出那样的话来?

和藤野分手之后,美砂一路上一直在思考这个问题。

迄今为止,一直把他当作令人愉快的亲切的藤野,突然间变成一个正儿八经的异性、一个男人,出现在自己面前。的确,美砂以前也曾将藤野当作一个男人欣赏过，刚来札幌工作的时候，举目无亲，一个朋友也没有，藤野是她最可以亲近和依靠的人。但是像刚才的这番表白，却让美砂感到困惑，她担心两人不能再像以前一样轻松地相处，心里有种沉重的感觉。

说实话，直到现在美砂对藤野仍抱有好感，他待人和善、亲切，又是单身，极容易相处。不过，抱有好感并不等于喜欢，美砂对藤野，只是一种单纯的朋友间的好感，而对纸谷却是不可替代的爱。两者即便在旁人看来差不多，其实深度是完全不同的。

听到男人对自己表白心里是高兴的，没有一个女人被男人喜欢而感到不快的。可是无论藤野如何表白，美砂是不可能接受的，只要有纸谷存在，她就不可能抛开他，而义无反顾地走到藤野身边。

两人返身走向灯火明亮的街道，在车站前大街一幢高楼的霓虹灯下分手。分手时，两人互道"再见"。

表面上看，两人若无其事地友好地分了手。但是，在静寂的夜空下，藤野的表白却是确确实实的事实，藤野自己也无法将它忘记。

美砂最担心的是，因为这件事情而失去藤野的友谊，从认识到现在的友情如果为此而生出芥蒂，那就太遗憾了。最好仍像以前一样，大家无拘无束、轻轻松松地交往下去。

翌日，美砂诚惶诚恐地来到学校。藤野见到自己会是什么样的态度？自己又该怎样应付？她心里暗暗盘算着。

可是午休碰面的时候，藤野好像彻底忘了昨晚发生过的事情似的，一点也没觉得窘迫。"你好！"稍许不好意思地打了一声招呼，随即便像往常一样明快活泼。下午时还来图书室请美砂帮忙复印了一点资料。

看上去似乎两人之间没有任何变化，至少周围的人看不出一点异样，但是在他明快的背后，毫无疑问还是多了一点生分。

这件事情发生后一星期的一个傍晚，美砂接到了明峰教授夫人的电话。

夫人先是询问："他在吗？"跟教授通了一会儿电话，然后转到美砂的电话上。"已经五点钟了，要是没什么事情的话，晚上一起吃饭吧？"夫人像是在街上的公用电话亭打的电话。

"可是，伯父呢？"

"他今天要跟以前的朋友聚餐，明人也出去了，家里就我一个人。"

于是美砂和夫人约好一小时后在一家咖啡馆碰头，随后挂断电话。

两个月前，美砂前往位于伏见的教授家时，夫人曾提醒过她关于纸谷的事。当时夫人的语气很委婉："最好不要走得太近。"美砂默不作声听着，但事后将夫人的忠告全抛到脑后去了。现在想起夫人的那番话，美砂还是觉得有点闷闷不乐。

六点钟来到约好的咖啡馆，夫人已经坐在里面了，独自喝着咖啡。

"想吃点什么？"

"我随便什么都行。"

"我请你吃哟，所以想吃什么尽管说。"

"那，吃寿司吧。"

"想吃寿司的话，我可知道有一个好地方呢。"

夫人领着美砂去的是靠近薄野的"福寿司"。正值晚餐时间，店内非常拥挤。两人在一个可以看见柜台的雅座面对面坐下。

"这里虽然很小，不过味道真的没话说。来点啤酒吧？"

夫人说着，要了两只酒杯。

"这段时间喜欢上了喝酒，结果弄得人都发胖了，可怎么办呀？"

夫人一口喝干了杯中的啤酒,同时看着西服里的腰部上下喃喃说道。的确,与今年春天时相比,夫人好像是胖了一点,但她原本身材窈窕,所以看上去并不明显。

"寒假准备怎么过呀?"

"打算回家……"

"你妈妈一定等着你呢。"

这么一说,去纹别的事情就更说不出口了。

"怎么样,这里的寿司味道不错吧?"

"真的很好吃呢。"

美砂中午只喝了一杯咖啡,所以这会儿食欲旺盛,转眼已经吃下去一大半。

这时,夫人抬起头来问美砂:"你最近没有见到仁科吗?"

"仁科?"

"哦,当然是杏子啦。"

与仁科杏子还是蛮早以前在地铁站前碰到一次,自那以后杏子好久都没跟美砂联系,美砂也一直没有见过她。说实话,本来美砂是想和她碰面的,但自从纸谷住院时她悄悄送花去之后,美砂就打消了跟她碰面的念头。

"她丈夫倒是前些时候来过学校,杏子有段时间没见了。她怎么了?"

夫人一面将盘中剩下的寿司往旁边扒拉,一面说:"杏子失踪了。"

"失踪?!"

"今天下午仁科先生来过,他说杏子昨天离家出走,到现在还不见人影……"

"竟会这样……"美砂吃惊地看着夫人。

"从昨天开始,他给所有的亲戚还有杏子可能去的朋友那儿都打过电话问过,可是都说没看见她。"

"可是,为什么……"

"这个嘛还不清楚,仁科先生说杏子应该是昨天中午到傍晚这段时间当中出走的。"

"带了什么行李?"

"好像只带了只手提包和一只简单的行李箱。"

"那就是一开始就打算出走了?"

"好像是这样。不过照仁科先生的说法,没发现有什么不对劲的地方呀。"

"会不会遇到交通事故什么的?"

"这个也查过了,到目前为止还没这方面的消息。"

"那她会去哪儿呢……"

"就是因为搞不明白,仁科先生想了一个晚上也想不出来,所以才来找我合计呢。"

杏子究竟去了哪儿?一个妻子莫名其妙地瞒着丈夫离家出走,两天未归,怎么想都不是件一般的小事情。

"原因是什么呢?"

"仁科先生没有说得很明白,不过好像两人之间还是拌过嘴。"

"是那天吗?"

"他们两个呀,以前关系就不是特别恩爱,出走的前一天晚上还为工作上的事情发生了争吵呢。"

"是为了滑冰场的事?"

"那件事情因为银行方面紧缩贷款,已经告吹了,不过应该不光是那个事吧。"

"那还为什么呢？"

夫人轻声叹了口气，然后说道："仁科先生猜杏子会不会到纹别去了。"

"去了纹别?！"

霎时间美砂失声叫了起来，但她随即重重地摇了摇头。

"我也觉得不会，不过为了确认一下，我刚才还是跟你伯父商量了一下。"

"伯父怎么说？"

"他说先不要着急，看一看再说。"

美砂将视线缓缓地从夫人脸上移向柜台。

事道如今，难道仁科杏子还是去纹别了？她为什么非要去纹别呢？明明拥有美满的婚姻、身为别人妻子的她，为什么非要撇下丈夫和家，只身去那么遥远的北疆呢？

想着想着，泪水情不自禁地涌出眼眶。

"太过分了。"

"不过，这还不能确定呢，仁科先生只不过这样猜测而已。"

"可是……"

既然仁科恭平这样怀疑，说明纸谷的存在已经在两人之间造成了芥蒂，杏子离家出走前晚的争吵，很可能就是因为纸谷而引起的。

"伯母，"美砂坐直了身体，使劲咬住嘴唇，"纸谷和杏子之间到底发生过什么事情？他们两个以前不只是互相有好感吧？"

"……"

"他们两人并不是很早就结束了，对不对？伯母，请您告诉我。"

美砂说着深深垂下头去。夫人歪着头，好像在沉思，过了片刻才很不情愿地说道:"结束是结束了,不过人的感情可不是那么容易就彻底割断的嘛。"

"那就是说,那之后两人还互相爱着是吗?"

"纸谷那边我不知道,不过杏子的确还爱着他。"

"可是,她不是已经结婚了吗?"

"可两人已经陷得那样深了,女人是没办法……"

"那样深?"

夫人缓缓点点头,仿佛在摇摇欲倒的美砂身上又狠狠抽了一鞭子。

"可是……既然他们两人那样相爱,为什么不……"美砂说到这里停住说不下去了。假使两人结合在一起的话,自己现在也不会如此痛苦了。

"他们当然是相爱的,可是不是还有个叫织部的朋友吗?"

"他不是已经死了吗?不是已经不存在了吗?"

"可是……"

"请您告诉我吧,全部,都告诉我。"

夫人点点,充满怜悯地看着美砂,继续说道:"杏子被那个人夺去了……"

"夺去了?"

"我不想这样说,可是……是强行夺去的……"

美砂闭上了眼睛。仁科杏子与纸谷深深相爱,却被好友织部夺去了贞操。

"杏子只对我一个人说了实话,她拼命反抗,可是敌不过织部,所以她差点想去死。"

"那纸谷因为这件事情……"

"具体就不知道了,但是织部的死可能是因为这件事。"

"因为这件事？"

"关于织部的死，我，还有杏子，都觉得他是自杀的。"

"这么说，他不是在流冰实验时不小心掉进海里死的？"

"我想因为织部做出那样的事情，所以最后自责才自杀的吧。"

六年前的冬天，暗黑的鄂霍次克海上发生的那起事件背后，还隐藏了一个美砂不知晓的阴霾。

三

不管纸谷、杏子还有死去的织部之间过去曾经发生过什么事情，与现在的美砂都毫无关系。美砂现在想知道的，只是纸谷是否还爱着杏子。

是不是杏子结婚后，和纸谷两人还一直藕断丝连，暗渡陈仓？杏子是不是弃家跑到纹别去了？假如真的是这样，那么美砂将无权置喙、说三道四。

然而，无论过去曾经发生过什么，至少现在，美砂坚信纸谷是爱自己的。因为坚信这一点，美砂才能忍受关于纸谷过去的种种传闻，而一旦连这点也荡然无存的话，美砂将顿失立足之地。

不管怎样，美砂不想就这样置身于不清不楚的尴尬境地。

"伯母，请您马上给纹别那边打个电话问一问好吗？"美砂直视着夫人的眼睛，恳求道，"我想确认一下杏子是不是真的去了纸谷那里。"

"可是……"

"求您了。只要给纸谷的宿舍或是研究所打电话过去问一声，不是就清楚了吗？"

可教授说过先不要慌，看一看再说的，因此夫人显得犹豫不决。

"我一定要弄弄清楚。"

"你的心情我理解。"

"假如杏子真的去了纹别,我也就接受事实了。"

"你稍等一下,我再去往仁科先生家打个电话试试看,说不定杏子这会儿已经回家了。这种事情,有时候往往会出人意料地草草收场呢。"

夫人说罢,朝店门口旁的电话机走去。

美砂眼睛盯着桌子,剩下的寿司早已无心再吃。

即使有再多的理由,身为妻子,抛弃家庭尾随别的男人而去,也实在做得太过分了,完全是不负责任。杏子到底是怎么想的?

美砂抬起脸,看见夫人仍拎着话筒,贴住耳边通着话。

莫非杏子回家了,就像夫人所说的,只是夫妻间一场普通的拌嘴?

"要不要给您添茶?"

掌柜的隔着柜台对美砂招呼着。

"麻烦了。"

美砂将还剩些茶的茶碗往前推了推。不知什么时候起,柜台前的客人已经走了一半。

不一会儿工夫,一名女招待端着热茶过来了。

"谢谢!"

美砂颔首谢过女招待,这时夫人也打完电话回到桌旁。她愁眉不展,脸上露出怪讶的神情。

"怎么了?"

夫人缓缓地在椅子上坐稳了,随后说道:"真让人大吃 惊呢,她果然去了纹别。"

一瞬间,美砂呆呆地望着夫人。

"真叫人不敢相信……"看起来夫人也吃惊不小,她细致的脸上显得灰蒙蒙的,"怎么也想象不出……"

"怎么知道她是去了纹别呢?"美砂尽力装作镇静地问道。

"仁科先生往纹别的旅馆一个个都打电话去问询过了,结果,说是她在一个叫小山的旅馆……"

"啊!"

"你知道?她昨天就在那儿住了一晚。"

"那现在人呢?"

"不清楚……对仁科先生来说,他只要知道杏子去了纹别就已经足够了。"

"就这样就足够了?"

"因为这样他心里也就踏实了。"

将别人的鸡犬不宁、麋沸蚁动置之脑后不顾,杏子和纸谷此时在做什么呢?或许,两人正一起眺望着波涛翻滚的鄂霍次克海吧?

想到这里,美砂只觉得心如刀绞,她用两手撑住了脸颊。

她什么都不愿意去想了。她只想一个人待着。

"人的一生哪,什么事情都可能发生的……"夫人喃喃自语道,既是想安慰美砂,同时夫人自己也不知道如何面对眼前的事态,"我想杏子可能只是毫无目的地去那里的……"

"伯母,不好意思,我先回去了。"

"噢,是嘛?"夫人点着头,自己先站了起来。

出了店门,美砂却不知道自己要往哪里去。她双手插入大衣口袋,一个人在初冬的夜路上漫无目的地走着。

就这样一直走下去好了。被车子轧死也无所谓了。被歹徒袭击也毫不畏惧。

美砂甚至巴不得发生点什么事情才好。

不着边际地胡思乱想着，美砂脑海里又浮现出纸谷和杏子在一起的情景。

这会儿杏子是不是正在纸谷的宿舍公寓里，两人头挨头说着话？或许纸谷正抱拥着杏子？假如真是这样的话，她绝不能容忍纸谷，不能容忍这样不纯洁的人。

霎时间，美砂只觉得一股热血直冲脑门，仿佛有铙钹在颅内乱响一气，震得美砂晕头转向，脑子一片空白。

一面喁嚅着温柔的话语，一面却一直抛不开对杏子的思念，这样的男人再也不想和他有什么瓜葛了。谁喜欢这样的男人，就让谁抢去好了。美砂在心里叫着、骂着，泪水却不住地从眼眶中溢出来。此刻，她已经不知道委屈，也没有悲哀的感觉，只是任由眼泪哗哗地流淌。

回到公寓时，已经是八点多了。

冬夜寒气袭人，不打开暖炉觉得有点冷，可是美砂却顾不得，她裹紧大衣蜷缩在屋子的角落，浑身瘫软。

什么也不想做。

眠床、枕头、桌子……屋子里所有的东西都勾起美砂悲哀的感觉。残留着与纸谷在一起时记忆中的所有东西，都让她心里陡觉委屈。到底该怎么办？美砂不知道怎样才能平息自己越来越郁怒狂张的心绪。

美砂站起来，在屋里来回走了几圈，突然冲出门，奔下楼梯。

楼梯口旁有部公用电话。美砂将身上所有的十元硬币全部投进去，拨通了号码：01582……

纸谷在纹别的宿舍公寓电话号码，她不用翻看通讯录就能背出来。

此刻，美砂只想听到纸谷的声音，只想对他说些什么，不顾一切地抱怨、痛骂，美砂自己也不知道要说什么，只是觉得有话非说不可，不吐难平。

拨了号，将听筒靠近耳朵，话筒里传来接驳的信号声，随即铃声响起。像低沉的笛声一般的铃声响了好几次，五次、六次、十几次……可依旧无人接听。

纸谷上哪儿去了？难道真的和杏子一道外出了？美砂不禁又展开了无穷的想象。

算了，再也不理他了……

美砂又重拨了一遍号码，确认无人应答后，她重重地挂掉了电话。

她不想回到独自一人的屋子里。此刻如果一个人待下去的话，她不知道自己会做出什么事来，保不准会疯掉。

美砂恨恨地朝四下环视了一眼，脑子里突然想到了藤野。

前阵子在道厅前与藤野分手之后，两人一直没有单独见面。在学校藤野的态度看不出什么变化，不过经过那一夜的冲突，藤野似乎死了心，再也没有邀约过美砂。

现在给藤野打电话，也许会令他大吃一惊的，可是眼下美砂实在不想孑然一身回到公寓去，她只想谁能够在自己身边待上一会儿，虽然这样对藤野似乎有点不公平。

美砂急忙跑回屋子，从手提包里拿出通讯录，重新跑下楼梯，来到公用电话旁。

在网走的时候，藤野将自己在札幌的住处电话号码告诉了美砂。大概是市内的缘故，一下子就接通了，铃声三响之后，传来了藤野的声音。

"你好,我是竹内。"

"哦?"

"我是竹内美砂。"

"是你啊。"大概实在是出乎意想,藤野说着禁不住笑了起来,"这会儿打电话来,有什么事吗?"

"你现在有空吗?"

"刚从附近的餐馆吃完饭回来,没什么事情。"

"能见个面吗?"

"当然可以。你在哪里?"

"在公寓。"

"那、在大通大街的 SILO 咖啡馆见吧。大概半小时后怎么样?"

"好的,我在那儿等你。"

因何心机陡转?一直到现在为止,自己一门心思只念着纸谷,却忽然要与别的男性会面。以前美砂尽量避免与藤野单独相处,可现在却主动打电话给他与他会面。

美砂自己也不知道为什么。

她只希望有个人来安慰自己,抚平自己孤寂无助的心。为此,不管是藤野还是其他什么人,她都无所谓。

美砂抓起手提包,又闯入夜幕中。

沿着刚才边流泪边走过的街道,美砂重又往回走。街道上寒风冷寂,好像要下雪了。

纹别也在下雪吧?

刚把纸谷忘记掉片刻,此时又浮上心头。

即使纸谷与杏子两人在一起,只期盼什么事情也不要发生……

虽然心里对纸谷憎恨不已,但却仍然无法舍弃。一面想两人的关系已经完了,一面却还抱着一丝希冀。

可是下一个瞬间,脑海里又浮现出纸谷与杏子浓情蜜意、卿卿我我的情景。

或许两人就这样在千里之外的鄂霍次克真的结合了?是不是从一开始两人就如此计划好了,杏子的离家出走,正是按部就班依计而行的结局?倘若这样,那自己又算什么呢?只是一时解闷、填补空虚的工具吗?难道自己仅仅就是这样的女人?

突然,美砂狂奔起来。

款款而行只能让她脑海里充斥了各种杂七杂八的想象,让她发疯。或许,此刻美砂已经处于发疯的边缘了。

前面看得见点点明亮的灯火,那是地铁站的入口。美砂像是逃避似的,快步奔进明亮的灯火中。

将近晚上九点,驶往市中心的地铁内空荡荡的。车厢内只有一个疲倦不堪的中年男子和一对青年对面而坐。

车子启动,朝着黑黢黢的前方驶去。美砂又情不自禁地想起了纸谷。

望着漆黑的车窗,美砂喃喃地对自己说道:行了,别再去想那个人了。与他有关的一切统统就让它过去吧。

地铁脱出黑暗,驶进光明一片的车站。如此反复三回,驶入了大通大街站。美砂目不斜视地登上台阶,没有一丝踌躇。

现在只想快点见到藤野。只要见到藤野,或许自己的心情就能得到平复和廓宁。

走出地铁站,夜幕下的街道上,开始飘起了点点细雪。

冬野

一

来到 SILO，藤野好像也刚刚到，桌子上只有一杯凉开水。

"出什么事了？"藤野用诧异的眼光看着美砂。

"呣，什么事情也没发生呀。"

美砂向侍应生要了一杯咖啡。

白天，店内挤满了来这里午休或是商量工作的公司职员，但现在已经晚上九点多了，店内便显得人影稀疏，门可罗雀。

"这么晚了，被你一个电话叫出来真是想不到啊。"

"不好意思。"

"你好像脸色不大好嘛，不要紧吧？"

"没事。"

"有什么事情憋在心里不痛快是吗？"

侍应生端来了咖啡。美砂用小匙搅动着，泛出一圈圈漩涡。看着杯中的黑色漩涡，美砂脑海里纸谷和杏子的身影又复活了。

"你今天好像有点怪嘛。"

明明是自己把对方约出来的，可这会儿却陷入了沉默；明知这样很失礼，可美砂还是没法若无其事忘怀地谈笑。

"哎，等会儿带我去什么地方好好痛快痛快吧？"

"什么地方？"

"今天晚上，我想喝个够。"

"哦……"藤野将信将疑地望着美砂。

站在藤野的立场看，美砂的确有点反常。迄今为止，美砂与藤野等人一道出去玩，一过九点钟必定回家。哪怕众人使劲劝她再玩一会儿，她只是淡淡地说句时间不早了，然后便毫不留恋地撇下大伙儿往家赶。偶尔留下来到很晚，那一定是纸谷在场的缘故。

"那就去'基昂蒂'吧？"

"钱我带着呢。"

"不用，我有。"

藤野一口喝尽杯中咖啡，然后站起身来。外面小雪仍在飘着。

"果然下雪了。"

"这是今天的第一场雪吧？"

"是啊。今天夜里说不定能够积起来哩。"

藤夜将大衣的衣领竖起。美砂跟在他身后，嘴里含混不清地喃喃自语道："十二月十二日，初雪这天，我被纸谷甩了的日子……"

藤野拦了辆出租车，告诉司机："去薄野。"虽然步行去也不过十来分钟，但在这样寒冷的夜里走着去，只恐怕两人的心里会拉开距离。

薄野最热闹的市街被细雪覆盖，反倒更显得活力绽放。霓虹灯光映在雪地上，人们像是要逃脱寒冷似的，纷纷挑起垂帘，躲进酒吧和食肆。

一下车，藤野立即快步朝街对面一幢大楼的地下走去。

"基昂蒂"店堂狭长，容不下多少客人。吧台座一字儿排开，跟普通的酒吧相比没什么特别之处。只不过这儿的老板跟今井副教授稔熟，关系不一般，所以研究所的职员们也都喜欢来这里。

"你喝点什么？"

"来杯兑水的威士忌吧。"

"哟，很难得嘛。"

"天气冷，喝点烈性的不是会好点吗？"

美砂以前来酒吧几乎都喝果汁，最多喝点啤酒。纸谷替她叫过一两次威士忌，但喝下去喉咙辣辣的，一点也不觉得带劲。

"来两杯兑水威士忌！"

藤野大声叫道。随后和着投币式自动播唱机传出的歌声，轻轻哼唱起来。

此刻不管美砂心里究竟在想什么，她主动来邀约自己出来喝酒，令藤野感到非常高兴。他以手指在桌上敲击着节奏，显得很快活。

我也要快活起来，今夜和他一起喝个痛快。美砂心里打定主意，端起酒杯猛喝一口，顿时一股火灼的感觉在喉咙里扩散开来。美砂没有理会，像是跟谁比赛似地，又接着喝了一口。

火辣辣的也好，苦涩的也好，只想让自己快点醉。醉了就可以忘记一切。

"喝得这么快呀！"藤野吃惊地说道，"要不要紧啊？"

"没问题。其实我很能喝的呢。"

一面说着，一面却觉得全身像火烧一般发烫。美砂知道自己开始有点醉飘飘的了，可是这种渐渐进入微醉状态的感觉，让人很舒服。

"十点半了，要不要再去转一家？"

"好啊！"

走出"基昂蒂"时，美砂在台阶口绊了一跤。短短的时间内，一口气喝了三杯威士忌，对美砂来说，可不是一般的量。

"这前面的楼内，有一家叫'香港'的酒吧，去那里坐坐吧。"

"'香港'？这个名字好奇怪。"

美砂笑着说。她感觉自己的舌头转动起来有点不那么灵活了。

"喂，这个，你先拿着。"美砂一面走，一面从手提包里取出钱包，朝藤野递去,"等一下用这里面的钱付。"

"说过不用了。反正不够的话可以赊账,你放心好了。"

"不行!你不接着的话我就扔了它!"

"喂喂!别这样嘛。"

藤野没办法,只好接过美砂的钱包。

"既然你那么想让我拿着,我先拿着就是了嘛。"

钱包里大约装着有五万日元,本想买几件过冬穿的毛衣和靴子的。对美砂来说,五万日元可是笔大数字,可是如果今天需要的话,她情愿全部花掉它。要是这样就能够将纸谷彻底忘记,五万日元算什么!

"香港"也是吧台式的座位,但是靠里边还辟有两个包厢座。藤野径直坐进了里面的包厢座。

"哟!今天和美女一块儿来的啊,真稀罕呐!"

"我偶尔也是蛮吃得开的哟。"

藤野笑着将美砂介绍给妈妈桑。

"果然是个美人呢,配藤野君怪可惜的。"

"喂喂!这种话可别随便讲啊!"藤野一下子脸孔涨得通红。看样子,藤野背地里跟妈妈桑说起过美砂。

不知道他跟妈妈桑说过些什么?是说自己喜欢美砂,还是连前些时候遭到拒绝的事情也和盘托出了?

不管说什么,看来他不是一个靠不住的人,不像纸谷那样。他可是一心一意对我怀着好感。兴许以前自己的心完全被纸谷俘虏了,所以忽视了藤野的许多优点。

"今天喝得很高兴。"

"我也是!"

两人的酒杯碰在一起。

藤野的双眼在淡淡的灯光下,仿佛燃烧着火焰一般。

"我会送你回家的,尽管放心喝吧。"

"知道的。"

美砂举起酒杯,喝到酩酊大醉吧,好将纸谷彻底忘掉。还有杏子、纹别,全都彻彻底底地切割掉,跟自己毫无瓜葛。

此刻只想痛痛快快喝醉。今后的事情没必要去想它。不摆脱掉眼前、跨过今天,就不可能迎来明天。

"再来一杯!"

藤野朝柜台上叫道。好像是受到了美砂的感染,藤野喝得也很快。

两人边喝边唱,很快过了一个小时。

"现在十一点半,你打算怎么样?"藤野用认真的语气问道,"你该回去了……"

霎时间,美砂的脑海里浮现出又暗又冷的公寓屋子。

现在回去的话,能睡得着吗?美砂既感觉自己想昏昏沉沉睡了,同时又感觉好像头脑更清醒,睡意全无了。

然而带着醉意无法入睡的话,只会越加想起纸谷,越加令人辗转反侧。

"先出去再说吧。"藤野说着站了起来。

走到外面,道路上已经铺满了新雪。看来两人喝酒的当儿,雪一直下个没停。

"好冷啊!"

美砂缩起了肩膀。这时,藤野轻轻将手搭在她肩上,"我送你吧。"

美砂知道藤野的两手按在自己双肩上。

除了纸谷,美砂没有允许任何人这样做过。明知这样不可以,但是她喝醉了，浑身发软，一动也不想动。

"到屋里去坐一会儿吧？"

"屋里……"

"去我那里。虽然有点脏，但是有空调，屋里很暖和的。"

"可……"

"暖暖身体再回去吧。"

藤野将自己的住处告诉了出租车司机。司机打开雨刮器，来回刮扫飘落到窗前的细雪，车子在洁白一色的道路上缓缓前进。

仿佛有种诱惑袭来，美砂真想就这样沉沉睡去，不管发生任何事情。

自己一直热心牵挂殷殷想念的东西，突然一下子弃她而去，整个人就像被抽掉了芯似的，有种空空如也的虚无感。

现在她将去一个温暖的、舒适的地方，这就够了。

美砂闭着眼，头向下一滑，靠在藤野的肩膀上。

"到啦！"

听见耳旁的声音，美砂睁开眼睛，只见眼前是一栋钢筋混凝土的四层公寓。

藤野一年到头手头拮据，但可能因为家境富裕的关系，单身一人却住在这么好的地方。

"没电梯，要爬楼梯的，你担待点吧。"藤野牵着美砂的手，慢慢登上水泥楼梯。

必须回去……

美砂好像突然间清醒了，但马上又被浓浓的醉意和一种破罐破摔的报复心理征服了。

藤野住的房间在三楼的走廊尽头。来到门口，藤野松开美砂的手，伸手从口袋里掏出钥匙,打开房门。

"请……"

藤野站在屋内朝美砂催促道。美砂略微犹豫了一下,随即跨入门内。

身后响起重重的关门声。

"屋里很暖和吧?"

"……"

"到这边来,这边坐着舒服些。"

美砂被藤野引领着,走进靠门口旁的餐厅,坐在沙发上。

房间里除了餐厅外就是睡觉的屋子了,大约有十张榻榻米大小,一边竖着沙发和装饰柜,另一边则摆放着桌子和床。虽然跟普通男人的屋子没什么两样,甚是煞风景,但不像纸谷的屋子那样乱。

"喝点什么?我这儿还有点威士忌。"

"唔,不能再喝了。"

"那帮你冲杯咖啡吧。"

"给我来杯凉开水。"

美砂的醉意在慢慢地消退。不知道是因为屋子里灯光的关系,还是与藤野两人单独相处的紧张感的关系,美砂的意识渐渐恢复了。

"水来了。"藤野端着凉水杯子走过来。

"谢谢!"

一杯凉开水下去,美砂的脑子一下子清醒了。

"好点了?"

"已经没事了,我该回去了。"美砂站立起身。

"怎么要走?"

"可是……"

"美砂!"

突然,藤野横在美砂面前。

两人面面相对,美砂始终闭着眼睛。

"美砂……"

藤野略略沙哑的声音传到美砂的耳朵里,紧接着,藤野一把将美砂抱住了。藤野的胳膊紧紧拥着美砂,美砂却出乎意料地显得颇为沉着。

一星期前在道厅前的那一晚,藤野对美砂也有过同样的举动,但那时的心情却和现在完全不同。那时,美砂的脑海里只有一个念头,就是快点逃离,而此时美砂并没有这样的感觉。因为当时支撑着她的是纸谷的存在,而现在这一存在已经从她心里渐渐淡出了,模糊了。

美砂在心里对自己说:反正他从来就没顾及我,我做什么事情与他都毫无关系,我大可顺其自然。

"我喜欢你。"

藤野低声嗫嚅着。美砂感觉到耳根有一股热乎乎的气息。接下来,藤野的热唇凑近过来。

美砂无力地摇着头,她产生了错觉,感觉自己正在向一个深渊慢慢坠落下去。

或许这就是人们所说的堕落,又或许是背叛,是罪恶?既然自己深爱着一个男人,怎么可以做出这样的事情?

然而,就在这种坠落下去的感觉中,美砂体验到一种油然的快感。

随它去吧。不管坠落到何处,即使坠到深渊之底,心里也是安静舒快的。

不知是因为酒精的作用还是为了报复纸谷,美砂显示出了前所未有的大胆和放肆。

一阵有气无力的挣扎之后，藤野试探着将嘴唇触到了美砂的嘴唇。这时，如果美砂想躲的话完全可以躲开，可是美砂一点儿也没有躲避，她已经无力挣扎。

此刻的美砂，仿佛是自己朝着那种坠落的感觉主动投身而去的。

两片嘴唇紧紧叠在了一起。一瞬间，美砂又产生了错觉，以为紧紧拥抱着自己、夺去自己嘴唇的是纸谷。

可是，这只持续了极短时间，大约不过十来秒钟而已。

"美砂……"

当藤野又一次轻声唤着美砂的名字，拥着她朝卧室床的方向移动的时候，美砂突然叫了起来："不！"

这一声实在突如其来，刚才还一直闭着眼睛好像被催眠了一样，现在蓦地清醒了。美砂拼命摇着头，手脚惊慌失措地扭动着，挣扎着。

"放开我！放开我！"

美砂发疯似地叫着，推开了藤野。

仅仅十来秒钟之前，她还接受了藤野吻唇，可这会儿……瞬间的情势急转，使她看上去完全就像变成了另一个人。

美砂也不清楚为什么自己竟会如此激烈反抗。不要说藤野，就连她也没彻底回过神来。不过，必须赶快从这里逃脱，这个念头迅即占了上风。这与其说是美砂大脑作出的反应，更确切地说，是她的身体作出的本能反应。

激情燃烧的藤野更是被美砂的反抗惊呆了，他愣在那里，一时不知如何是好。

"怎么了？"

藤野无奈只好松开手臂，掩饰不住脸上败兴的表情，看着美砂。

"我回去了!"

"这么急……"

美砂不理会,她拾起地上的手提包,朝门口冲去,摇晃不稳地穿上鞋,然后推门而出。

"你……"

美砂将藤野叫住她的声音抛在身后,急急奔下楼梯。黑黢黢的街道美砂不知往哪边走,她也顾不了那么多,急步来到前面一条稍宽阔的街道,拦下一辆出租车。

"北二十条。"

司机发动车子起步时,美砂回身朝后面望了一眼。映入后车窗夜幕下的街道一片白茫茫的,唯有街灯在雪中整齐地排成一列。

车内开着空调,身上暖洋洋的。

美砂从手提包里取出便携式化妆盒,整理了一下散乱的头发,又用手帕使劲擦了擦嘴唇。然后,靠在椅背上,望着窗外沉思起来。

为什么会那样激烈地抗拒藤野?

被他抱拥、被他求吻的时候,毋宁说美砂心里是接受的。不,在此之前,当美砂打电话约藤野出来的时候,她甚至做好了不论发生什么事情都坦然容顺的准备。正因为如此,当藤野的嘴唇贴上她嘴唇时,她没有躲避。然而其后暴烈的反抗究竟是怎么回事,美砂自己也不明白。

唯一明了的是,美砂两次被吻时的心境截然不同。

第一次可以说是美砂主动引导着事态的发展,第二次她则断然拒绝了。这样两种反差巨大的态度之间,一定有什么事情发生。

美砂望着前方的车窗。细雪飘飘洒洒地落到挡风玻璃上,雨刮器将雪左右分开,在窗上形成两个扇形。在反复的相同运动中,雪夜仿佛正在拼命窥测人的内心。美砂望着那块白色的空间,又回想起刚才的情形。

藤野引导着她往床上移动的当口儿,是谁在冥冥之中叫道"不可以",命令她"赶快逃走"?

当时除了藤野和美砂之外,没有其他人。想来想去,那只能是出自本能的反应。

其中没有任何理由,只有一个念头在驱使着她:赶快跑,赶快逃脱。

除此别无选择……

美砂在心里喃喃自语道,随即闭上了眼睛。这时,不知为什么泪水夺眶而出,她拭了一把,谁料越拭泪水溢得越厉害。

"好想见他……"

深秘寂寥的黑暗之中,隐约浮现出白夜。伴随着低沉的海涛声,一望无际的流冰向远处铺展开来。夜幕下,仿佛看见了鄂霍次克的海平线。

"我这是怎么了?"

美砂又一次自言自语道。

二

虽说是今年的第一场雪,但雪势还是够大的。

就在初雪的黎明时分,美砂做出了一个决定:到纹别去。

在此之前,美砂躺在床上,却一刻也睡不着。她想起了纸谷,然后这种思念就像是袅袅下个不停的飘雪一样,越来越膨胀,来势也愈来愈猛。

昨夜还在想,让纸谷和他的所有一切都成为过去吧,再不要去想他。此刻令人简直不敢相信,想要忘记纸谷,那只是在拼命压抑自己的感情而已,她的内心深处,并没有因为些许琐事而有丝毫变化。

无论纸谷做出什么样的事情，自己仍旧爱他不渝。不管他现在是否还喜欢杏子，也不管自己是否只被当作偶然、短暂、微不足道的存在，美砂全都可以不计较。最重要的是，自己现在真心爱着一个人，这本身就是弥足珍贵的。

"我喜欢你，为了你，我甚至可以牺牲我自己。"

美砂现在只想见到纸谷，把这句话告诉他，让他明白自己的心迹。

她不想要求纸谷什么。自己如此爱着对方，对方也一定会如此爱着自己。或许这只是她一厢情愿的想法，可这就是爱情呀，虽然看上去有点像要求得到回报似的。

喝醉了酒、心里感到委屈，因而差一点将自己的身体容许给并不爱的人，也许只不过是为掩饰自己软弱而寻找的借口和手段，是逃避感情的权宜之法。

美砂现在开始后悔，不该接受藤野的吻。即便没有以身相许，但曾经有过的不论发生什么事情都坦然容顺的想法，怎么也无法从记忆中抹去。

想到这里，美砂慌忙狠狠擦拭了一下嘴唇，还漱了漱口。即使这样也无法抹消接吻的事实，美砂心里很明白，但就是感觉非这样不可。

旭日开始升起来了，美砂也做起了旅行的准备。虽然彻夜想着纸谷和杏子的事情，几乎整夜未眠，但是脑子却格外清醒。

美砂将替换的内衣还有厚毛衣装进李箱。札幌已经下雪了，鄂霍次克海边一定更加寒冷。

乘几点钟的火车呢？现在出发，到达纹别差不多也得傍晚了。当然也可以乘坐上次纸谷回去时乘的特快列车，不过看来赶不上时间了。

至于学校请假的事，给明峰教授家去个电话就可以了，但那样的话，教授夫妇肯定会劝阻她的。既然决定了，就不想再受别人的影响，一定要迈出这一步。不去管它什么所谓的"常识",也不想理会约定俗成的规矩,这一次就想按照自己的判断去行动。

最终,美砂决定乘坐十点十分的快车,这样下午四点左右可以到纹别。

一切准备就绪,美砂又把屋子收拾了一下。

餐边柜上的座钟显示时间是八点半。

窗外,昨夜的雪已经停息,取而代之的是难得一见的朗朗晴天。地上积了大约十来公分厚的雪,一群上班族排成一列,踏着新雪,赶着去上班。

美砂走出房间,来到公寓门口的公用电话,拿起话筒。她拨通了学校的电话,请总机转到研究所的门卫那儿。

"我是海洋学教研室的秘书竹内,突然有点急事需要请假,麻烦你看到教研室的同事替我转告一声好吗?"

"转告一声就可以了吧?"

手上没有尚未做完的工作。假如需要待时间长,到了纹别再跟学校联系一下,应该没什么问题。

于是美砂回应一声,挂断了电话。

三

踏着洁白的积雪,美砂十点钟赶到了札幌火车站。

开往纹别的火车本该十点十分发车,由于整个北海道遭遇寒流的缘故,包括这趟列车在内,所有的车次都晚点了二三十分钟。

美砂听说发车要延迟二十分钟,便来到站舍二楼的餐厅,要了一杯咖啡。

昨夜的雪下了有十来公分厚,不过车站前阳光照射的地方雪已经融化了,雪水积在街道两侧。

假如去研究所上班的话,现在应该正和藤野他们啜饮着早晨的咖啡。对了,那之后藤野怎么样了?美砂又想起了昨天晚上的事。但随即,似乎为了赶走那情景,她站起身,走出餐厅。

或许是因为列车晚点的缘故,候车大厅里摩肩接踵地挤满了人。美砂只拎了一只行李箱,排在检票口前的队伍里,不一会儿,来到站台上,正望着路轨上的积雪,列车终于进站了。

美砂坐在一个靠窗的座位,对面是一对五十岁上下的夫妇。

停车数分之后,列车启动了。

只需五个多小时,就可以到达纹别。

列车开动起来之后,美砂才真切地意识到,自己已经在前往纹别的途中。

事到如今,似乎已没必要怀着凄惨的心情奔赴纹别;杏子抛弃家庭,只身去投入纸谷的怀抱,自己步她后尘追寻而去,到底应不应该?

"为什么要去……"

望着车窗外,美砂轻声问自己。

铺满白雪的田野,在早晨阳光的照耀下,反射出刺眼的眩光。越往北去,积雪还会更深。

现在再考虑为什么要去纹别已经毫无意义,既然下了决心,登上了列车,就只有去而无其他选择。

对面的老夫妇在起劲地交谈着,好像是去看望住在纹别的女儿女婿。美砂蓦地想起了自己的父母亲。要是父母知道自己上班请假去追一个男人，不知道会作何反应。

美砂将视线又转向窗外阳光照射下的白雪皑皑的田野。许久，才将视线收回，落在刚才在车站买的周刊杂志上。然而，她的意识却既不在杂志上也不在窗外的景色上，杂志上的文字和窗外的风景目不暇接地跃入眼帘，可是大脑里却没有留下一丝印象。眼睛看似出神地盯住一处，而心思却完全开溜到别处去了。

列车驶过旭川，对面的夫妇买了两份走过来推销的便当盒饭，开始吃起来。两人将各自盒中的菜互相分让给对方，看上去非常感情和睦。美砂早上起来到现在，只在车站二楼的餐厅喝了杯咖啡，但此刻却一点也不觉得饿。

随着列车越来越往北，天空也越来越阴晦，好像又要下雪似的。

这是第几次鄂霍次克之旅了？今年一月份和三月份去过两次，算上现在十二月这次，已经三次了。三次旅行，目的完全不一样。第一次仅仅是一般的观光，是为了欣赏流冰；第二次带着明确的目的而去，就是为了见纸谷一面；而这次，则是想对纸谷说再见而踏上旅途的。

短短一年间，变化多么巨大啊。

然而，回想这一年来的剧变，美砂并不感到后悔。不管怎样，自己竭尽全力全身心地爱着一个人，这是不可动摇的事实。无论结果如何，美砂对这个事实充满了自信。

假如说，生命就是在每年每月每天留下一段段鲜明的记忆，那么这一年，就是美砂活得最充实的一年：相识、相恋、痛苦、分离……这一切像死一般难以承受，但是这一年的记忆却永远也不会忘记。

回首这一年，过去的岁月简直不能称之为生命，它只不过是平凡的、千篇一律、毫无光彩的日子的积累和叠加而已。

即使自己的付出最终得不到应有的回报,但是体验到了爱的精彩和生活的充实,这就足够了,她会为此感到满足的。而对于教会她这一切的人、对纸谷她还是充满感激。自己作为一个平凡的女子,领略到了爱的喜悦和痛苦,这是一笔巨大的收获。

望着窗外空寂的景色,美砂对自己这样说道。

这不是失败者的自我慰藉,而是美砂发自内心的真实感受。

事实上,就爱情来说不存在加害者与受害者,有的只是自己究竟有多爱、自己被爱得有多深。不能因为爱情无果而终,便认为自己是受害者,而对对方横加指责或抱怨。不安与失意天生就是恋爱的另半张脸孔,如果畏惧,就注定不应该恋爱,那样的话或许更好。

车窗外,一路上都是绵延不绝的光秃秃的树木和白雪覆盖的荒原。天色渐暗,不久到了轻别。列车在这里分成两列,一列驶向网走,一列继续驶往纹别。

美砂所在的这列驶往纹别。对面的老夫妇俩向美砂点头道别之后,换乘了另一辆。留在车上不动的都是去纹别的乘客。车厢内更加空荡荡。美砂坐的四人包厢座里,只剩了她一个人。

美砂朝窗外望去。这一带积雪不是特别多,但几乎没什么人家,只有荒原和平坦的群山向前伸展着。偶尔看见一两户人家,也只有几棵枯树相依,在傍晚的天幕下显得那样孤寂和凄恒。

不一会儿,群山豁然敞开,前方露出一片开阔的平面,那便是鄂霍次克海。低垂的乌云下的鄂霍次克海,与覆盖着浅浅一层白雪的海岸线互相映衬,越发显得灰蒙蒙的浓重。

"终于到了!"

美砂将身体倾向车窗,凝视着走进黄昏的鄂霍次克海。

十二月中旬了，流冰还没出现，但是激涌而起的白浪，却已经溅射出严冬的寒气。

列车到达纹别车站是下午四点多。由于发车延迟，虽然途中抢回一些时间，但还是晚点了大约十分钟。

美砂提着行李箱，独自走下站台。

上次来的时候，是藤野开车来接她的，但今天没有一个人迎接她的到来。

出了火车站，纹别的市街早已天色暗淡了。这里毕竟是北疆，扑在脸上的风冷飕飕的。美砂不由自主地缩起肩膀，将大衣领高高竖起。

"好冷啊！看样子今天晚上还得下雪呢。"

从车上下来的乘客们相互搭着话，消失在因积雪而容颜一新的街道中。个个都脚蹬长统靴子，穿着厚厚的大衣。

美砂在寒风中稍微停立了一会儿，随后走进车站右边的公用电话亭。

离开札幌时，美砂没有给纸谷工作的研究所打电话，也没有往旅馆打电话。一来因为纹别之行是突然决定的，没时间打电话；再说美砂不想预订好之后才成行，她想顺其自然随心所至踏上旅途。到纹别后，假如纸谷不在，她就住一晚，看一眼鄂霍次克海再返回；如果上次住宿的旅馆客满了，那么住随便哪个旅馆都无所谓。反正只要到了纹别，重睹魂牵梦萦的大海，她心里就会踏实了。

假如纸谷在，她只想跟他说一声"再见"；万一杏子也在，她只想看到两人在一起的情景，然后立即登上列车，去附近的随便哪个城市都可以。因为从一开始，这就不是一次目的地特别明确的旅行。

美砂轻轻吐了口气，拨通了流冰研究所的号码。现在不到五点，纸谷说不定还在研究所里。

"你好,"美砂压低声音说道,"请问纸谷诚吾先生在吗?"

"请稍等一下。"

对方的声音毫无感情,但也算不上冷淡。等了一会儿,话筒里传来脚踩地板的"咯吱咯吱"声,好像是从隔壁房间走过来的。

"喂喂……"

没错,正是纸谷的声音。美砂一瞬间紧紧咬住嘴唇,屏息片刻,然后换个手重新握住话筒。

"嗯,我是美砂呀。"

"哦,怎么了?"纸谷的声音还是那样笃悠悠的。

"我现在在纹别。"

"真的吗?"

"是的。"美砂轻声回答,"可以去看看你吗?"

"当然可以。你在哪里?"

"在火车站。"

"那你马上过来吧。"

"可是……不打搅你吗?"

"说什么哪!"纸谷坦荡地回道,"我现在马上回宿舍去,你直接到我的宿舍公寓来好了。"

"真的不要紧?"

"我住的宿舍公寓你认识吧?"

"记得的。"

美砂放下话筒后,立即朝出租车上客处走去。

昨天纸谷应该刚刚和杏子见过面,今天又要和自己见面。吃不准他葫芦里究竟卖的是什么药。

美砂无暇揣度纸谷的想法,她匆匆坐上了出租车。

"请到流冰研究所所在的海鸣町。"

车子立即驶入暮色笼罩的街道。看样子纹别昨夜也下了一场雪,白天雪化之后又结成冰,所以车子换上了防滑轮胎。

"这位小姐,是从札幌过来的吧?"司机看着前方问美砂,"那边也很冷吧?"

"哎……"美砂含混地答道,眼睛却望着车窗外。

车子很快驶出市中心,房屋也稀疏起来。平野上的积雪从早上起一直没有融化掉,四周一片寂静。

"照这样子,今天晚上就要来哩。"司机手指着左边黑黢黢的大海说道。

"什么东西来?"

"流冰啊。"

雪原在昏暗中闪着白茫茫的幽亮。美砂望着雪原前方的海面。

"流冰一夜之间就会过来吗?"

"兴许明天早上一觉醒来,你就会看见这一带完全变样了。"

这时,美砂忽然看见道路左面有家杂货店,旁边一条小路就是通往纸谷宿舍公寓的。

新生

一

虽然只来过一次,但美砂不会忘记纸谷的公寓。那是今年三月末,下着雪,现在同样也是地上积着新雪。尽管有白天和傍晚之别,但是心爱的人住的地方她记得清清楚楚。

美砂来到纸谷的房间门口,屏息停住。

夜幕笼罩中,房门旁边的窗户里透出亮光,纸谷已经先回到家,正在等着美砂。

美砂深深吸了口气,随后鼓起气力,敲了敲门。

"咯吱咯吱"的脚步声传来,从窗户可以看到有人影在晃动,紧接着门打开了。

"哟……"一瞬间,纸谷的声音说不出是惊讶还是欣喜,"进来吧。"

"方便吗?"

"我正好回来,刚刚点上暖炉……"

美砂在门口脱掉大衣,拿在手上,走进房间。

屋子里和上次来的时候几乎没什么变化,仍旧散乱不堪。屋子中央摆着一张沙发,沙发后面则并排放着书柜和桌子。刚刚点着的暖炉在屋子中间正熊熊燃起,红焰升腾。

"我马上给你泡杯茶,你先坐。"

纸谷先前已经烧上了开水,他从灶台上拎起水壶。

"冷吗?"

"不冷。"

站在灶台水斗前的纸谷的背影一点也没有变,还是那样宽阔,那样敦实。

"稍微泡得浓了点，不要紧吧？"

纸谷两手端着茶杯，端到美砂和自己的面前，然后在美砂对面坐下。

"好长时间没见了，你还好吧？"

"哎……"

"怎么了？好像没什么精神嘛。"

现在就说出自己到纹别来的理由。不，不用说他肯定也明白的。美砂的内心里，两个声音在交替主张着。忍了又忍的情绪，眼看就要决堤而出。

"不是寒假才来吗？"

"不，再也不来了。"

"不来了？"

"是的……"

"你今天很奇怪呀。发生什么事情了？"

纸谷朝前探出上身。望着那张饱经风雨、黑黝黝的脸，美砂终于忍耐不住了，一吐为快。

"杏子怎么样了？"

"……"

"仁科太太。"

"你说她呀……"纸谷点点头，好像在说，明白了。随即拿出一支香烟点上，慢悠悠地说："你就是为这事来的？"

"……"

"她已经回去了。"

"什么时候？"

"大概是今天早晨吧。"

"就是说,她果然到这里来了?"

纸谷眼睛盯着香烟,点点头,随后便沉默不语了。

隔了许久,美砂提高声音说道:"我就想问问你这事。我回去了!"

"你怎么了?"

"再见!"

美砂拿起大衣和手提包,朝门口走去。

"喂!你……"纸谷从后面追上来,"你等一等!"

两人在门口面对面地站着。

"你好像对我有什么误会?"

"我没有误会。"

"真是搞不懂。"

"搞不懂的是你!你到现在还爱着那个人,对不对?"

"喂喂,不是这样啊。"

"就是这样。要不是这样,那杏子就不会跑到这里来。杏子到这里来找你,札幌的人全都知道了,明峰教授的夫人,还有杏子的丈夫……"

"……"

"杏子是有丈夫的人,她跑到这里来找你,这太不正常了,对不对?"

"是不太正常。"

"可是让她做出这样不正常的事情的,就是你吧?一定是你让她来的,所以她才不顾一切跑到这里来。"

纸谷什么话也说不出来,只是歪着头,看着门口的方向。

见纸谷沉默不语,美砂心中旧怨添上新恨,更加怒不可遏:"你是个胆小鬼!你是个骗人、狡猾、不负责的人!"

"等等……"

"你明明爱着杏子，还要来骗我……"

"这是谁说的？"

"明峰教授夫人还有藤野都这么说，说你和杏子相爱，可是织部插了一脚，他后来死在鄂霍次克海里了。"

"真是多管闲事……"

"不是多管闲事！对我来说，这可是件大事情！你知道我听了之后有多难过吗？"

"可是这已经是过去的事情了。"

"不！事情没过去，所以杏子才会又来找你。"

"不是这样的。"

"怎么不是？"

"自从她结婚以后，我跟她一次面也没见过。"

"没见过？那她为什么要跑来这里找你？舍弃家庭、抛弃丈夫……"

"那只不过是她一时冲动……"

"一时冲动？"美砂冷冷地看着纸谷，纸谷那张戳着几根胡子茬的脸就近在眼前。"你这样说还算是个男子汉吗？一个女人抛家弃夫的跑到这里来，你竟然说这种话？"

"……"

"胆小鬼！又胆怯又狡猾、不负责任……我不想再见到你！"

美砂的手抓到了门把手。刚要顺势推门而出的当口儿，纸谷从背后捉住了她的胳膊。

"等等！"

"我讨厌你！你放开我！"

"你等一等。"

纸谷用力将美砂的上身拉过来。"你看着我。"

"你做什么?"

"叫你看着我嘛。"

美砂只得转过身来,只见纸谷的脸看上去憔悴而苍白。

"你是不是不相信我?"

"……"

"我和她之间什么事情也没有。她是来纹别了,可是又悄悄地回去了。"

美砂感觉这声音好似从遥远的天空传来的一样。到底是真的,还是撒谎?美砂无法分辨真伪,思绪只能恍恍惚惚地随着这声音游动。

"的确像你说的,她到这里来是件大事情,对她来讲,一定是下了很大的决心。但是在我的心里,我跟她之间真的已经结束了,已经过去了。"

"可是……"

美砂吸了一口气。她对自己说,一定要冷静。

"假如已经结束了,那为什么书柜里还放着她的照片?"

"……"

"上次来的时候,我清清楚楚看到的。"

纸谷平静地点头答道:"原来是放着的。可是现在已经不放了。"

"藏起来了?"

"我把它放到普通的照相册里了。"

"为什么?"

"因为现在你是我的女朋友。"

"那在这以前呢?"

"说实话,那时还没有彻底忘掉她。"

"那好,我问你,"美砂直视着纸谷,"去北极前的一天晚上,你喝醉了突然到我的公寓去对吧?那天你在酒吧里是不是碰到杏子的丈夫了?"

"碰到了。"

"你是为了忘掉杏子才去我公寓的吧?"

"……"

"没关系,请你说实话。"

"是有点这个原因。"

"我明白了。"

"什么你明白了?"

"我知道你爱杏子……"

"叫我怎么说呢?不是这样的。那是以前的事情,现在你……"

"你不用勉强。"

"我没有勉强啊。真的是这样。"

"你是为了忘掉杏子,才拥抱我、跟我亲热的吧?"

"老实讲,一开始不能说没有这个原因,可是现在不一样了呀。"

"反正,你是把我当作解闷和填补空虚的工具。"

"你不相信我?"

"杏子有没有到这里来?"

"待了两天,不过没到我宿舍来过。"

"可你们两个见面了吧?"

"在研究所见了一面,就见了这一面。"

"骗人!她既然到这里来,不可能像你说的那样只见一面,要不为什么她要待两天呢?"

纸谷重重地叹了口气:"你不相信我也没办法。"

"我当然不相信！"

美砂说着拉开了房门。霎时间，一股寒风从门缝中钻了进来。美砂顶着寒风向外冲去，她一面快步走着一面穿起大衣，奔下楼梯。来到楼下跑到路口，美砂回头看了看。

身后的公寓门紧闭，看不到纸谷的人影。

"混蛋！混蛋！这种人再也不理他了！"

美砂对自己这样说道，然后奔上积满雪的小道。

"骗子，再也不想见到他了！"

这样叫着，美砂在呼啸的寒风中又停下了。

也许纸谷会追出来吧？美砂转身看了一眼，只见宿舍公寓中映出的光亮在雪中显得只有很小的一团。

奔到大马路口，美砂终于停住，她站在路边等出租车。

雪下了一会儿便停了。寒风吹在美砂脸上感觉生疼。夜幕之中，地上薄薄的一层积雪，仿佛将远处的群山拉近了。

美砂跺着脚驱赶寒意，心里还在等待纸谷的身影出现。他为什么不追出来呢？为什么不一面解释过去曾经爱过杏子，但现在已经结束了，一面将自己紧紧抱住呢？

这个倔强固执而又狡猾的家伙！自以为是的家伙，不负责任的男人。一点也不理解女人的心理，还自以为了不起。哼，混蛋！

美砂恶狠狠地咒骂着，一辆出租车驶近面前，美砂扬手拦下，乘上了车。

"请问去哪里？"

"到火车站前面的小山旅馆。"

不知道有没有空的客房，先去了那里再说。如果有的话就住下，假如没有，那就乘上末班车，不管上哪儿都行。

反正是为了与纸谷告别而来的，不必再恋恋不舍。从一开始，他就属于杏子，自己想要从别人手中夺过来，那是自己的错。

怪不得别人，全是自己不好。美砂望着远方黑黢黢的大海的某一处，喃喃自语着。

二

原以为突然的来到，可能房间会客满，没料想小山旅馆有空房间。前次来时见过面的脸孔圆圆的女服务员，麻利地走上前来迎接。

"冬天来这里的客人很少呢。"

的确，在这样的严寒时刻到鄂霍次克来的人，一定是万不得已的。

"还是来看流冰吗？"女服务员还记得前次的情景，"今天夜里天气转冷，所以说不定流冰会来呢。"

美砂点点头，坐在靠窗的椅子上，眼睛望着漆黑的窗外。

白天下了一小会儿的雪已经停息，远处的天空隐约看得见点点繁星。天气虽然放晴了，但是寒意浓浓，玻璃窗上甚至结起了薄薄一层冰。

"我马上去给您准备晚餐。"

女服务员泡好茶后离开了。看来今晚客人很少，整个旅馆显得静悄悄的。

待服务员离去，美砂起身来到窗前，用手指轻轻拭着白色的玻璃。于是，玻璃外面的冻冰因指温而微微融化了。

"杏子会不会也来过这里呢？"

假如纸谷所说是真的，那么仁科杏子昨天晚上应该也住宿在这里。

她是从这里前去研究所的吗？

过了一会儿，女服务员端着晚餐又进来了。美砂试探地问道：

"昨天或者是前天晚上，有没有一个从札幌来的女人一个人来这里住宿？"

"哦，有啊。好像是叫仁科太太吧，是个非常漂亮的人哪。您跟她认识？"

"嗯……"美砂身子动了一下。

"那位客人也是说来看流冰的，可惜她来得早了一点点，没看到就回去了。"

"她真的走了吗？"

"是呀。昨天和前天，在这里只住了两个晚上。第一天晚上是很晚才到的，昨天待了一整天，今天早上一大早就走了。"

"她就一个人待在这里吗？"

"白天出去过一趟，说是去研究所看个朋友什么的。"

果然跟纸谷说的一模一样，两个人只在白天见过一面。

"那……晚上一直就只有她一个人吗？"

"是的……"服务员点了点头，随即又想起来什么似地反问道，"那位客人是不是碰到什么伤心事啦？"

"为什么这样说？"

"她来的时候倒没什么不对劲的，可是离开的时候好像一副很伤心的样子。"

"她是今天走的吗？"

"嗯，昨天札幌那边打电话来了，所以今天一大早就回去了。"

看起来纸谷说的话还是可信的。美砂的心里，重又燃起了希望之火。

"请您慢用。吃完了您随时招呼。"

美砂正想着，服务员说了这么一句便告退出去了。

美砂面前摆着丰盛的晚餐，新鲜的生鱼片和硕大的盐烤扇贝等，都是只有在鄂霍次克才有机会一饱口福的美食。

可是美砂却迟迟下不去筷子。

莫非纸谷和杏子真的什么事情也没有？不行，得再到他那里去确认一下。可又一想，现在再回去算什么呀，不觉得害羞？

刚刚还将纸谷骂了个狗血喷头，什么胆小鬼、不负责任、狡猾的家伙……还拂开纸谷挽留自己的手，不顾一切地跑了出来……

可是听了服务员的话，美砂开始为自己的举动后悔不已。或许应该冷静地听听纸谷的解释才对。

纸谷所说也许是真的。过去曾经爱过杏子，为了摆脱对杏子的思念才闯到自己的公寓，这一切都不假，然而那些都已成往事，他现在爱着美砂这似乎也是真的……

爱，或许就必须经历这样的百折千回，才能成就坚贞不渝的爱情，就像人们常说的：好事多磨吧。既然如此，自己为什么那样在意纸谷已经过去的感情呢？不管两人爱情的大幕如何开启的，但只要看到现在两人相爱这一结局，不就行了吗？

美砂站到窗前，朝结着冰的玻璃窗呼了口热气，随即用手指在瞬间变成一片水汽的玻璃上写下"纸谷"两个字。透过字的缝隙朝窗外望去，夜幕下看得见银装素裹的屋顶，还有星星闪烁的天空。

"要不要去呢？"

美砂再次审问自己。

虽然那样不堪地分了手，但是此刻自己能够去的地方，除了纸谷那儿，还有哪里呢？即使他怯弱、狡猾、不负责任、不诚实、撒谎骗人，可是自己深爱着他这一事实却是无法丢弃的，这不正是自己到这里来的潜意识里的真正的目的吗？

不管旁人怎样看待、怎样责难，现在，自己只有往前行。

世间千人千面，有的人是先思考后行动，有的人是边思考边行动，有的人则是行动之后再思考。迄今为止的美砂，应该说属于边思考边行动的类型，做任何事情都是想想做做，做做再想想，听上去一步一步走得很稳，但是相对于思考来说，她的行动总是难以取得大的突破和飞跃。

而现在，要不要闭上眼睛"盲目"地闯一闯？

先行动起来再说，以后有的是时间思考。既然已经千里迢迢来到这里，既然事情已经到了这一步，就容不得再拖拖拉拉的，赶快行动！

不是自己，而是另一个美砂在命令着。

"走！"

想到这里，美砂放下筷子，站起身来，抓起大衣急急地穿上。随即她要求服务员帮她叫辆出租车来。"我很快就回来。万一要是回来晚了，你就把晚餐撤掉吧。"

这突如其来的举动让女服务员很吃惊。

可是对美砂来说，一旦拿定主意就不容踌躇，当自己游移不决的时候，还不如朝着相信的方向前进。

美砂奔下楼梯，跃身坐上等候在门口的出租车。

夜深人静，外面比白天愈加寒冷了。道路上的积雪不算深，但是寒气逼人。

"快点……"

美砂对自己说道。她只知道自己现在急切地想扑进纸谷的怀抱，时间久了,她怕自己的心情又会发生变化。软弱的、过分介意别人看法的自己,很容易变卦的。

车子向前射出两道白光,飞速行驶着。夜深了,路上来往车子很少。四周的家宅在雪夜中发出零星的灯火,周遭一片冷寂。

车子又行驶在刚才返回时的路上。表面上是来回的重复,但是刚才与现在的含义却截然不同。刚才一路上满怀着怀疑、苦恼和憎恶,而现在则是努力去相信、去理解。

道路左边看见了那家小小的杂货店。或许是不再有客人光顾了,店里出来一个男人在关店门。在这个街角往左拐进去,就是纸谷的公寓。

"要等着我呀,千万不要离开。"

美砂专心致志地盯着公寓看,二楼最右边的房间里亮着灯。

下了出租车,美砂立即快步奔上楼梯。绝不能犹豫。站在纸谷的房门前,美砂一刻也没有踌躇,拍响了门。

"纸谷!"

"你到底怎么了?"

门打开来,纸谷站立在面前。奇怪的是,他穿着大衣,一只脚正准备往靴子里蹬。

"我正要到你那里去哩。"

"到我那里去?"

"我到处打听了,知道你住在小山旅馆,可是你不在旅馆里。"

纸谷的大衣衣领竖起着,眼睛直视着美砂。看到这双眼睛,美砂心中所有的疑问和怀疑,立时像被阳光照耀的冰一样,融化了,烟消云散了。

"对不起。"她低声说道,突然扑进纸谷怀里。

纸谷温柔的大手缓缓地抚摩着美砂的肩头。这双大手，此刻比什么都要确切，不可动摇。

"原谅我对你的怀疑。"

"你这个傻瓜。"

纸谷胡子拉碴的下巴戳在脸颊上，令美砂肌肤上那种久违了的感觉又复甦了。

"我哪儿也不去了！"美砂忘记了两人是站在门口，她紧紧依偎在纸谷的怀中。

不知道经过了多少时间，美砂睁开眼，只见纸谷的眼睛里红红的，有点湿润。

"好了，进去吧。"

美砂顺从地进了屋。

"今天就住在这里吧。"

"可是，旅馆那边……"

"打个电话说一声，没关系的吧？"

"那，我就住这儿。"美砂轻轻点了点头。

"饭吃了吗？"

"还没有。"

"一块儿出去吃吧。"

"就在这儿也可以啊。"此刻，美砂一刻也不愿离开纸谷，"我来做饭吧。米和味噌汤有的吧？"

"只有一点方便面。"

"那也行啊。"

美砂站到灶台旁的水斗前，煮起开水。纸谷脱下大衣，除去围巾。

"我先打扫一下啊。"美砂说罢，从壁橱的下面拿出吸尘器，插上电源。上次来的时候，已经大概知道东西放在什么地方了。

"我稍稍打开会儿窗子啊，可能会有点冷。"

将屋子简单打扫一遍之后，美砂开始泡面。

"其实什么也没做。"

"哎呀，就这个就已经够奢侈的了。"

两人坐在桌子前，相视而笑。

为工作后回家的纸谷打扫屋子、做饭烧菜，一度是美砂的期盼，而现在这终于变成了现实。

"我去给你泡茶。"

收拾茶杯的动作，添茶加水的动作，一切都与以前不同，再没有丝毫的不安和游移了。现在，除了为他做这一切之外，什么也不去想。

两人吃完饭，休息了一会儿后，躺到床上已是十一点多了。两人合盖着纸谷唯一的一条单层棉被，身体紧紧贴在一起。

"愿意以后永远跟我在一起吗？"

"哎……"美砂看着纸谷宽阔的胸膛，点头答应道，"不管你到什么地方，我都跟着你。"

"我想回札幌去。"

"真的？"

"真的。我想，织部这家伙也会原谅我的吧。"

"原来你真的是因为织部的关系，才一直待在这里的啊。"

"有这个原因，但也不全是。"

说到这里，纸谷像宣誓似地，郑重其事地说："让我们把过去的事情统统都忘掉吧!"

"嗯。"美砂深吸了一口气,也郑重其事地答道。

接下来,两人沉默了许久。冬天的夜晚万籁俱寂,静得仿佛令人可怕。

"一点海涛声也没有。"过了好一会儿,纸谷好像突然想起来似地说道。

"怎么了?"

"说不定是流冰带把海涛阻隔掉了。"

美砂脑海里又浮现出茫茫黑夜中,从鄂霍次克海的遥远尽头漂浮而来的白色流冰带。

"今天夜里流冰会漂过来吗?"

"有可能。"

的确,一直隐隐听得见的大海的怒涛声,此刻在静寂的黑夜中消失得干干净净,毫无声息。

"冷吗?"

"不冷。"

美砂说着,却将脸往纸谷的怀中贴得更紧了,仿佛要再一次确认他宽宽的胸膛上的体温似的。

第二天早晨,流冰笼盖了濒临鄂霍次克海一线的海面,近岸处变成了白色的冰原。从这一天起,北疆开始了漫长而冷寂的冬天。

图书在版编目（CIP）数据

流冰之旅／[日]渡边淳一著；陆求实译.—上海：文汇出版社，2009.1
ISBN 978-7-80741-455-1
Ⅰ.流… Ⅱ.①渡…②陆… Ⅲ.长篇小说-日本-现代
Ⅳ.I313.45

中国版本图书馆CIP数据核字（2008）第196791号
图字：09-2008-555号

流氷への旅の by 渡辺淳一
Copyrights：© 1991 by 渡辺淳一
本书简体中文版根据1991年"角川文库"本译出。
This edition arranged through OH INTERNATIONAL CO. LTD.
Simplified Chinese edition copyright:© 2009 Wenhui Press
All rights reserved.
本书简体中文版由渡边淳一经由OH INTERNATIONAL 株式会社授权出版。

[渡边淳一自选集008]

流冰之旅

作者／[日]渡边淳一　　译者／陆求实
出版人／桂国强　　翻译统筹／吴四海
责任编辑／刘刚　　装帧设计／hansey@MiMzii
出版发行／文汇出版社（上海市威海路755号　邮编200041）
经销／全国新华书店
照排／南京展望文化发展有限公司
彩色印刷／上海市北印刷（集团）有限公司
印刷／装订／上海界龙艺术印刷有限公司　江苏启东市人民印刷有限公司
版次／2009年1月第1版　印次／2009年1月第1次印刷
开本／890×1240毫米　1/32　字数／180千
印张／12.375（彩页4页）　印数／1—50000
ISBN 978-7-80741-455-1　定价：35.00元

本书采用特种防伪技术印刷，盗版必究。举报电话：021-52920271